# Vision Maker

최승일 지음

# Vision Maker

초판 2쇄 발행 | 2006년 6월 5일

지 은 이   최승일
펴 낸 이   조병호
펴 낸 곳   도서출판 땅에쓰신글씨

주    소   서울 서초구 서초동 1445-2 우진빌딩 B-1
전    화   525-7794
팩    스   587-7794
등    록   제21-503호(1993.10.28)
홈페이지   www.gulshi.co.kr

ISBN 89-85738-22-4  03230

# Vision Maker

최승일 지음

땅에쓴글씨

# 들어가며

나의 영혼을 영글게 한 생각의 씨앗 같은 작은 소리들을 한 곳에 모아서 책으로 만들었다. 물론 평범한 이야기들이며 보잘 것 없는 소리(Voice)이지만 말씀(Word)만 만나면 누군가의 상처를 감싸주고 아픔을 대변해줄 수 있지 않을까 하는 생각으로 지금도 글을 쓰고 있다.

사람들이 걸어온 삶의 발자취는 모두 다를 것이다. 내가 걸어온 삶의 발자국 역시 다른 사람들하고 다를 것이다. 이민자의 자녀로 오래 전에 호주로 이주해오면서 겪었던 문화충격과 아픔들이 너무 진하게 기억으로 남아있다. 그러는 가운데 내 자신이 목사가 되어 다른 사람의 아픔을 대변하고 위로하다보니 많은 눈물을 쏟아내고 있다. 나는 내 자신을 잘 안다. 참으로 부족하다. 이민 1.5세가 갖는 어정쩡함이 내게는 몹시도 많이 있다. 호주도 아니고 한국도 아닌 불확실한 삶의 자리에 서 있는 내 모습을 발견하곤 한다. 그래서 이민자들이 지닌 고민스런 삶 속에 뛰어들어 함께 거닐며 고민을 나누고 싶었는지도 모른다.

내가 보는 나의 글은 참으로 쉽다. 낙심 중에 있는 사람, 삶의 난관에 직면한 사람들에게 쉬운 언어로 다가가 그들 속에 잠자고 있는 영혼을 깨우며 Vision을 회복시켜주기를 소망한다. 기독교 신문이 아닌 일반 신문에 연재하고 있는 나의 글들을 통해 예수님을 언급하지 않고 어떻게 예수님의 말씀을 전하여 독자들에게 꿈을 심어 줄 수 있을까 하는 것이 늘 나의 고민이다.

시드니의 하늘은 참으로 아름답다. 겉표지에 나오는 것처럼 사람의 마음을 시원하게 해준다. 오늘도 파란 하늘과 같은 Vision 만들기를 하였다. 고난은 인생이라는 이름의 그림을 아름답게 채색하는 양질의 물감이라고 생각한다. 그래서 고난의 아픔을 겪는 독자일수록 더욱 아름다운 Vision을 갖게 되기를 기대 해본다.

이 책이 나오는 데는 많은 분들의 기도와 도움이 담겨 있다. 나를 위해 언제나 새벽으로 기도하시는 어머님 박화순 권사님, 장모님 이귀숙 권사님, 사랑으로 내 곁에서 도와 준 아내 방경희, 그리고 책 쓰는 아버지를 너무나도 좋아해주고 격려해주는 아들 영호와 딸 지영, 모두에게 고마운 마음을 전하고 싶다. 또한 이 책이 나오도록 도전과 자극과 기도를 아끼지 않는 Top 신문의 박미자 장로님과 Top 신문사 편집국 직원들, 그리고 땅에쓰신글씨의 조병호 목사님과 문지희 간사님께 감사를 드린다. 무엇보다도 졸서임에도 불구하고 늘 칭찬과 격려를 아끼지 않고 기도해주시는 시드니 갈보리교회 성도들에게 진심으로 감사를 드린다.

마지막으로 연약한 이 종에게 꿈을 보여주시는 사랑하는 하나님께 감사와 찬양을 드린다.

2003년 7월
시드니에서  최승일 목사

# 차 례

## 영원으로 가는 길



## 사랑, 그 깊음에 대해



## 나오며 

# 디딤돌 놓는 사람이고 싶다

# 포기하지 않는 12%

미국의 유명한 과학자이며, 흑인 교육가인 부커 워싱턴은 어릴 때 몹시 대학에 가고 싶었다. 그러나 당시 거의 모든 대학에서는 흑인을 입학시켜주지 않았다. 그래서 그는 앨라배마에 흑인도 입학시켜 주는 대학이 있음을 알게 되자, 버지니아에서 앨라배마까지 천리 길을 걸어서 찾아갔다. 그러나 거기에 도착했을 때, 대학 측은 이미 정원이 초과했기 때문에 부커를 입학시켜 줄 수 없다고 했다. 그런데 부커가 며칠을 돌아가지 않고 너무나 간절히 애원을 했기 때문에 대학은 그에게 청소를 먼저 시켜보았다. 그런데 여러 날 동안 청소를 하는 그의 모습에 대학 측은 감동하고 말았다. 그가 청소를 하면서 정말 열심히, 그리고 조금도 몸을 아끼지 않고 온 정성을 다했기 때문이었다. 마침내 대학은 그에게 입학허가를 내주고 말았다. 그는 어떤 거절(Rejection)과 장애에도 굴복하지 않고 자신의 희망을 관철하였던 것이다. 그는 공부에도 최선을 다하여 처음 학기를 제외하곤 모든 학기에 장학금을 받았고, 마침내 이름 있는 과학자가 되기에 이르렀다.

그가 과학자가 되어 남긴 유명한 말이 있다. 그가 어떤 실험을 했는데, 700번을 하고도 계속 실패하고 있는 상황이었다. 그 때에도 그는 명랑하게 "이 700회의 실험으로 내가 아는 방법이 성공적이 아님을 증명하였다."고 말했다. 그는 어떤 경우에도 낙심하거나 절망하지 않는 긍정적인 사람이었던 것이다. 같은 문제를 풀더라도, 처음부터 어렵다는 핑계로 꽁무니를 빼려하거나 적당히 하는 척만 하는 사람과 기어이 답을 찾겠다고 온 힘을 다해서 문제에 도전하는 사람, 그 두 사람의 결과의 차이는 엄청나다. 한 문제를 붙잡고 정신을 집중하면, 그 해결의 열쇠가 그 당장은 아니더라도 우연히 차안에서나, 다른 어떤 일을 하다가나, 혹은 다른 사람과의 대화 중에서라도 찾아지게 된다고 한다. 심지어는 꿈에서라도 결국 그 문제의 실마리를 얻을 수 있다고 한다.

미국의 소매상 협회에서 이런 조사통계를 냈다. 판매원의 48%가 한 번 전화하고 포기하고, 25%는 두 번 전화하고 포기하며, 15%는 세 번 전화하고 포기한다고 한다. 즉 88%의 판매원이 한 통 내지 세 통의 전화를 해보고 반응이 없으면 포기하는데, 나머지 12%의 판매원들은 끈질기게 전화를 걸어 결국 판매에 성공한다. 더욱 놀라운 것은 그 12%가 전체 판매량의 80%를 차지한다는 것이다. '할 수 있다' 는 확고한 마음과 '혹시나' 하는 마음의 차이는 이렇게 실제적으로 엄청난 것이다. 성공과 실패란 바로 이런 마음의 차이에서 오는 것이다.

주님도 "구하라 그러면 주실 것이요, 찾으라 그러면 찾을 것이며, 문을 두드리라 그러면 열릴 것이다."라고 말씀하셨다. 어떤 거절에도 굴하지 않는 눈물겨운 여자의 이야기가 성경에 있다(마가복음 7장). 이 여자는 예수님께 딸의 병을 고쳐달라고 애원하였다. 그러자 제자들이 바쁘다고 막았다. 예수님도 아무 말씀을 안 하셨다. 그러나 이 여자는 계속 따라 가면서 소리를 질렀다. 그래도 예수님은 아무 말씀도 안 하셨다. 그런 계속된 거부에도 여인이 포기하지 않고 따라오면서 애원하니까, 예수님은 여인에게 다시 한 번 거절하시길, "자녀의 빵을 개에게 줄 수 없다."고 말씀하셨다. 모욕적인 거절이었다. 그런데 그런 거절을 듣고도 여인은 이렇게 말한다. "주여, 옳소이다마는 개들은 주인의 상에서 떨어지는 부스러기라도 먹나이다." 놀라운 말이었다. 어떤 모욕도, 어떤 거절도 거부하는 말이었다. 주님도 그 여인의 말에 놀라셨고, 이렇게 말씀하셨다. "이스라엘에 이 만한 믿음을 보지 못했다. 딸아 안심하고 돌아가라. 네 딸이 나았느니라."

어떤 경우에도 포기하지 않고, 어떤 경우에도 낙심하지 않는 자가 마침내 성공한다. 그 사람들이 12%다. 그리고 그 사람들이 세상을 지배한다.

# 못생긴 개에게 주신 은사

**미**국 뉴저지 주에 못생긴 개가 있었다. 털은 거의 다 빠지고 얼굴에 흉터까지 있어서 꼭 괴물같이 보였다. 이 개를 누가 버렸는지, 거리를 어슬렁거리고 있던 이 개를 개 수용소(R.S.P.C.A.)에서 잡아갔다. 이제 그 개는 거기서 죽을 날만 기다리고 있었다. 개를 먹지 않는 호주나 미국에서는 개를 수용소에 보내서 잘 관리하면 개들 중에서 나이가 적거나 건강하고 종자가 좋은 놈은 누군가가 데려가는 경우가 많지만 이 못생긴 잡종개는 누구 한 사람 거들떠보지도 않는 천덕꾸러기였다.

그런데 개 사육사는 이 못생긴 개에게서 특이한 행동을 발견했다. 뉴저지 주는 기러기 떼들이 계절을 따라 오고가면서 머무는 철새도래지 중의 하나였는데, 이 못생긴 잡종개가 기러기만 보면 짖어대고 또 달려가서 사정없이 쫓는 것이었다. 외로워서 그런 행동을 하는지, 기러기와 무슨 천적관계를 지녔는지는 알 수 없지만 아무튼 그 개가 날마다 기러기만 보면 짖어대고 달려가는 것을 사육사는 이상히 여겼다. 그러던 중 신문에서 이웃에 있는 비행장이 기러기 떼들로 인하여 큰 골치를 앓는다는 기사를 읽었다. 기러기가 너무 많이 날아와서 비행장까지 접근을 하는데 기러기들이 비행기의 엔진으로 말려 들어가서 엔진고장을 일으키기도 하고, 유리창에 부딪쳐서 사고를 내기도 한다는 것이었다. 사육사의 머리에 번쩍 아이디어가 떠올랐다. 이 못생긴 개를 그 비행장으로 보내서 기러기들을 쫓아보자는 것이었다. 그래서 못생긴 개를 데리고 비행장을 찾았다. 비행장측은 처음에는 대수롭지 않게 생각했으나, 일년에 3백만 달러(36억 원)나 되는 손해를 생각하고 시험삼아 개를 인수하기로 했다. 그런데 정말 예상하지 못했던 일이 일어났다. 못생겨서 혐오스럽기까지 했던 그 개가 기러기를 쫓는데, 정말 놀라운 능력을 발휘하는 것이었다. 기러기만 보면 신나게 달려가서 짖어대니까, 기러기들이 주위를 배회하다가 사라지는 것이 아닌가. 비행장측은 몹시 기뻐했고 이 개를 애지중지 하게 되었다. '터빈'이라는 이름까지 지어주고 먹을 것도 잠자리도 최고급으로 해주었다. 이 못생긴 개가 일년에 36억원을 번 셈이었다. 날마다 터빈은 기러기를 쫓으며 신나게 살았고, 그러자 빠진 털도 새로 나게 되었으며 많은 사람들에게 사랑을 받았고 심지어 개로서 표창장까지 받게 되었다고 한다.

지어낸 이야기 같지만 실제로 있었던 이야기다. 병들고 못생긴 개에게도 기러기 쫓는 은사가 있다. 은사란 신앙적인 말인데 하나님께서 주신 각자 개인의 특기 혹은 자질을 말한다. 그래서 은사는 하나님께서 주신 선물이라는 것이다. 하나님이 이런 개에게도 은사를 주셨듯이 사실은 우리들 모두에게도 다 각각 은사를 주셨다. 은사가 없는 사람은 없다. 그런데 어떤 사람은 이 은사를 깨닫고 감사하며 잘 사용하기도 하고 어떤 사람은 자신의 은사를 깨닫지 못하고 사용하지도 않으며 자기에게 없는 것만 불평하고 사는 사람도 있다.

내가 부산에서 교회를 섬기고 있을 때 만났던 어떤 집사님은 오래 전 불의의 사고로 손을 하나 잃었다. 내가 그 집사님과 함께 2년 동안 신앙 생활을 했는데, 그 집사님은 전에 두 손이 있을 때보다도 잃은 후에 더 많이 하나님을 위해 그 손을 사용하고 있다고 간증을 하셨다. 더 열심히 일할 뿐 아니라, 더 겸손해졌고 그래서 사람들에게 이전보다 더욱 사랑

을 받고 있다. 얼굴도 더 밝아지고 더 행복하게 사셨다. 이 세상 사람들 중에는 자신에게 없는 것은 불평으로 삼고, 자신에게 있는 것은 교만으로 삼고 사는 사람들이 많은데, 이런 사람들에게는 행복이나 가치 있는 삶이 있을 수 없다.

못생긴 잡종 개에게도 하나님은 은사를 주셨다. 나에게도 분명히 하나님과 이웃을 위해서 쓸 수 있는 은사가 있다. 나에게 주신 은사를 깨닫고 그것을 감사히 여기고 겸손하게 쓰는 사람에게 하나님은 터빈과 같은 보람과 복을 약속하셨음을 우리는 마음에 꼭 새겨야 할 것이다.

"나에게 주신 하나님의 은혜가 내게 족하나이다."

# 운명보다 큰 사람

**루**이스 파스퇴르(Louis Pasteur)는 프랑스의 세균학자로서, 세균 연구와 예방 접종 등에서 신기원을 이룬 대학자이며, '살균'이라는 말을 그의 이름에서 땄을 정도로 유명한 사람이다. 그런데 그는 몸의 반쪽을 쓰지 못하는 반신불수의 장애인이었다. 하지만 그는 항상 명랑하게 살았고 "장애가 내 연구 생활에 큰 도움이 되었다."고 말했다.

미국의 역사교과서를 집필한 프랜시스 파크만(France Parkman)은 신경성질병에다 앞이 거의 안 보일 만큼 안질이 심하여 책을 읽거나 글을 쓰는데 5분 이상을 계속할 수 없는 상태였다. 그러나 그는 "5분 일하고 쉬어야 할 때 더 깊은 생각이 나왔다."고 말했다.

아마 팝 음악을 좋아하는 사람이라면 훌리오 이글레시아스(Hulio Iglisias)를 모르는 사람이 없을 것이다. 그는 본래 스페인의 축구선수였다. 그런데 경기 중 부상을 입어 1년 반 동안 몸 절반이 마비되어 병원에 있어야만 했다. 물론 병이 나아도 더 이상 축구를 할 수 없는 상황이었다. 병원에 누워 절망하고 있는 이글레시아스에게 어느 날 간호사가 기타를 갖다 주면서 "짜증만 부리지 말고 기타라도 배워 보세요."라고 권했다. 마지못해 기타를 배우기 시작한 이글레시아스는 점점 재미를 붙였고, 그 후 그는 유럽을 흔드는 대 팝 싱어가 되었다. 그는 "축구하다 다

처 절망하고 있었던 1년 6개월은 실은 축복의 터널이었다.”고 말했다.

세상에는 돈이나, 시간이나, 지식이 아무리 많아도 얻을 수 없는 것들이 있다. 겸손이나 진실이나 영생 같은 것들이 그것이다. 리더십이나 인내 같은 것들도 마찬가지다. 그런데 이런 것들은 고통을 통해서만이 얻을 수 있는 것들이다. 하나님은 귀중하게 쓰고자 하는 사람에게 고난의 시간을 주어서 이런 덕목들을 갖추게 하신다.

키위나 펭귄처럼 날지 못하는 새들이 가장 많은 곳이 뉴질랜드라고 한다. 따뜻하고 먹을 것이 풍부하여 멀리까지 날아다닐 필요가 없기 때문에 날개를 안 쓰다 보니 퇴화되어 못 날게 된 것이다. 사람도 안락하게만 살면, 가지고 있는 능력도 사장되어 아무 값없는 인생이 되고 만다. 사람의 능력은 위기나 고난의 때에 용량이 커진다고 한다. 톨스토이는 “고통 받는 사람들로 인하여 세상은 전진해 간다.”고 했고 도스토예프스키는 “눈에 눈물이 없으면 영혼의 무지개를 볼 수 없다.”고 말했다.

그런데 보통 사람들은 너무나 고통을 겁내고 있다. 하지만 가만히 자신이 겁내고 있는 이유들을 들여다보면 마음만 굳게 먹으면 실은 별 것 아닌 것들이다. 불편할까, 욕을 먹을까, 자존심이 상할까, 알아주지 않을까 하는 것들이 고작 고통을 겁내는 이유들인 것이다. 심 몰(Sim Mole)이라는 심리학자는 이런 염려는 대부분이 “자아가 꺾여지지 않아서 생긴 것”이라고 말했다. 그러면서 그는 “가치 있는 생애는 자아가 부러질 때부터 시작된다.”고 말했다.

값있고 아름다운 것들은 다 고통을 수반한다. 사랑은 고통을 수반한다. 열병을 앓고, 잠을 이루지 못하며 목말라한다. 믿음도 고통을 수반한다. 회의와 싸워야 하고 핍박을 당하고 결단을 내려야 한다. 소망도 고통을 수반한다. 오랜 기다림이 있고, 비웃음이 있고, 마지막까지 한 편에 서야하기 때문이다. 섬김도 고통을 수반한다. 이름이 없어야 되고 낮아져야 되고 힘들어야 하기 때문이다. 새 출발도 고통을 수반한다. 길들여진 길을 떠나야 하고, 욕망을 끊어야 하며, 모험 속으로 들어가야 하기 때문이다. 그렇다. 1kg의 쇠를 그대로 두면 1달러의 값이 나가지만, 불 속에 넣었다가 두들겨서 칼을 만들면 10달러의 값이 나가고, 더 뜨거운 불 속에서 연단을 받아 에어 체인(인공위성에 쓰는 사슬)을 만들면 10,000달러의 값이 나간다.

기억하라. 그대가 고난의 불 속에 들어갔다 나온 횟수가 바로 그대의 값이라는 것을…….

# 두려움의 안경과 믿음의 안경

**중**세기의 종교개혁자 루터의 이야기다. 독일에서는 고학생들 중에서 노래를 잘하는 학생들은 남의 집 창문 밖에서 노래를 불러 돈을 받는 관습이 있었다. 물론 노래가 너무 엉망일 경우나 창문 안 주인의 성품에 따라서 무안을 당하거나 빈손으로 쫓겨날 수도 있었다. 어느 날, 루터가 어느 부잣집 창문 아래서 큰 소리로 노래를 불렀다. 그런데 노래를 시작 하자마자 체격이 크고 무섭게 생긴 사나이가 창문을 열고 척 바라보더니 갑자기 뛰어나오는 것이었다. 루터는 그 험상궂게 생긴 사나이가 자기 노랫소리가 귀찮아 주먹질이라도 할 줄 알고 도망치기 시작했다. 그러나 사나이는 계속 쫓아왔다. 결국 발이 빠르지 못한 루터는 붙잡혔는데, 공포에 벌벌 떨고 있는 루터에게 그 사람은 돈 뭉치를 내밀었다. 알고 보니 그 사람은 루터에게 장학금을 주려는 따뜻한 마음의 자선가였던 것이다.

루터는 그 때를 회고하면서 자기 마음속에 "나는 목소리가 별로 좋지 않다"라는 열등의식을 가지고 노래를 했기 때문에, 그 사나이가 뛰어나오는 것을 보고 자기를 해칠 것이 분명하다고 단정해 버렸던 것이라고 말했다. 그러면서 루터는 "두려움의 안경을 끼고 세상을 보면 세상만사가 다 걱정과 염려로 가득 차 있고, 믿음이라는 안경으로 세상을 보면 세상이 감사하고 좋게 보이며, 하나님의 손길이 보인다."고 했다.

사실이다. 물론 사람이 살아가는 데는 환경도 중요하지만, 그 환경을 어떤 안경을 쓰고 보느냐에 따라서 해석이 다르고, 그 해석에 따라서 삶이 행복하게 느껴질 수도, 불행하게 느껴질 수도 있다. 미국의 한 신발회사에서 아프리카 나이지리아로 두 명의 사원을 시장조사차 보냈다. 그때 한 사원은 보고하기를 "이 곳은 모든 사람이 신발을 신지 않으므로 판매 불가능"이라는 전문을 보냈다. 그러나 다른 한 사원은 "이곳은 아무도 아직 신발을 신지 않았으므로 판매가능 무진장"이라는 보고를 보냈다. 전자의 '불가능 사원'은 평생을 말단 사원으로 마쳤지만, 후자의 '무진장 사원'은 그 신발회사의 사장이 되었다. 그것은 능력의 차이라기보다는 가치관의 차이 때문이었다.

일본 나병환자들의 어머니라고 불리는 다마끼(玉木愛子)라는 여인은 나병환자들의 요양원을 세워서 그들을 돌보다가 어느 날 자신도 나병에 감염된 것을 발견했다. 그 날 그녀는 일기에 이렇게 썼다. "나 균이 내 몸에 들어오니 육은 죽어가지만 영의 눈이 열린 것이 감사하다. 눈썹이 왜 있었는지 몰랐는데 눈썹이 빠지면서 눈썹의 고마움을 알았다. 눈썹이 없으면 먼지가 온통 눈으로 들어가 시력이 급격히 떨어지면서 고통스럽다. 하나님은 눈을 지켜주시려고 눈썹을 주셨는데, 이제는 나에게 병을 주시어 감사하는 마음과 영생을 지켜주시려고 하셨으니 더욱 감사하다."

불만스러운 환경은 누구에게든지 다 있다. 또 불평할 거리를 발견하려고 한다면 한이 없다. 그러나 불평만 털어놓으며 사는 사람은 하나님을 모르는 사람이다. 불평하고 염려하는 것은 하나님을 그만큼 불신하기 때문이다. 엄마가 아기를 목욕시킬 때, 엄마는 물의 온도를 미리 조절해서 적당한 온도 속에 아기를 넣는다. 그런데 대부분의 어린아이는 처음 물에 들어갈 때 놀라서 울음을 터트리고 만다. 우리들의 시련도 그렇다.

당시에는 견디기 어려운 것 같아도, 하나님께서 이미 그 정도를 조절해 놓으신 시련이다. 그러니 믿음으로 그 시련을 받아들이면 얼마 지나지 않아 그것이 견딜만한, 오히려 나를 성숙시키는 귀한 훈련과 연단의 시기였음을 깨닫게 될 것이다.

스코틀랜드가 낳은 유명한 설교자 알렉산더 우드로우 목사의 외아들이 불의의 사고로 죽었다. 장례식에서 우드로우 목사는 이렇게 기도하였다. "내 아들 씬디를 13년 간 빌려 주셨음을 감사합니다. 천국에서 빨리 필요하셔서, 그 녀석이 죄를 덜 지을 나이에 불러주셔서 더욱 감사하나이다." 그의 눈물은 하나님을 향한 신뢰와 믿음으로 인해 반짝이는 진주가 되고 있었던 것이다.

나의 경험으로도 보건대, 육체의 고통은 꼭 영혼에 유익을 준다. 고난은 두려움의 안경을 끼고 보면 나를 파멸케 하는 것이지만, 믿음의 안경을 끼고 보면 고난은 나를 값지게 하는 하나님의 은총이다.

# 피투성이라도 살라

I.M.F가 한참 한국을 짓누르던 1998년 어느 무더운 토요일 오후에 찬물로 샤워를 한 후 머리를 말리고 있던 나는 위층에서 하얀 물체가 떨어지는 것을 보았다. 순간 불길한 생각이 들어 밑을 내려다보니 할머니 한 분이 쓰러져 계셨다. 곧 이어서 며느리 되는 부인이 절규를 하면서 층계를 뛰어 내려가는 모습을 보며 참으로 마음이 무너져 내렸다. 할머니는 I.M.F.로 인해 실직 당하고 집에서 고민하고 있는 아들에게 짐이 될까 염려하시던 끝에 결국 자살을 하신 것이다. 한국에서는 아직도 I.M.F.로 인한 실업과 파산 등으로 많은 사람들이 고통을 당하고 있다고 한다. 그 중에도 안타까운 것은 많은 사람들이 재기의 의욕을 잃어버리고 집을 나가거나 범죄를 저지르거나 심지어는 목숨을 끊는다는 소식이다.

안동 김씨의 세도가 날고 있는 새도 떨어뜨린다는 조선 말기 때의 일이다. 안동 김씨들은 자신들의 권력을 영속하기 위하여 이씨 왕족들을 수단과 방법을 가리지 않고 제거했었다. 그때 영조대왕의 현손으로 태어난 이하응이라는 사람이 있었는데, 이 사람 역시 안동 김씨들의 제거 대상이었다. 그런데 이하응은 안동 김씨들의 집을 일부러 들락거리면서 바보노릇 병신노릇을 했다. 그래서 그들로부터 상가집 개, 파락호, 병신 등의 별명으로 불리면서 갖은 수모와 고통을 당하였다. 발길로 차고 심지어 똥을 얼굴에 퍼부어도 미친 척 웃으면서 참아냈다. 그래서 그 덕에 그는 김씨들의 제거 대상에서 제외되어 끝내 살아남았고 마침내는 고종임금의 아버지로 나라의 최고 권력자가 되어 나라의 큰일을 할 수 있었다. 이하응, 그가 바로 흥선대원군이다.

세상에는 참 비참하고 열악한 환경에서 살아가는 사람도 있는데, 또 한편에서는 실로 하찮은 일 때문에 남은 생을 지레 포기해 버리는 사람들이 너무나 많다. 사람의 삶은 죽는 순간까지도 아무도 속단할 수 없는 것이다. 그런데 실직했다고, 실연했다고, 실망했다고, 죄를 지었다고, 심지어 못생겼다고, 자신의 삶을 포기해 버리는 것이야말로, 그 어떤 일보다도 훨씬 더 어리석고 나쁜 일이다. 산다는 것 자체가 어떤 인생의 상황보다도 큰 것이고 또한 중요한 것이다. 우리는 잘 이해할 수 없을지라도, 하나님께서는 우리들이 이 땅에 살아야 할 충분한 이유가 있기에 우리를 이 세상에 태어나게 하셨고, 또한 지금도 우리의 목숨을 보존시켜 주시는 것이다. 그래서 하나님은 우리들에게 "너는 피투성이라도 살라"(에스겔 16:6)고 말씀하셨다.

미국의 한 교회에서 병 고치는 역사가 일어나자 많은 사람들이 모여들었다. 어느 날 한국전쟁 참전으로 다리가 하나 절단된 사람이 목발을 짚고 목사 앞으로 나아갔다. 이것을 보고 사람들이 수군거렸다. "저 사람은 하나님께서 새 다리를 나게 해 주실 것을 기대한 모양이지?" 그 말을 들은 상이군인은 그를 돌아보면서 말했다. "저는 새 다리를 기대하지는 않습니다. 다만 이 한쪽 다리만으로도 항상 기쁘게 살 수 있는 은혜를 바랄 뿐입니다." 후일에 그 상이군인은 신학을 하고 목사가 되어 교회를 세웠는데 Covenant Church라는 그 교회는 달라스에서 큰 은혜와 영향력을 끼치는 교회로 성장하고 있다.

아기가 혼자 걸을 때 얼마나 많이 넘어지는가! 인간의 성공이란 실패의 열매라는 것을 알아야 한다. 야구에서 강타자라고 하는 선수들은 대개 스트라이크 아웃을 많이 당하는 선수들이다. 홈런 타자 치고 타율이 높은 선수는 별로 없다. 베이비루스는 신화적인 홈런 타자인데, 714개의 홈런을 날렸는데 반해서 스트라이크 아웃은 1,330번이나 당했다.

낙심만 하지 않는다면 아픈 실패는 곧 성공을 이루도록 돕는 최고의 스승이 된다. 매서운 채찍을 들었지만, 학교 선생이 가르쳐주지 못하는 귀중한 것을 가르쳐 준다. 결코 포기하지 마라. 실패가 쌓이면 큰 성공이 된다는 것을 잊어서는 안 된다. 희망은 자기를 버리지 않는 자를 절대로 버리지 않는다.

성경말씀 에스겔서 16장 6절에서는 다음과 같이 말한다.

"너는 피투성이라도 살라
다시 이르기를 너는 피투성이라도 살라"

# 구조조정이 필요하다

육신이 지친 것보다 정신적으로 지친 것이 더 큰 문제이다. 정신적 권태, 정신적 피로, 정신적 무기력은 인생을 무가치하게 하고 허무하게 한다. 있는 힘마저도 빼앗아 가버린다. 사람에게는 육체적으로만 아니라, 정신적으로도 새 힘이 필요하다.

2차대전의 영웅 프랑스의 몽고메리 장군에게 기자가 물었다. "이 전투에서 어느 쪽이 이길까요?" 그러자 몽고메리 장군은 이렇게 대답했다. "노래를 잘 부르는 쪽이 이길 것이오." 이상한 논리 같지만 그 대답 속에는 유머와 함께 승리의 비결이 들어있다. 전쟁터에서 노래를 부른다는 것은 군가를 잘 부른다는 단순한 의미가 아니라, 긍정적이고 낙관적인 인생관을 가졌다는 것을 뜻하는 것이다. 부정적인 자, 비관적인 자는 이길 수 없다는 말이다. 즉 정신적인 전력이 전쟁의 승패를 가름한다는 것이다.

정신적인 침체를 가져오는 최고의 주범은 어려운 상황이 아니라, 비관적인 인생관이다. 장미를 보고 가시가 있다고 한탄하는 사람의 정원은 황폐할 수밖에 없다. 서울대의 이부영 교수가 한국인의 의식구조 속에 있는 단점들을 조사한 일이 있다.

첫째 우리 한국 사람은 과거 지향적이라는 것이다. 한국 사람은 모이면, 나이 든 사람은 주로 조상이야기를 하고, 젊은 사람은 군대이야기나 동창이야기로 많은 시간을 보낸다. 미래의 설계와 비전을 나누는 이야기가 적다는 것이다. 둘째로 너무나 몸을 도사려서 모험심이 없다는 것이다. 도전하는 정신이 적다는 말이다. 셋째, 핑계가 많다는 것이다. 넷째, 남을 깎아 내리고 흉보기를 좋아한다는 것이다. 이런 의식구조는 모두 부정적이며 이런 사고방식은 나를 침체케 할 뿐 아니라, 남의 정신마저도 침체케 하는 의식구조이다.

요즘 한국에서 유행하는 말 가운데 '구조조정'이라는 단어가 있다. 기업의 조직이나 목표를 바꾸어야 한다는 것에서 나온 말인데, 사실 이것이 성공을 거두려면 '의식구조조정'이 먼저 이루어져야 한다. 정신적인 패러다임의 변화가 없이 껍데기만의 구조조종이 과연 효과가 있겠는가 하는 말이다. 그런데 이 의식의 구조조정에 신앙만큼 효과적인 것이 없다.

우리나라 사람들의 의식구조 속에 '원수 찾아 삼만 리'라는 것이 있다. 부모의 원수는 꼭 갚아야 효자라는 의식구조였다. 이 의식구조 때문에 장래가 구만 리 같은 젊은이가 그 구만 리를 평생 원수를 찾아 헤매는 일에 허송해 버렸다. 여기에 예수는 "네 원수를 사랑하라"는 180도 구조조정을 가르치셨다. 인간의 의식구조란 본래 다른 사람을 사랑할 수 없게 되어 있다. 그러므로 내 자신이 사랑해 보겠노라 다짐을 하여도 사랑할 수 있는 힘이 내 안에 없다는 말이다. 그런데 예수의 사랑을 경험하는 자는 진정한 사랑을 깨닫게 되고 진실한 사랑을 줄 수 있게 되는 것이다.

어떻게 하면 정신적인 구조조정이 가능할까? 성경은 "여호와를 앙망하는 자는 새 힘을 얻는다(이사야 40:31)"고 말하고 있다. 여기서 "여호와를 앙망한다"는 것은 하나님께 소망을 둔 신앙생활을 의미한다. 어떤 처지와 상황에 있을지라도 하나님에게 기대를 거는 자세를 말한다. 그런 사람은 정신적 침체에 빠지지 아니하고 '새 힘'을 얻는다. 비로소 정신적인 구조조종을 하게 된다.

　내가 좋아하는 말 중에 "꿈을 꾸는 자만이 꿈을 닮아간다"라는 말이 있다. 꿈은 의식이 만들어 낸다. 좋은 의식구조조정을 한 사람은 좋은 의식이 있으므로 좋은 꿈을 꾸고, 좋은 꿈은 좋은 사람을 만들어간다.

# 여유를 갖고 삽시다

한국 사람의 식탁에 콩나물이 오르듯이 호주 사람들이나 서양 사람들의 식탁에는 브로컬리(Broccoli)라는 채소가 자주 오른다. 전에 미국 대통령 부시가 식당에 들어가서 음식을 주문하는데 웨이터에게 자기의 음식에는 브로컬리를 빼달라고 부탁을 했다. 대통령의 일거수 일투족은 항상 흥미로운 기사의 공급원이 된다. 그래서 신문은 이것을 기사화 했고, 부시는 브로컬리를 싫어한다는 소문이 났다. 이러한 소문이 나면 피해를 보는 사람들은 브로컬리 재배농민들이다. 당장 다음 날부터 브로컬리의 판매가 떨어지기 시작했다. 몇 년 전 이상구 박사가 텔레비전 프로에 나와서 고기가 건강에 좋지 않다는 강연을 하는 바람에 고기 소비량이 현저하게 줄고 목축업자들이 도산의 위기에 처했던 우리의 경우를 생각해보면 이해가 되는 일이다.

당연히 미국의 브로컬리 농민들은 대통령을 향하여 데모나 비난을 했을 법한데, 미국의 브로컬리 농민들은 브로컬리를 트럭에 한 차 싣고 백악관으로 가서 부시에게 선물을 했다. 그리고 이런 글을 써서 전달했다. "부시는 브로컬리를 싫어하는 것이 아니라, 아마 너무 많이 먹어서였을 것이다."

다시 그 사건은 매스컴에 보도되었고, 부시는 농민들의 주문대로 거들어주었다. "나는 그때 브로컬리를 너무 많이 먹어서 잠시 쉬고 있었을 뿐입니다." 이 사건으로 인하여 브로컬리는 엄청난 선전효과를 거두게 되었고, 해외토픽에까지 보도된 이 에피소드는 급기야 브로컬리를 외국에까지 수출하는 전화위복의 계기를 만들었다.

우리는 이 에피소드를 보면서 여유란 것이 무엇인가 하는 것을 느끼게 된다. 우리나라 같으면 피해 입은 농민들이 대통령을 비난하거나 데모까지도 했을 법한 일인데, 저들은 서로 여유를 가지고 심각한 일을 유머로 처리하면서 전화위복을 만들어 낸 것이다.

성경에 보면 다윗은 전화위복의 사람이었다. 그는 그에게 닥친 모든 어려움을 반드시 복되게 만들었다. 그래서 그는 "고난 당한 것이 내게 유익이라(시편 119:71)"고 말했다. 그런데 그가 고난을 복으로 만든 것은 어떤 특별한 능력이나 하나님의 기적 때문이 아니라, 다름 아닌 그의 커다란 인격으로 말미암은 것이었다. 그는 원수 사울 왕이 죽자 슬퍼하며 진정으로 그를 애도한다. 그가 목동에서 왕이 되기까지 수많은 적대자가 있었지만, 그는 한 번도 그들을 비난하거나 복수를 하지 않았다. 그럼으로 말미암아 마침내 그의 적들까지도 그를 따르게 되었고, 불의한 사람들이 옳은 사람으로 교정될 수 있었다.

다윗의 이런 큰 마음이 어디에서 나온 것일까? 부모를 잃어버린 미아들이나 버려진 아이들은 상당히 공격적이라고 한다. 자기 보호본능에서 다른 사람들을 적으로 간주한다는 것이다. 그러나 엄마의 품에 있는 아이들은 상대적으로 많은 여유가 있다. 다윗의 여유와 인격이 위와 같은 이치에서였다. 그는 늘 부모보다도 크고 안전한 하나님의 품안에서 살았던 것이다. 그래서 그는 노래한다. "여호와는 나의 목자시니 내가 부족함이 없으리로다"(시편 23편)

이민자들을 보면서 느끼는 것은 그들에게 너무 여유가 없다는 것이다. 물론 말할 수 없이 바쁘고 쫓기는 생활이기는 하지만 그 가운데서도 충분히 여유를 갖고 살 수 있다. 그 여유는 바로 누군가 나와 함께 하고 계심을 믿는 믿음 안에서 이루어질 수 있다. 엄마나 아빠가 지켜보고 있다고 믿는 아이는 마음의 여유가 있는 것이다. 그러므로 진정한 신앙 안에 사는 자는 여유가 있다. 그리고 그 여유는 인격의 관용과 지혜로 나타난다.

# Too big to miss

인생은 끝나봐야 안다. 한 인간의 업적이나 성공과 실패를 도중에 평가할 수는 없다. 그 사람이 죽은 뒤에 평가하는 것이 정당하며, 심지어는 죽은 뒤에도 한 시대가 지나고 나서야 그의 가치가 재평가되는 경우도 많다. 그와 마찬가지로 어떤 사건도 부딪쳐봐야 안다. 몸으로 부딪치지 않고 머릿속으로만 계산하다가 마는 것은 어리석은 일이다.

미국의 농무장관이 교황에게 사과를 한 일이 있다. 교황이 산아제한에 반대한다고 의사를 밝히자 그 농무장관이 기자들에게 농담으로 "교황은 게임은 직접 하지도 않으면서 룰(게임의 규칙)만 말한다."고 한 것이 카톨릭 교회의 항의를 받은 것이다. 세상 생활에서도 게임에는 직접 참가하지 않으면서 룰만 이렇다 저렇다고 말하는 사람들이 많다. 어떤 일을 직접 하지 않으면서 입술로만 왈가왈부 하려는 것은 건설적인 일이 아니다. 올림픽 게임에 참가해서 메달권에 들지 못한 선수들에 대해 우리는 종종 "참가에 의의가 있다."라고 한다. 옳은 말이다. 직접 참가해서 부딪쳐 보아야 긍정도, 부정도, 비판도, 칭찬도, 진실에 가까워지는 법이다. 이제는 말은 그만하고 행동으로 옮기자. 겉만 번지르르한 말에는 이제 정말 지쳤다. 특별히 예수 믿지 않는 사람들이 교회의 부정적인 면을 지적할 때 꼭 언급하는 것이 바로 이 부분이다. 행동이 없는 허울뿐인 말에 대해 예수님께서도 '외식하지 말라.'고 지적하셨다.

성경에 "몸으로 산 제사를 드리라."고 말씀한 것은 어떤 이론을 말함이 아니라, 하나님과의 관계에 있어서도 말로만 하지말고 실제로 행동하라는 말씀이다. 몸을 던져 자신을 제물로 올려놓을 때 어떤 일이든지 성취할 수 있다. 그리고 하나님은 그런 일에, 그런 사람에게 축복하신다.

미국의 TV 시청률 조사에 의하면 아직도 최고의 인기 영화는 〈바람과 함께 사라지다〉라고 한다. 이것은 마가렛 미첼이라는 사람의 소설을 영화화한 것이다. 미첼이란 사람은 다리 부상으로 기자생활을 할 수 없게 되자 26세 때 이 소설을 쓰기 시작하여 7년 만에 완성하였다. 그런데 이런 베스트셀러도 처음 3년 동안은 출판해주는 출판사가 없어서 빛을 보지 못했다. 맥미란 출판사의 레이슨 씨가 애틀란타에 출장을 갔을 때 이 원고를 읽어봐 달라는 부탁을 받았다. 정거장에서 억지로 원고를 받아들었으나 무명작가의 원고를 읽을 마음이나 시간이 전혀 없었다. 그런데 기차를 타고 뉴욕으로 돌아가는 도중에 전보를 3통이나 받았다. "꼭 원고를 읽어주십시오."라는 전문이었다. 레이슨 씨는 그 정성에 못 이겨 처음에 한 장만이라도 읽어주려고 원고를 폈는데 나중에는 기차가 뉴욕에 도착한 것도 잊고 원고에 열중하였다. 〈바람과 함께 사라지다〉의 소설 속에도 주인공의 집념이 등장하지만, 작가 미첼은 정말 집념의 사람이었던 것이다. 다리 부상으로 불구가 되어서도 비관하지 않는 그의 인생관, 7년 동안 소설 한 권을 완성하기 위해 바친 노력, 그리고 3년 간 출판하겠다는 사람이 하나 없는데도 계속해서 문을 두드리는 끈기 등은 하고자 하는 일의 대한 엄청난 집념을 보여주는 것이다.

사람들은 소년인 다윗이 골리앗을 이기기에는 골리앗이 너무 크다(too big to win)고 생각했지만, 다윗은 담대하게 나갔다. 그랬더니 의외로 골리앗은 다윗이 준비한 물맷돌 다섯 중 하나로 넘어지고 말았다. 골리앗은 다윗의 물맷돌이 빗나가기에는 너무 컸던 것이다(too big to miss). 눈으로 보면 어렵게 보이는 문제도 실제로 부딪쳐 보면 의외로 쉬울 수 있다는 점을 잊지 말자. 내 앞길에 있는 돌이 걸림돌이 될 수도 있지만 디딤돌로 이용될 수도 있다. 내가 본 모든 성공자들은 걸림돌을 디딤돌로 만든 사람들이었다. 말만 늘어놓는 사람들이 아니라 말과 행동이 하나 되어 적극적인 삶을 살아가는 사람들이었다.

"하나님의 나라는 말에 있지 아니하고 오직 능력에 있음이라"
(고린도전서 4:20)

# 세상을 이렇게 보라

**몇**년 전 미스 아메리카에 당선된 화이트 스톤이라는 21세의 대학생이 있다. 그녀는 1살 때 접종한 디프테리아 주사의 부작용으로 어릴 때 청각을 잃고 살아온 장애인이다. 그러나 그녀는 그런 악조건을 극복하고 미스 아메리카의 자리에까지 올랐다. 미스 아메리카라는 자리가 그냥 몸매나 얼굴만 예쁘다고 되는 것이 아니라, 교양과 여러 가지 재능을 공정한 경쟁을 통해 인정받아야 되는데, 청각 장애인인 그녀가 경쟁자들을 물리치고 그런 자리에 올랐다는 것은 신선한 충격을 주는 일이었다. 선발대회 때 참가자들이 자신들의 특기를 발표하는데 그녀는 발레를 했다. 그 발레의 이름이 '비아돌로로사'인데 비아돌로로사란 예수님께서 십자가를 지고 올라간 언덕의 길을 이름한 것이다. 심사위원들과 관객들은 그 발레를 보면서 다 눈시울을 적셨다고 한다.

"장애가 있다는 조건이 당신의 의욕을 꺾지 않았습니까?"라는 기자들의 질문에 그녀는 "최악의 장애는 세상을 부정적으로 보는 것입니다."라고 대답했다. 인간의 생각(마음의 태도)이란 참으로 무서운 힘을 가졌다. 부정적인 생각을 가지면 언젠가는 반드시 부정적인 결과가 오고, 긍정적인 생각을 가지면 반드시 긍정적인 열매를 거두게 된다.

샌프란시스코 대학의 모니(Ralph Mohney) 박사는 의미 있는 실험

결과를 발표한 적이 있다. 샌프란시스코 베이 교육청에서 3명의 고등학교 교사를 불러 부탁을 했다. "당신들은 우리 교육청에서 우수한 교사들이오. 그래서 지능지수가 우수한 아이들을 선발하여 맡겨볼 테니 1년 동안 성적을 올려보시오." 선발된 교사들은 무척 자랑스러웠고, 의욕이 났다. 여기에 뽑힌 세 클라스 90명도 자기들이 우수학생으로 선발된 것에 무척이나 고양되었다. 그렇게 1년을 함께 지냈는데 그 세 개 학급 학생들이 다른 반 학생들보다 무려 30%나 성적이 향상되었다.

실험이 끝난 뒤에 교육청은 내막을 밝혔다. 3명의 교사들은 특별한 교사가 아니라, 샌프란시스코의 공립학교 교사들 중에서 무작위로 제비를 뽑은 평범한 교사들이었고, 90명의 학생들도 그들이 번호들을 모자 속에 집어넣었다가 눈감고 집어낸 학생들에 불과했던 것이다.

그러면 평범한 교사, 평범한 학생들이 어째서 갑자기 달라져서 학습의 우수성을 드러냈던 것일까? 두말할 것도 없이 이 실험이 증명한 것은 정신적인 태도의 차이가 얼마나 중요한가에 대한 것이다. 이 교사들은 자부심과 긍지를 가졌으며, 그들이 가르칠 학생들이 우수한 학생들이란 말에 큰 기대를 가졌고, 할 수 있다는 믿음이 컸던 것이다. 또한 학생들도 우수반의 자랑을 가지고서, 우수한 교사들에 대한 신임과 기대를 가졌고, 성적을 올릴 수 있다는 긍정적인 태도를 처음부터 가지고 수업에 임했던 것이다. 믿음대로, 기대대로 되어갔던 것이다. 이렇게 마음의 태도란 결국 그 인생을 지배하게 된다. 그래서 가치관이 환경조건보다도 더 중요한 것이다.

위의 학생들이 1년의 교육결과로 30%의 성적 향상을 얻었다면, 그 기간이 2년이 되었을 때 그 차이는 더욱 크게 난다는 것을 간과해서는 안 된다. 결국 인생은 그 사고방식에 의해서 결정되어 간다고 해도 과언이 아니다. 두려운 마음과 좌절과 절망의 감정이 우리를 마비시키고 무력하게 만들고 우리로 하여금 절망에 빠져서 소망을 잃어버리게 하는 수가 있다. 그럴 때 우리는 우리를 위협하는 절망과 실의를 마음속에 오래 간직하지 말고, 이것을 극복하고 초월하는 신앙을 가진다면 우리는 변화된 삶을 살아가게 될 것이다.

하나님을 신앙하는 자에게는 항상 소망이 있다. 때로는 우리 앞에 어려움과 아픔이 있지만 하나님 앞에 예배하는 자, 하나님 앞에 기도하는 사람은 결코 낙심하지 않는다. 하나님의 뜻대로 부르심을 입은 자들에게는 모든 것이 합력하여 선을 이룬다. 좌절하지 말자. 부러진 뼈를 다시 맞추게 되면 다시는 그 부분이 부러지지 않는다. 더 단단해진다. 마찬가지로 우리의 상처가 치유되면 다시는 좌절하지 않고 그 속에서 꺾이지 않는 새로운 소망의 길이 우리에게 있다는 것을 알아야 할 것이다.

이 세상에는 제대로 꽃 한 번 피어보지 못하고 시들어 버리는 꽃봉오리와 같은 사람들이 너무나도 많이 있다. 속에 있는 능력을 발휘해보지도 못하고 인생을 마치는 사람들이 참으로 많은 것이다. 그런데 그것은 환경의 문제도 있지만 자신의 태도가 더 중요한 원인이다. 할 수 없다고 포기했든지, 너무 삐뚤어진 마음이나 가치관으로 세상을 바라보기 때문에 그들을 할 수 있는 일조차 하지 못한다. 미스 아메리카에 당선되었던 화이트 스톤 양은 이런 말도 했다. "내가 21년 동안 어머니에게 가장 많이 들었던 말은 '나는 할 수 있다(Yes, I can.)'는 말이었습니다."

세상을 이렇게 보라!


"하나님을 사랑하는 자 곧 그 뜻대로 부르심을 입은 자들에게는
모든 것이 합력하여 선을 이루느니라"
(로마서 8:28)

# 인생의 가장 큰 성공

**세**계 대학생들을 대상으로 존경하는 인물에 대한 여론조사를 하면 1위는 언제나 아브라함 링컨이 차지한다. 그 이유는 링컨이 모든 역경과 불리한 여건 속에서도 포기하지 않는 불굴의 삶을 살았기 때문이다.

그는 여덟 살에 어머니를 잃고 소년가장으로 동생들을 보살피며 극심한 고생을 했지만 결국 자수성가하여 미국 16대 대통령에 당선되었다. 학교 교육이라고는 모두 합쳐 1년 정도 밖에 받아본 적이 없었지만 독학으로 변호사도 되었고, 셰익스피어에 대해서는 전문가 수준으로 문학에 조예가 깊었으며, 성경에 대해서도 목사를 능가하는 실력을 갖추고 있어서 성경인용을 자유자재로 구사할 정도였다. 이 모든 것들이 그가 특별히 뛰어난 머리를 가져서가 아니라, 끝없는 노력을 통해 자신의 인생을 갈고 닦았기 때문에 가능했던 것이다.

그는 직업 열세 가지를 가졌었는데, 열거해보자면, 농부, 점원, 뱃사공, 막노동꾼, 장사꾼, 군인, 우체부, 측량사, 서점주인, 변호사, 주의원, 상원의원, 대통령이다. 이런 다양한 직업이 상징하듯이 그의 인생은 험난했다. 사업에 실패하여 파산하였고(1831), 하원의원 선거에 낙선했으며(1832), 또다시 장사하다가 망했으며(1833), 겨우 주의원에 당선되었다(1834). 결혼하기로 약속했던 애인이 죽고, 결혼해서는 또 아내가 죽었다(1835). 신경질환에 걸려 오랫동안 병원신세를 져야 했으며 (1836), 하원에 두 번째 출마했을 때는 낙선했다가 또 다시 재선되고, 또 낙선하였다가 다시 재선되었다. 그의 정치역정은 험난했고, 부통령에 출마했다가 또 낙선당하는(1856), 그야말로 그의 인생은 낙선의 인생으로 점철되어 있었다. 그러나 그래도 그는 포기하지 않고 기어이 대통령에 당선되고 만다. 그의 머리나 환경이 좋았던 것이 아니라, 그의 투지와 노력의 결과였던 것이다. 그는 결코 포기하기 않는 사나이였다. 57세라는 비교적 젊은 나이에 괴한의 총탄에 맞아 숨졌지만 죽는 그 순간까지 그는 열심히 배우고, 끝없이 도전하고 정직하게 살았던 사람이다. 특별히 어떤 실패에도 좌절하지 않았던 것이 그의 생애의 가장 커다란 특징이자 아름다움이었다.

인생은 자전거 타기와 같다. 부지런히 페달을 밟으면 쓰러지지 않는다. 어떠한 발명이나 성공도 우연히 되거나 쉽게 이루어진 것은 없다. 그것은 엄청난 땀이 쌓인 결과이다. 요행을 바라는 것은 도둑질을 하는 것과 같은 것이다. 땀 없이 이룩된 것은 오래가지 못하고, 비참하게 무너지게 된다.

한 신문사에서 '직장과 스트레스' 라는 기획기사를 통해 몸을 던져서 열심히 일하는 사람이, 눈치를 보면서 일하는 사람보다도 소외감이나 권태를 덜 느끼고 자기 평가도 높으며 몸도 가정도 건강하다는 연구 결과를 밝힌 적이 있다. 다람쥐는 겨울을 나기 위해서 도토리를 땅에 저장하는데 한 구멍에 한 개 씩만 넣는다. 한 구멍의 깊이가 10cm에서 깊게는 30cm에 이르는데 다람쥐 한 마리 당 구멍을 약 2천 개 정도씩 판다고 한다. 2천 개의 도토리를 줍는 일도 엄청난데 구멍 2천 개를 판다는 것 또한 놀라운 일이다. 좋은 목재는 쉽게 빨리 자란 나무가 아니다. 높은 산 위에서 세찬 바람에 시달린 나무가 강하고 단단해서 견고한 대들보로 쓰임을 받게 되는 것이다.

　인간의 참모습은 평상시에는 잘 드러나지 않는다. 그러나 위기가 왔을 때에 그의 능력과 인격이 드러난다. 소인은 위기가 오면 쉽게 절망하거나 뜻이나 사람을 바꾸는 변덕을 부린다. 그러나 큰 사람은 끝까지 자신의 마음과 생각을 지키며 옳다고 생각하는 것을 위해 싸운다. 인생의 가장 큰 실패는 포기하는 것이다. 반대로 가장 큰 성공은 끝까지 싸우는 것이다.

　"두려워 말라 내가 너와 함께 함이니라
　놀라지 말라 나는 네 하나님이 됨이니라
　내가 너를 굳세게 하리라 참으로 너를 도와주리라
　참으로 나의 의로운 오른손으로 너를 붙들리라"
　(이사야 40:10)

# 마음의 주름살을 펴라

요즘은 60대를 인생의 황금기라고들 한다. 예전에는 60세가 되면 회갑잔치라는 의식을 치러야했지만 이제는 회갑잔치를 예전과 같이 그리 대단하게 생각하는 것 같지 않다. 옛날에 비해서 수명이 길어졌고 또 건강해서 여전히 왕성한 활동을 할 수 있으며 독립적으로 살 수 있기 때문이다. 그래서 이제 60대나 70대는 지나간 세대나 안락의자가 아니라, 사회적으로 아주 필요한 자원이며, 급박한 변화로 세대간의 단절이 큰 시대에 사회 구성원들을 묶는 귀중한 통합 연결고리가 될 수 있다.

한국 사람들은 호주 사람들에 비해서 빨리 늙은 티를 낸다고 한다. 얼굴은 호주 사람들보다 젊어 보이는데 정신이나 활동 면에서 빨리 포기하고 빨리 직장에서 물러난다는 것이다. 사람은 자신이 생각하는 것만큼 늙는다. 50세라도 스스로 늙었다고 생각하면 늙은 것이고, 70세라도 젊다고 생각하면 젊은 것이다. 따라서 늙는 것은 객관적인 나이나, 병원의 의사가 정해주는 것이 아니라 나 자신이 결정하는 것이다. 만일 당신이 "이 일을 지금부터 시작하기에는 너무 늙었다."고 생각하면 당신이 현재 50세라도 당신은 늙은 것이다. 그러나 당신이 70세라도 "이 일을 언제 끝낼지는 몰라도 최선을 다해보자."고 결심하고 새 것을 배우기도 하고 새 일을 시작한다면 당신은 아직 젊은 것이다.

　의학자들에 의하면 소망은 육체적으로도 혈액순환, 신진대사, 소화작용, 뇌활동, 신경조직 등에 많은 활력을 준다고 한다. 우리 몸의 에너지는 정신의 흐름에 따라 몸에 해가 되는 호르몬을 만들기도 하고 몸에 유익한 에너지를 만들기도 한다는 것이다.

　심리학자들이 한 가지 실험을 했다. 물이 담긴 항아리에 쥐를 넣고 완전히 캄캄하게 하였더니 쥐는 1시간이 채 되기 전에 죽었다. 체력이 안 돼서가 아니라 살기를 포기한 절망감 때문에 그렇게 빨리 죽은 것이다. 그러나 항아리 속으로 아주 미세한 한 가닥의 빛을 비추고 있었더니 쥐는 38시간을 생존했다. 뭔가를 기대하고 포기하지 않는 소망의 힘이 이처럼 대단한 것이란 증거다.

　노화의 증세가 포기와 중얼거림이다. 비록 40대나 50대라도 새 일을 할 의욕이 없고 가족이나 이웃에게 요구만 하거나 사회문제나 나라의 일에 대해 불평만 늘어놓는 사람은 이미 노화가 가속화되고 있는 것이다. 젊은 사람은 인간이나 역사를 긍정적으로 보고 적극적으로 참여하며 낙관적으로 생각하는 특징이 있다. 세상이 힘들고 썩고 부패했다는 것을 몰라서가 아니다. 불평과 포기는 대안도 될 수 없고, 그런 것이 세상에 한 치의 기여도 할 수 없기 때문이다. 사실 세상의 모든 문제에 뾰족한 대안이 있을 것이라고 생각하는 사람은 어린 사람이다. 수상이나 대통령이 새롭게 바꾸어져서 나라가 잘 될 것이라고 생각하는 사람은 역사를 보는 눈이 어린 사람이다. 대안은 나에게 있다. 나 한 사람이 소망을 가지고 지극히 작은 것이지만 바른 일을 기쁘게 실천할 때, 거기에 의미가 있는 것이다. 그리고 큰 역사는 하나님의 섭리에 있다고 믿어야 한다.

　그대가 젊어지고 젊게 살기 위해서는 계속해서 앞날에 대한 비전을 가져야 하며, 좋은 의미의 야심이 불꽃처럼 계속 타올라야 하고, 사랑의 정열도 꺼지지 않아야 한다. 늙게 오래 사는 것이 복이 아니다. 젊게 사

는 것이 복이다. 그 늙게 오래 사는 것과 젊게 사는 것의 차이는 마음의
차이다. 얼굴에 있는 주름이 문제가 아니라, 마음의 주름이 더 문제인 것
이다.

　　마음에 의심을 품는 것만큼 당신은 늙었고, 마음에 믿음을 지닌 것만
큼 당신은 젊다. 마음에 허무감과 무의미가 찬만큼 당신은 늙었고 마음
에 희망이 있는 만큼 당신은 젊다. 하나님과 이웃에 고마움을 느끼는 만
큼 당신은 젊었고 불평과 짜증이 있는 만큼 당신은 늙었다. 그러므로 정
말 한탄해야 할 것은 머리카락이 희어지는 것이 아니라 당신의 정신이
회색이 되는 것이며, 이마에 생긴 주름이 아니라 당신의 마음에 생긴 주
름이다. 마음의 주름을 펴라.

# VISION MAKER

**아**메리카 대륙을 발견한 콜럼버스(Christopher Columbus)는 대서양을 서쪽으로 항해하면 반드시 인도에 닿을 것이라고 믿고 에스파냐의 여왕 이사벨의 원조를 얻어 위험한 항해를 용감히 감행했다. 콜럼버스는 "만일 선원들의 투표에 의해 항해했다면 대서양을 3분의 1도 건너지 못했을 것"이라고 했다. 왜냐하면 선원들은 날마다 돌아가자고 주장했고 때때로 콜럼버스에게 무기를 가지고 대항하면서까지 배를 돌리려고 했기 때문이다. 그러나 콜럼버스는 끝내 굽히지 않고 전진명령만 내렸다. 이것을 앞뒤 꽉 막힌 고집이라고 할 수 있을까? 아니, 난 VISION이라고 생각한다. 콜럼버스는 VISION을 가졌기에 전진할 수 있었고, 선원들은 무지와 의심을 가지고 있었기 때문에 두려워했던 것이다.

성공과 실패의 갈림길이 여기에 있다. VISION을 가지고 전진하는 자는 성취의 열매를 거두고, 의심과 염려에 사로잡혀 VISION을 가지지 못하는 자는 아무 것도 성취할 수 없는 법이다. 콜럼버스가 4차 항해를 마치고 이사벨 여왕에게 보낸 보고서에 이런 기록이 있다. "내가 여러 신천지를 발견한 것은 내가 가진 수학의 힘이나 항해술 때문이 아니라 나의 믿음 때문입니다."

사람에게 믿음이 있으면 자연히 VISION이 생긴다. 바른 믿음은 항상 이상을 지향하기 때문이다. 그래서 믿음이 있으면 소망을 가지게 되고 소망이 있으면 사람이 용감해진다. 이런 것들이 서로 고리가 되어 결국 믿음이 있으면 소망도 용기도 함께 하여 결국 성공에 이르게 되는 것이다.

콜럼버스의 선원들은 10월 11일 저녁에 폭동에 가까운 데모를 벌였다. 배를 돌리자는 것이었다. 새 땅을 찾기 전에 죽겠다는 생각이었던 것이다. 그러나 이튿날인 12일 새벽에 안개 속에 육지가 멀리서 보이기 시작했다. 지금의 바하마 열도를 처음 발견한 것이다. VISION을 가진 자는 참을 수 있지만 VISION이 없는 자는 참지를 못한다. 소망이 있는 자는 인내하고 조용히 기다리는 지혜가 있지만 소망이 없는 자는 기다릴 수가 없어서 안달을 하고 신경질을 부린다. 앞날에 대한 강한 VISION만큼 인간을 활기차게 만드는 것이 없다. 기운이 없고 축 늘어지고 자주 아픈 사람은 그 만큼 미래에 대한 소망의 농도가 엷은 것이 틀림없다.

VISION을 갖는다는 것은 그 자체만으로도 커다란 가능성과 능력을 가진 것이다. 소망 속에 산다는 것은 보다 높은 신조를 갖는 삶이다. 땅을 기는 벌레의 삶이 아니라 푸른 하늘을 나는 나비의 삶이다. 나보다 남을 위하는 자세, 더 낮아지는 봉사의 마음, 더 영원한 것을 지향하는 영혼이 있다면 그 사람은 그만큼 가치 있는 존재가 된다. 물론 잘 먹고 잘 살려는 것도 소망임에는 분명하지만 그런 소망은 진정한 의미에서 소망이라고 할 수 없는 천한 욕심이라고 해야 할 것이다. 높은 신조를 품는 것이 진정한 소망인 것이다.

요즈음 같이 세상이 어수선 할 때 소망이란 두 글자보다 더 소중한 것은 없다. 소망은 오늘에 활력을 주고 내일을 밝게 만든다. 소망을 잃지 말라. 영원하신 하나님, 만물의 주인이신 하나님이 당신과 함께 계시기에 당신에겐 불굴의 소망이 있다. 소망이 있는 자는 낙천적이 될 수 있으며, 소망이 있는 자는 멀리 볼 수 있으며, 소망이 있는 자는 작은 것에 연연하지 않으며, 사람들의 평가와 말에 흔들리지 않는다. 그리고 소망이 있는 사람은 마침내 최후에 웃는 사람이 되고 마는 법이다.

그리고 또 무엇보다도 VISION이 있는 사람이 다른 사람들에게도 VISION을 심어 줄 수 있다. 이 시드니에 VISION MAKER가 많아지기를 소망해본다.

"나 여호와가 말하노라
내가 너희를 향한 나의 생각은 내가 아나니
재앙이 아니라 곧 평안이요
너희 장래에 소망을 주려하는 생각이라"
(예레미야 29:11)

# 만일 폭풍이 없다면

이상하게 나는 목요일이나 토요일이 되면 마음 상하는 일이 곧잘 생긴다. 그래서 왜 이렇게 신경 쓰이는 일이 다른 날보다 많을까 하고 곰곰이 생각해 보니, 목요일은 칼럼을 쓰는 날이고 토요일은 주일 설교를 준비하는 날이라는 것을 깨달았다. 사실 나는 설교하기 전에는 식사도 제대로 하지 못 한다. 그만큼 부담이 되는 것이다. 벌써 설교를 하기 시작한 지도 20년이나 됐는데 아직도 힘이 드는 것을 보니 아마도 은퇴할 때까지 설교에 대한 부담은 계속 될 것 같다. 그래서 토요일 같은 경우는 무엇을 하더라도 집중이 되지 않고, 설교와 글을 쓰려면 괜히 신경이 날카로워져서 다른 때 같으면 예사로 지나칠 것에도 민감하게 반응을 보이는 것이다.

나만 그러는 것이 아니라, 폭풍이 오기 전에는 모든 동물들이 신경질을 낸다고 한다. 고기들은 행동이 거칠어지고, 새들은 싸우고, 말들은 사나워진다고 한다. 흔히 사람들이 "저기압이다."라고 하는데, 폭풍을 일으키는 낮은 기압이 지상 낮은 쪽에 가스와 냄새를 몰기 때문에 동물들이 민감한 반응을 보이는 것이라고 한다. 그러면 폭풍이 없는 지역이 있다면 낙원이지 않을까 할지 모르지만 전혀 그렇지 않다. 폭풍이 없다면 이 자연계에는 여러 가지 문제가 생기게 된다. 지금 같이 공해가 많을 때에는 폭풍은 공해를 멀리 날려보내는 아주 중요한 역할을 한다. 그러니 폭풍이 없다면 우리의 도시는 몇 년이 못 되어 스모그 현상 탓에 사람이 살 수 없는 죽음의 도시가 될지도 모른다. 그리고 무엇보다도 폭풍이 없다는 것은 바람이 없다는 것인데 그렇다면 공기가 없으니 그 곳은 생명체가 없는 지역이 될 것이다.

바람은 배를 뒤엎는 무서운 힘이 될 수도 있지만, 배를 전진시키는 힘도 된다. 어려운 사건과 고통은 그런 바람과 같다. 그것을 받아들이는 사람에 따라서 파멸의 원인이 될 수도 있고, 도약의 에너지가 될 수도 있다. 사람들은 흔히 고통을 악이라고 생각하지만 고통이 악은 아니다. 그것을 받아들이는 사람에 따라서 악이 되기도 하고, 선이 되기도 하는 것이다.

벨(Alexander Bell)이 전화를 발명한 것은 본래의 연구의 목적에서 벗어난 것이었다. 그는 청력을 거의 잃은 아내의 고통을 덜어 주려고 보청기를 연구하던 것인데, 그 연구가 계기가 되어 전화를 발명했던 것이다. 한 사람의 고통이 인류에게 위대한 공헌을 한 것이다. 이렇게 때론 한 사람의 고통이 다른 사람에게 유익함을 줄 때가 많다. 베토벤은 귀가 멀어서 고통스러운 말년을 보냈지만, 그는 그 고통을 이기고 혼이 담긴 음악을 만들어 지금까지도 많은 사람의 위로가 되고 있다. 사실 나의 경우에도, 설교와 칼럼이 없다면 목요일과 토요일에 신경이 날카로워질 일도 없겠지만, 미비하나마 오늘의 나도 없을 것이다.

그래서 나는 소위 '저기압'이 될 때, 몇 가지 자세를 세워 지키려고 한다.

첫째, 저기압이 될 때는 가능하면 일을 하기보다는 책을 읽거나 기도 같은 정(靜)적인 일을 한다.

둘째, 운동을 하여 기분전환을 꾀한다.

셋째, 과욕과 욕심을 버린다.

넷째, 과식을 하지 않는다. 흔히들 먹는 것도 스트레스를 푸는 것이라고 하는데, 전문가들의 의견에 따르면 옳지 못한 말이라고 한다. 먹어서 위에 부담이 되면, 우리의 머리는 짜증이 난다는 것이다. 그래서 나는 토요일만 되면 먹는 것과 마시는 것을 전체적으로 줄인다.

다섯째, 모든 것을 긍정적으로 생각하려고 노력한다. 예를 들면 지금 어떤 일이 다가오고 있는데, 이 저기압을 잘 감당하면 내게 무엇인가 레벨 업(level up) 될 것이라고 마음을 고쳐먹는다. 이 지구에는 저기압과 고기압이 있어 공기가 살아있는 것이고, 환경이 깨끗하게 되며, 비가 오기도 하고 맑기도 한 것이다. 그러니까 지구의 생명을 위해서는 저기압과 고기압이 있어야 하는 것이다. 고기압만 있으면, 즉 항상 날씨가 맑기만 하다면 이 세상은 몇 달이 못 되어 다 사막이 되어버린다는 것을 알아야 한다. 인생도 항상 좋은 일만 있다면 사막과 같이 아무 쓸모가 없는 인생이 되고 말 것이다.

지금 이 세상은 뉴스를 보기가 두려울 만큼 전세계적으로 생화학무기 테러와 전쟁의 소식만 가득 차 있다. 저기압이다. 누가 이 무서울 만큼 답답한 이 세상을 시원하게 할 수 있을까?

"때에 여호와께서 폭풍 가운데로서 욥에게 말씀하여 가라사대
누가 폭우를 위하여 길을 내었으며
우뢰의 번개 길을 내었으며
사람 없는 땅에 사람 없는 광야에 비를 내리고
황무하고 공허한 토지를 축축하게 하고
연한 풀이 나게 하였느냐"
(욥기 38:1a, 25-27)

# 내일은 밝을 것이다

**얼**마 전에 부시 미국 대통령이 백악관에서 과자를 먹으며 TV 미식축구 경기를 보다가 과자가 목에 걸린 일이 있었다. 과자가 기도를 누르는 순간, 질식해서 정신을 잃고 쓰러지게 되었다. 그런데 다행히도 쓰러지면서 방바닥에 부딪혔는데 얼굴은 조금 상하게 되었지만 기도를 막고 있던 과자가 밖으로 튀어 나와서 살 수가 있었다. '하임리히요법' 이라는 응급처치법을 만든 하임리히 박사는 부시 대통령이 넘어져서 방바닥에 부딪히는 순간 본인이 의도와는 상관없이 스스로 응급처치를 한 셈이라고 말했다. 부시 대통령이 먹었던 과자는 하트모양으로 생긴 짭짤한 과자이다. 아마도 미식축구경기에 심취해서, 순간 어려움을 당하였던 것 같다. 잘못하면 목숨을 잃을 수도 있었다. 그런데 다음날 부시 대통령은 얼굴에 시퍼런 멍이 있는데도 가리려하지 않고 백악관에서 기자들에게 편안한 모습으로 "어머니가 프레첼 과자를 먹을 때는 잘 씹으라고 하셨습니다. 항상 어머니 말씀은 잘 들어야 합니다." 라며 여유 있는 농담을 하였다. 어려움을 당하면서도 당황하거나 혼자 화 내지 않고 오히려 유머로써 어려운 상황을 웃어넘기는 부시 대통령의 말은 변명으로 들리기보다는 멋있게 생각된다.

한 소년이 자기의 배팅(야구에서 날아오는 공을 받아치는 것) 실력을 아버지에게 보여주기 위하여 아버지 앞에서 시범을 보이기로 했다. 자기 자신이 공을 위로 던지고 내려오는 공을 치는 것이었다. 그러나 세 번을 시도했는데 세 번 다 헛치고 말았다. 소년은 시치미를 떼고 아버지에게 말했다. "투수가 워낙 공을 잘 던지니까요." 일이 뜻대로 잘 안 되는 상황에서 화를 내고 짜증내며 창피하다고 얼굴을 붉히지 않고 오히려 유머로써 화낼 수 있는 상황을 웃어넘기는 소년의 말은 변명이 아니라 삶의 여유라고 생각한다.

이 세상의 누구도 "나는 행복하다."고 자신 스스로의 생각 속에 행복을 심기 전에는 행복해질 수 없다. 마찬가지로 이 세상의 누구도 "나는 할 수 있다."고 생각하기 전까지는 아무 것도 할 수 없다. 또한 역시 마찬가지로 이 세상의 누구도 "내일이 밝을 것이다."라고 생각하기 전까지는 그의 장래가 밝아지지 않는다.

국민의 정신이 그 나라의 미래를 결정하는 것이지, 땅이 좁다던가, 자원이 없다던가 하는 여건이 그 국가의 장래를 결정하는 것이 아니다. 세계 제일의 복지국가인 스위스 같은 곳은 국가여건으로는 세계의 173개국 중에 63번째라고 한다. 이스라엘 역시 70번째이지만 최고의 선진국으로 살아가고 있다. 마음이 환경을 만들어 가는 것이지, 환경이 마음을 만들어 가는 것만은 아니다.

옛날 미국의 대부호였던 Hebert Warner는 젊었을 때, 조그만 철물점을 했다. 그는 사업 확장 계획을 세우고 은행장 Fairbanks를 찾아갔다. 10만 달러의 융자신청에 Fairbanks는 놀랐다. 그 당시 10만 달러는 청년이 거론하기에는 너무나 큰 돈이었기 때문이다. 그래서 Fairbanks가 "담보나 보증인이 있습니까?"라고 묻자, Warner 청년은 자기 머리를 가리키며 "이 속에는 10만 불 짜리의 열 배나 되는 100만 불 짜리의 아이디어와 용기가 있습니다."라고 대답했다.

두 사람은 오래 이야기를 나누었다. 그래서 결국 젊은 Warner는 돈을 빌렸고 그것이 힘이 되어 일약 세계의 거부가 된 것이다. 머리 속의 낙관주의를 가지고 돈을 빌리려 간 사람이나 빌려준 사람이나 요즘 같으면 좀 이상한 사람들이지만 사실은 그것이 바로 성공의 도약대였던 것이다.

이스라엘 백성이 가나안 땅으로 들어가려고 요단강을 건널 때에 흐르던 물이 멈추어서 쉽게 건넜다는 기사가 나온다. 성경에 보면 "궤를 멘 제사장들의 발이 흐르는 물에 디뎠을 때에 물이 멈추었다"(수 3:15-16)고 기록되어 있다. 이것은 누군가의 발을 먼저 흐르는 물 속으로 내디뎌야만 기적도 일어난다는 것을 뜻한다. "내일은 밝을 것이다"라고 생각하며 용기 있게 미래를 향하여 나아갈 때 기적도 생기는 것이다.

나는 내 앞에 시련이 없다고 생각하지는 않는다. 어쩌면 앞으로 더 많은 시련이 있을지도 모른다. 우리의 앞날에도 어려움은 찾아 올 수 있다. 그러나 내 자신이나 이민사회의 내일은 밝을 것이라고 굳게 믿는다. 많은 시련들을 이기고 더 높은 곳으로 나아가며 많은 시련들이 오히려 훈련이 되어서 더 크고 위대한 일을 하리라 믿고 있다. 우리의 내일은 밝을 것이다.

"너의 길을 여호와께 맡기라
저를 의지하면 저가 이루시고
네 의를 빛같이 나타내시며
네 공의를 정오의 빛같이 하시리로다"
(시편 37:5-6)

# 마음에 상처가 있을 때

**사**람은 상처가 나면 치료를 해야 한다. 그런데 상처는 육체에 뿐만 아니라 마음에도 난다. 아니, 더 많이 난다. 이 마음에 난 상처들은 눈에 보이지 않아서 잘 드러나지는 않지만, 이 마음의 상처 때문에 보이는 많은 문제들이 생기는 것이다. 사람은 누구나 살아가면서 이런 마음의 상처들을 갖게 된다. 그렇기 때문에 겉으로 건강하다고 건강한 것이 아니다.

그런데 이런 마음의 상처를 어떻게 처리하며, 어떻게 치료받으면서 살아가느냐 하는 것이 행복의 문제이고, 신앙의 문제이기도 하다. 고독, 배신, 허무, 절망, 이런 상처들을 사람과 직업 그리고 사회생활에서, 심지어는 가정에서도 받고 있다.

성경은 여기에 대해서 이런 충고를 했다. "분을 내어도 해가 지도록 품지 말라"(에배소서 4:26) 이 말은 감정의 노예가 되지 말라는 것이다. 감정에 붙들려 있는 시간이 길수록 상처는 더 커지므로, 해가 지기 전에 자신의 감정을 정리하라는 뜻이다.

세계 교회에서 가장 많이 불려진 찬송이 "죄 짐 맡은 우리 구주 어찌 좋은 친군지"(487장)라고 한다. 이 찬송은 죠셉 스크리븐(Joseph Scriven)이라는 사람이 썼는데, 그는 영국에서 대학을 졸업하고, 캐나다에 와서 학교 교사가 되었으며, 아름다운 여성과 약혼을 하였다. 두 사람은 너무도 아름답고, 뜨겁게 사랑을 했고, 마침내 결혼하는 날을 결정하고 결혼식을 위하여 오던 중, 약혼녀가 배의 침몰로 죽고 말았다. 스크리븐은 너무도 큰 충격 속에 학교도 그만 두고, 교회도 나가지 않은 채 식음을 전폐하고 누었다. 그러던 어느 날 밤 교회에 가서 기도하는 중 이런 음성을 들었다고 한다. "너는 사랑하는 약혼녀를 호수에서 잃었으나, 나는 하나뿐인 독생자를 십자가에서 잃었다. 그것은 하나를 잃음으로 모두를 사랑하기 위함이다." 그때 그는 주님의 깊으신 사랑을 경험하게 되었고 그래서 기도하는 마음으로 쓴 찬송시가 바로 "죄 짐 맡은 우리 구주"였다.

이 찬송의 2절에 이런 내용이 있다. "시험 걱정 모든 괴롬 없는 사람 누군가 부질없이 낙심말고 기도 드려 아뢰세 이런 진실하신 친구 찾아 볼 수 있을까 우리 약함 아시오니 어찌 아니 아뢸까" 지진의 피해는 지진 자체보다도 지진 뒤에 생기는 패닉(panic) 증세라고 한다. 지진 자체도 무섭지만 지진 뒤에 사람들은 공포와 허탈감을 가지게 된다. 그래서 일도 하기 싫고, 집도 짓기가 싫어져 버린다. 사람이 당하는 마음의 상처도 사실은 그 자체보다 그것으로 받는 패닉 증세가 더 문제가 되는 것이다. 그러나 스크리븐처럼 하나의 상실이, 하나의 절망이 더 많은 사랑과 더 중요한 사명으로의 전환이 될 수도 있다. 수녀들 중에는 한 남자에게 사랑을 배신당하고, 하나님께 귀의한 사람들이 많다고 한다. 그녀들은 하나의 상실을 통해서, 하나의 배신을 통해서 귀중한 사명으로의 복된 길을 가게 된 것이다.

우리는 어려운 일, 아픈 일, 외로운 일들을 하나씩 떼어서 볼 것이 아니라 나의 인생의 전체적인 안목에서 그리고 이 사회와 세계 속의 연관 속에서 볼 수 있어야 한다. 시계에 부착된 톱니바퀴들이 제각기 반대방향으로 움직이고 있음을 본다. 그러나 이 모순 같은 톱니바퀴들이 실은 큰 바늘과 작은 바늘을 가장 정확히 움직이기 위한 가장 효과적인 기능을 발휘하고 있는 중인 것이다. 우리의 인생도 마찬가지다. 고난을 통하여 얻어진 고통과 슬픔에 잠겨있으면 안 된다. 누구든지 마음에 상처를 가만히 놓아두면 안 된다. 치료해야 한다. 예수님은 이렇게 말씀하셨다.

"수고하고 무거운 짐 진 자들아 다 내게로 오라
내가 너를 편히 쉬게 하리라"

# 모터(motor)와 모티브(motive)

**인**류의 문화생활에 가장 커다란 영향을 끼친 발명품이 '모터'라고 한다. 이 모터는 전기, 증기 등 에너지들을 힘으로 전환하는 데 절대적인 역할을 한다. 현대 사회에서 사용되는 거의 모든 에너지들을 이 모터가 현실적 기능으로 바꾸어준다. 요즘은 칫솔까지도 모터를 사용해서 편리하게 사용하고 있으니, 이제 인간의 생활 구석구석 모터의 영향을 입지 않고는 생활이 불가능할 정도가 되었다. 그런데 이러한 모터는 인간의 외부적인 환경에만 있는 것이 아니라, 내부에도 일종의 모터가 있다. 곧 인간의 마음의 생각이나 뜻을 행동으로 전환시키는 것이 있는데, 그 인간의 마음을 행동으로 전환시키는 모터를 '동기'라고 한다. 모든 기계와 도구가 모터에 의해서 작동하듯이, 인간의 거의 모든 행위도 이 동기의 힘으로 작동을 한다.

모터(motor)나 모티브(motive-동기)란 말은 헬라어 '모텀(motom)'에서 나왔는데, 그 뜻은 "움직이다, 전달하다"란 의미다. 모터가 여러 가지 에너지를 활동력으로 바꾸듯이, 인간 내부의 동기도 사람의 마음속에 있는 것, 즉 정신과 뜻을 행동으로 바꾸는 역할을 한다. 미국의 사상가인 에머슨(R.W. Emerson)의 체험담이다. 여름휴가 때 시골에서 암소를 외양간으로 끌어넣으려고 한 적이 있었다. 에머슨은 소를 잡아당겨도 보고, 회초리로 때려보기도 했지만 소는 막무가내였다. 이때 젖을 짜는 소녀가 이것을 보고 있다가 다가오더니, 손가락에 침을 발라 소의 입에 발라주고는 소의 머리를 꼭 껴안아 주더니 곧바로 소를 외양 간으로 몰고 가더란 것이다. 소와 소녀 사이의 어떤 사랑의 커뮤니케이 션이 소를 움직이게 하는 동기가 되었던 것이다. 여기서 에머슨은 활동 을 가장 크게 촉진하는 것은 동기라고 생각하고, 동기부여가 학습효과를 최대치로 높인다고 보는, 동기부여의 중요성을 주창한 교육이론을 폈다.

사람에게 있어서 동기는 두 가지가 있는데 하나는 내부에서 오는 동 기고, 다른 하나는 외부에서 오는 동기이다. 심리학에서는 말(馬)을 다 루는 데 비유하여 내부의 동기를 '당근' 이라고 하고, 외부의 동기를 '회 초리' 라고 부른다. 내부의 동기는 좋아서 자진하여 움직이는 힘이고, 외 부의 동기는 회초리를 때려서 말을 몰아가듯 바깥 자극에 의해서 움직이 는 힘을 말한다. 사람을 움직이는 면에서는 신앙은 당근과 같은 내부의 동기이고 법이나 환경 등은 외부의 동기가 될 것이다.

그런데 사람은 성숙하면 내부의 동기에 의해서 움직이는 폭이 커지 고, 미숙하면 외부의 동기에 의해서 움직이는 폭이 커진다고 한다. 성경 에 보면 "고난 당한 것이 내게 유익하다"(시편 119:71)라는 말씀이 있 다. 이 말을 심리학적으로 설명해 본다면 괴로움이나 아픔이나 실패 같 은 것이 하나의 동기가 된다는 뜻이다. 조건이 나쁘니까 그것을 극복하 려는 노력이 극대화되고 그 동기가 도약의 발판이 된다는 것이다.

재미있는 우화가 있다. 아기 개구리가 트럭 바퀴가 만든 웅덩이에서 빠져 나오지를 못한다. 아빠 개구리, 엄마 개구리가 이런 저런 방법을 가 르쳐주어도 속수무책이다. 그때 트럭 한 대가 굉장한 속력으로 달려온 다. 엄마 아빠 개구리는 자신의 목숨을 위해서 재빨리 도망쳤다. 그리고 는 아기 개구리가 트럭에 치어 죽었을 것으로 생각하고 뒤를 돌아보았는 데, 아기 개구리는 시체도 보이지 않는다. 이때 누군가가 뒤에서 "엄마!"

하고 불러서 뒤돌아보니 아기 개구리는 벌써 엄마보다 더 훨씬 멀리 점프를 해서 도망쳐 있었던 것이다.

트럭은 악조건이었지만 그 악조건이 어떤 이론보다도 능력 있는 도약의 동기가 된 것이다. 등산가들이 험한 암벽을 등반할 때 초보자들에게 가장 좋은 훈련은, 암벽의 중간에서 내려갈 수도 없고 올라갈 수도 없는 막다른 처지에 놓이는 것이라고 한다. 그런데 이렇게 내려갈 수도 없고 올라갈 수도 없는 지경에 이르면 할 수 없이 사력을 다하여 올라가게 되는데 이런 경험을 몇 번하고서야 초보자의 딱지를 면한다는 것이다. 이 역설이 등산에만 아니라 인생에도 거의 적용된다.

고생이 약이라는 말이 있고, 귀여운 자식은 빈손으로 여행을 시키라는 말도 있다. 그런데 요즘 부모들은 자식들을 과잉보호를 하는데, 이것은 아이들의 잠재된 동기를 말살시키는 바람직하지 못한 것임을 알아야 한다. 어려움이 없으면 동기도 없어지고 동기가 없어지면 행동도 약해지는 것이다.

위대하고 큰 일은 고난과 실패 속에 감추어져 있다. 아니 위대한 일은 고난과 실패라는 화분 속에서만 싹을 틔운다. 고난이 가장 커다란 모터인 것이다.

"고난 당하기 전에는 내가 그릇 행하였더니
이제는 주의 말씀을 지키나이다"
(시편 119:67)

# 연필에 지우개가 달린 까닭은?

이번 월드컵에서도 지나간 월드컵대회들에서처럼 많은 심판판정의 불만이 이야기되었다. 특별히 이탈리아는 우리와의 시합에서 패배하고 모든 잘못을 심판판정에 돌리다가 국제적인 망신을 당하였다. 사실 이탈리아에서 있었던 월드컵경기에서는 이번 월드컵보다도 더 많이 심판판정에 문제가 있었다고 한다.

그런데 FIFA에서는 말이 많은 심판판정의 항의를 줄이기 위해서 축구시합 중에 찍은 VTR로 재생 심사를 하자는 의견에 대해 검토할 가치도 없는 것이라며 그 의견을 일축했다고 한다. 한동안 미국에서는 Football 경기 중에 심판의 오심이라고 생각되는 장면을 즉석에서 재생시켜 정확한 판정을 내리는 VTR 판정 제도가 시행되었던 적이 있다. 그런데 왜 이 정확한 판정제도를 없앴을까? 이유는 간단하다. 심판의 인격과 양심을 믿자는 것이었다. 또 나아가서 게임을 하는데, 너무나 살벌한 기계에 의지하여 인간미를 사라지게 하지 말자는 취지였다. 한때는 야구에서도 스트라이크냐, 볼이냐를 주심을 로봇으로 세워서 전류로 정확하게 판정하자는 의견까지 나왔지만, 이 역시 야구의 맛이 떨어진다는 뜻에서 받아들여지지 않았다. 옳은 태도다. 사람들이 공놀이하는 것을 기계가 판정한다는 것은 게임(놀이)이라기보다는 도박이나 싸움에 가까운 것이 되어버리기 때문이다.

운동경기에서 실수를 보는 것은 인간미가 나는 재미있는 일이다. 모든 것이 예측된 대로 된다면 그것은 기계에게 게임을 시켜놓은 것과 같은 메커니즘을 즐기는 것뿐이다. 그러나 인간이 게임을 하면 그 능력뿐만 아니라, 감정과 여러 가지 인간적인 여건이 개입되어서 더욱 재미있고 흥미가 더해지는 것이다. 심판의 판정 부분에 있어서도 약간의 견해 차이로 경기 도중 마찰이 생기는 것이 실은 재미있는 일이다. 야구 경기에서 배트가 부러져서 오히려 안타가 나오는 경우를 보는데, 이것은 사람 사는 일들 속에 실수가 일으키는 대표적인 재미라고 할 수 있겠다.

사람은 실수가 있기에 사람답다. 가끔 실수가 있는 사람이 구수하고 편안하다. 완전주의자나 좁쌀 같은 문제를 가지고 정의로운 양 꼬치꼬치 캐는 사람들은 인사는 하고 지내도 사귀고 싶은 생각은 안 든다. 그런 사람들은 자신들의 조그만 의를 바탕으로 자기는 옳고 다른 사람은 모두 잘못이라고 판정한다. 하지만 우리가 꼭 기억해야 할 것은 실수나 실패는 나쁜 것이 아니라는 것이다. 누구나 바른 판단을 하는 성숙함에 도달하려면 잘못된 판단을 하는 여러 번의 실패를 경험하여야 한다.

나는 사람을 잘못 판단한다는 말을 많이 듣는다. 전에도 어떤 사람의 사정을 들어주다가 크게 손해를 보고는 너무나 힘이 들어 마음고생을 했던 일이 있다. 그러나 나는 크게 후회하지 않는다. 나는 나의 판단을 정확성에 두기보다는 인간의 사랑과 신뢰에 두고 했기 때문이다. 그리고 그렇게 잘못 판단하고 어리숙하게 살아가는 나이지만, 다른 사람들이 그런 나를 나쁘다 하지 않고, 믿어주고 도와주기 때문이다.

야구에서 강타자라고 하는 사람들은 대부분이 스트라이크 아웃도 많이 당하는 사람들이다. 홈런 타자 치고 타율이 높은 선수가 없다. 베이브 루스는 세계 야구계에 신화적인 존재인데, 714개의 홈런을 날렸지만 스트라이크 아웃도 1,330회나 당했다. 실패가 있기에 더 멋진 성공에 이를 수 있는 것이다.

나는 목사이기에 많은 사람들의 삶의 성공과 실패를 보았는데, 크게 성공한 사람들은 반드시 아프고 큰 실패의 채찍을 맞은 사람이었다는 공통점이 있는 걸 알게 되었다. 인생을 살아가면서 일의 실패와 사람의 결점을 싫어하지 말자. 실패를 두려워하는 사람은 실은 성공도 두려워하는 사람이고, 결점 없는 사람만 찾는 사람은 외톨이가 되고 말 것이다.

"사랑은 연필로 쓰세요"라는 유행가 가사가 있는데 의미가 있는 말이다. 사랑은 연필로 써야한다. 왜냐하면 우리는 인생을 살면서 사랑을 잘못 쓸 수 있기 때문이다. 잘못 쓸 때마다 연필에 달린 지우개로 지우고 다시 쓸 수 있다.

하나님께서 우리 인간들을 사랑하심에 있어서도 우리의 잘못을 아뢸 때마다 하나님의 연필에 달린 지우개로 우리의 부족함을 지우시고 다시 사랑을 쓰신다. 사랑을 쓰기 위해 연필을 사려면 지우개가 달린 연필을 사라.

"나 곧 나는 나를 위하여 네 허물을 도말하는 자니
네 죄를 기억지 아니하리라
너는 나로 기억이 나게 하고 서로 변론하자
너는 네 일을 말하여 의를 나타내라"
(이사야 43:25-26)

# 고생이 약이다

**옛** 시조에 이런 멋진 것이 있다.

늦장마 잔칼질에 뼈만 남은 비탈길을
한 송이 들국화 제 철이라 꾸몄구나
나그네 지친 장대를 여기 꽂고 쉴까나

추운 늦장마에 휩쓸려 을씨년스러운 산비탈인데 감격스럽게도 들국화 한 포기가 의연하게 서있더라는 것이다. 그 의연함, 그 해맑은 웃음이 거의 쓰러지도록 지친 이 나그네에게 신선한 새 힘을 주었다는 노래다.

아름다움에도 여러 가지가 있는데, 이 들국화 같은 굳센 의지가 주는 아름다움이 있다. 모두가 지쳐 버린 것 같은 늦가을의 산과 들, 차가운 비바람에 을씨년스러운 풍경, 그 가운데에 유독 홀로 정정하게 서 있는 들국화의 자태에는 숭고한 느낌을 주는 의지적인 아름다움이 깃들어 있다.

내가 아는 어떤 분은 한 겨울에도 냉수마찰을 하는 습관을 가졌다고 자랑한다. 놀래서 어떻게 그렇게 추운 겨울에 얼음물로 목욕을 할 수 있

는가 여쭈었더니 "찬 맛이 참 좋다."고 하셨다. 내가 매운 맛을 배운 것
은 부산에서 목회를 배울 때였다. 어려서부터 매운 것을 먹을 기회가 없
었던 탓에 매운 맛을 잘 몰랐었는데 땀을 뻘뻘 흘리면서 매운 것을 먹다
가 매운 음식이 참으로 맛이 있다는 것을 알게 되었다. 인생도 찬 맛과
매운 맛을 음미할 수 있을 때 비로소 사는 맛을 알게 된다.

"달이 암만 밝아도 쳐다볼 줄은 예전엔 미처 몰랐어요." 하는 소월의
시는 괴로움이 있었기에 달의 아름다움을 비로소 알게 되었다는 인생의
귀중한 경험을 말해주고 있다. 이 세상에 값있는 일들은 대부분 고통을
통해서 이루어진 것들이다. 록펠러는 이 세상에서 가장 큰 부자였다고
한다. 그리고 그 부유함을 그의 자녀들이 이어받고 있다. 대부분 재벌의
자녀들이 허랑 방탕한 데 반하여 록펠러의 자녀들은 아주 훌륭한 재벌이
자 신앙인이고, 사회사업가들이다. 거기에는 아버지 록펠러의 교육이 있
었다. 자녀들에게 모두 신문배달, 우유배달, 세차장에서 차 닦기 등을 시
켜 용돈을 벌게 했고, 대학에서도 스스로 학비를 벌게 했다.

강철왕 카네기는 미국뿐만 아니라 세계 여러 나라에 학교, 도서관 등
을 세웠다. 자신이 번 돈을 사회에 돌려주어 칭찬 받는 부자들 중의 한
사람이다. 카네기에게 영국의 조단이라는 기자가 물었다. "당신이 돈을
잘 쓰고도 돈을 지킬 수 있는 비결이 무엇입니까?" 그러자 카네기는 즉
시 대답을 했다. "입술을 물고 울어 본 경험이 있기 때문입니다."

증기기관차를 발명한 제임스 와트도 처음엔 연구할 돈이 없어서 재
료가 필요하면 깡통을 모아서 펴 써야만 했었다. 발명왕이라고 불리는
에디슨은 1천 종류의 발명 특허를 따냈다. 1931년 에디슨이 84세로 눈
을 감자, 전 미국 국민은 그 날 밤 10시부터 10분간 미국의 모든 전등불
을 꺼서 천재의 위대한 업적을 기렸다. 그러한 에디슨도 집안이 가난하
여 12살 때부터 기차 안에서 신문팔이를 했던 사람이다.

스토우 부인이 쓴 『엉클 톰스 캐빈』은 남북전쟁 때 미국 사람들에게

큰 감동을 주어서 링컨이 노예해방을 하도록 정신적인 뒷받침을 한 책이
다. 그런데 스토우 부인은 이 책의 원고를 포장지 안쪽에 써야할 만큼 가
난했었다고 한다. 불후의 명작이라는 밀턴의 『실낙원』은 밀턴이 눈이 멀
고 정치에서 밀려나서 병든 몸으로 오두막집에서 누워서 딸에게 구술하
여 쓰여진 것이다.

실로 이런 예를 들려면 끝이 없을 것이다. 분명한 것은 그것이다. 괴
로움과 고통 속에서 값있는 것이 만들어진다는 것이다. 사람은 하나님도
고통을 통해서 알게 된다. 이 세상이 천국이라고 믿는 사람은 하나님을
찾지 않는다. 자기 자신에게 능력이 있다고 믿는 사람은 하나님을 의지
하지 않는다.

한국 속담에 "고생이 낙"이라는 말이 있다. 고생이 낙이 된 것을 알
정도라면 상당히 많은 고생을 통해 오늘의 기쁨을 누리는 사람일 테지만
고생이 약인 것만은 누구에게나 너무도 분명한 사실이다. 고생을 낙으로
까지는 못 삼아도 고생을 약으로는 삼아야 한다. 그래서 고난이 비뚤어
진 인격을 바로 세우고 연약한 인격을 강하게 하는 인생 보약이 될 수 있
어야 한다.

> "고난 당하기 전에는 내가 그릇 행하였더니
> 이제는 주의 말씀을 지키나이다
> 고난 당한 것이 내게 유익이라
> 이로 인하여 내가 주의 율례를 배우게 되었나이다"
> (시편 119:68, 71)

# 거부당했습니까?

지금 한국은 홍수로 인한 피해로 난리를 겪고 있고, 호주는 가뭄으로 어려움을 겪고 있다. 그런데 이 한국의 홍수 상황을 비추어주는 텔레비전은 우는 소리와 비판으로 가득 찬 데 비하여, 호주의 가뭄을 비추는 호주 텔레비전에는 대책과 유머가 있다. 똑같은 천재지변을 만났는데 우리는 우는 소리를 하는 반면, 호주 사람들은 여유가 있어 보이는 것은 왜일까? 호주가 한국보다 경제적으로 여유가 있는 나라여서 지원 대책이 우리보다 좋기 때문이라고 할 수도 있겠지만, 반드시 그런 것만은 아니다.

호주 사람들은 농민뿐만 아니라, 화재를 당한 사람이나 어떤 불행한 일을 당한 사람들의 대부분이 근심이나 어려움을 요란하게 표현하지 않는다. 거기에 비하여 우리 한국 사람들은 우는 소리, 죽는 소리를 보통의 표현으로 들어왔기 때문에 남의 말을 들으면 으레 할인해서 듣는 습관이 생겼다.

"요즘 장사가 안 돼 파리가 날립니다."라고 말하면 아직 식생활 걱정은 없고 그런 대로 견딜만하다는 소리로 해석하게 된다. "죽을 지경입니다." 정도 되어야 힘들다는 소리로 들린다. 사실 우는 소리를 한다고 갑자기 해결책이 생길 것도 아닌데 사람들이 그런 과대표현을 한 것은 동정점수를 받으려는 심리와 함께 부정적인 사고방식의 산물이다.

쌀독에 쌀이 절반쯤 될 때, "절반밖에 남지 않았다."고 말하는 것은 부정적인 사고방식이고 "아직 절반이나 남았다."고 말하는 것은 긍정적인 사고방식이다. 무슨 일이나 부정적으로 보는 것은 그 인생관에 문제가 있는 것이고, 특히 역경이나 불행을 당했을 때 부정적으로 보는 것은 불행을 가중하는 결과밖에는 얻을 것이 없다.

스포츠 뉴스에 보면 가끔 선수들이 어느 팀으로 옮겨갔다는 (Trading) 소식을 듣게 되는데, 성적이 좋아서 팀을 이적한 경우보다는 성적이 좋지 않아서 이적한 경우가 더 많다고 한다. 대개의 선수가 트레이딩 당하는 것은 거부당한 것이다. 그런데 재미있는 것은 그렇게 거부당한 선수가 다른 팀에 가서는 의외로 성적이 좋아진다고 조사보고가 있다. 산업심리학자인 코펠만 교수는 야구에서 트레이딩 당한 선수 47명을 조사했는데, 그들이 새 팀에 가서는 타율이 평균 19포인트(0.254에서 0.273) 상승했다는 것이다. 그 원인을 두 가지로 분석하고 있는데, 하나는 거부당한 데에 대한 분노가 적개심으로 작용하여 공을 더 잘 때린다는 것과 또 하나는 생존의 위협을 받기 때문에 더 많은 노력을 한 결과라는 것이다.

사람은 거부 속에서 살아간다. 직장생활에서 퇴출당한 거부만 있는 것이 아니라, 가뭄, 홍수 같은 자연에 의한 거부도 있고, 파면, 사업실패, 불합격 등의 사회에 의한 거부도 있으며 사랑실패, 결혼파탄, 배신 등 인간관계에 의한 거부도 있다. 인간은 이런 여러 가지 거부를 당하면서 고통 받지만 또한 그런 거부를 통해서 분발하고 발전하는 것이 인간사의 모습이다.

이런 거부를 당했을 때 어떤 사람은 주저앉아 버리는가 하면, 어떤 사람은 이런 거부당함을 통해서 더 굳세어지고 더 좋은 다른 길을 가기도 한다. 그런데 재기의 힘은 거부당함으로 말미암아 상실했던 자신에 대한 평가를 회복하는 데서 생겨난다. 따라서 거부를 당했을 때 비판이

나 냉소, 파괴행위, 자학 등은 자신에게 더욱 상처를 주는 결과를 낳으며, 새로운 시도, 더 많은 노력을 하고 하나님의 뜻을 찾는 사람은 자신을 재건할 수 있는 의욕을 갖게 된다. 그리고 그러한 의욕은 실패가 귀한 재산이 되어 더 좋은 내일을 만들고 만다.

하딩(J. Harding) 목사의 체험담이다. 그는 목사가 되기 전, 젊어서 회사에 다녔다. 그런데 일에 비해서 봉급이 적기 때문에 하루는 사장에게 월급 인상을 요구할 것을 단단히 결심하고서 만약 월급 인상이 되지 않는다면 회사를 그만 둘 것도 불사하겠다고 그의 아내에게 그 결심을 발표하고 출근을 했다. 그 날 월급 인상을 거부당한 하딩씨는 일찍 돌아왔는데 아내가 집에 없었다. 그래서 열쇠를 찾기 위해서 아내의 화장대 서랍을 우연히 열었던 그는 카드 두 장을 발견했다. 둘 다 축하카드였는데 하나는 "월급 인상을 축하한다."는 카드였고, 다른 하나는 "월급 인상이 안 되어 당신이 직장을 나오더라도 나는 당신의 능력을 인정하고, 하나님이 더 좋은 길을 주실 것이니 그것도 축하한다."는 카드였다. 하딩씨는 그 두 가지 카드를 보고 아내의 따뜻한 배려에 눈물을 흘렸다고 한다. 그의 아내는 순탄하든지 역경 때문에 어렵든지 대응할 준비가 되어있었던 것이다. 이 세상 모두가 나를 거부해도 우리 주님은 우리를 결코 싫다 거부하시지 않는다.

"너는 나의 종이라 내가 너를 택하고
싫어 버리지 아니하였다 하였노라
두려워 말라 내가 너와 함께 함이니라
놀라지 말라 나는 네 하나님이 됨이니라
내가 너를 굳세게 하리라 참으로 너를 도와주리라
참으로 나의 의로운 오른손으로 너를 붙들리라"
(이사야 41:9-10)

# 오늘의 아픔

**산**고를 겪을 때 모든 여성들은 다시는 아기를 안 낳겠다고 결심한다고 한다. 호주에서 살면서 아이들을 낳다보니, 분만실에 들어가서 고통스러워하는 아내를 10시간도 넘게 보살피면서 내가 과연 아내의 입장이 되어 해산의 고통이 몰려올 때 이처럼 침착하게 참아낼 수 있을까 생각해 보게 되었다. 아기를 낳을 때 207개의 모든 뼈가 흔들리고 살이 늘어난다고 하니, 그 아픔이야 나 같은 남성 따위는 죽을 때까지 한 번도 경험해 보지 못하는 고통일 것이다.

그러나 그런 결심을 한 여성들이 둘도 낳고 넷도 낳고, 내가 아는 어떤 분은 9명의 아들딸을 낳았다. 어째서일까? 그것은 '뒤의 기쁨'이 '앞의 고통'을 잊어버리게 하기 때문이다. 환희는 아픔을 삼키는 마술을 지니고 있다. 둘째, 셋째, 아홉째까지의 아기를 임신하는 것은 '결과의 기쁨'이 '과정의 고통'을 삼켜버리는 경험을 여성들이 맛보았기 때문이다.

오늘의 진통은 내일의 행복을 준비한다. 좀 더 나아가 현재의 아픔 없이는 내일의 행복을 기대할 수 없다고 말할 수 있다. "귀여운 자식은 혼자서 여행을 시켜라."는 말이 있듯이 고생의 맛을 알아야만 행복의 맛도 아는 것이다. 요즘 젊은 사람들은 살기가 힘들다고들 하지만 옛날에 비하면 아무 것도 아니다. 20년 전만 해도 석유를 연료로 쓰는 것은 상당히 부유층들이었고, 자가용차를 소유한 것은 최상급의 생활이었다. 그런데 지금은 몸을 던져 부딪칠 각오만 있으면 얼마든지 일용할 돈을 벌 수 있는 길이 있다.

내가 어렸을 때만 해도 겨울철 놀이로는 팽이치기가 으뜸이었다. 끈이 달린 팽이채로 팽이를 친다. 무자비한 것 같아도 팽이는 쳐야 돌지 잠깐만 내버려두어도 쓰러져 버리고 만다. 팽이가 갈채를 받을 때는 아파하면서도 돌고 있을 때이지 누워 있을 때가 아니다. 팽이에 크레용으로 색칠을 해서 돌리면 정말 멋이 있었다. 아픈 채찍 속에서 아름다운 율동이 창조되었던 것이다. 이처럼 아픔과 고난을 거쳐서 아름다움과 갈채와 행복이 탄생하는 것이다.

나는 곰이 사람으로 변했다는 단군신화도 우리 조상들의 그런 지혜의 가르침이라고 생각한다. 사람이 되고 싶은 곰과 호랑이가 굴속에 들어갔는데 100일 동안을 마늘과 쑥만 먹고살아야 사람이 될 수 있다는 조건이었다. 호랑이는 어둠과 거친 음식을 견디지 못하고 뛰쳐나온다. 그러나 곰은 매운 마늘을 참고 씹었으며 쓴 쑥을 지그시 삼켰다. 그리하여 마침내 곰이 사람(여자)으로 바뀐다. 적어도 사람이 되려면 그만한 아픔은 견뎌야 한다는 것이 우리 조상들의 인간관이었다.

구약성경에도 쓴 나물의 이야기가 나온다. 이스라엘 백성들이 애굽에서 탈출하기 전날 밤에 쓴 나물과 누룩을 넣지 않은 맛없는 빵을 먹었다. 이것도 하나님의 백성이 되려면 그리고 노예생활에서 해방되려면 적어도 그런 고통의 과정을 거쳐야 된다는 하나님의 지시였다. 동시에 아픔과 고난을 새로운 세계로 들어가는 과정으로서 해석한 것이었다.

우리가 옛날이야기를 할 때, 즐거웠던 일은 별로 재미가 없다. 그러나 괴로웠던 경험을 회상하며 이야기하면 그렇게 신나고 재미있는 것은 아픔이 기쁨에 이르는 길이라는 것을 말해주고 있는 것이다. 인간이 사는 세상 안에는 고통이 없는 곳이 없다. 깨끗한 것만 있는 곳도 없다. 고통이 있으면 달게 받자. 찬 맛도 맛볼 줄 알아야 한다. 아픔이 있으면 정면으로 받아들이자. 마치 초등학교 때 무서운 예방주사기 앞에 팔뚝을 걷어올리듯이, 진통을 피할 것이 아니라 굳세게 겪어내서 그 속에서 내일의 기쁨을 뽑아내자. 진통 없이 좋은 것은 태어나지 않는다.

나는 감을 별로 좋아하는 편은 아닌데 감에 대해서는 조금 들어서 알고 있다. 푸를 때 떫은 감이, 홍시가 되어서는 달다고 한다. 많이 떫을수록 홍시 때는 그만큼 달다. 푸를 때 별로 떫지 않은 것이 익으면 아무 맛도 없게 된다. 또 떫은 감이 오래간다는 사실이다. 인생의 떫은 맛을 많이 본 사람이 달콤하고 성숙한 인생이 된다.

오늘의 아픔을 결코 두려워하지 말자. 분명히 오늘의 아픔이 내일의 기쁨을 가져올 것이라는 소망을 간직하고 의연하게 아픔을 아파하라.

"고난 당하기 전에는 내가 그릇 행하였더니
이제는 주의 말씀을 지키었나이다
고난 당한 것이 내게 유익이라
이로 인하여 내가 주의 율례를 배우게 되었나이다"
(시편 119:67, 71)

# 다시 일어설 수가 있다

**파**도가 일지 않는 바다는 없다. 배는 파도가 일어나는 바다로 간다. 항해하는 데 문제는 파도가 있느냐 없느냐가 아니라 파도가 크냐 작으냐의 문제일 뿐이다. 고난이 없는 인생살이도 없다. 인생살이의 문제도 고난이 있느냐 없느냐의 문제가 아니라 고난을 감당할 수 있느냐 없느냐의 문제일 뿐이다.

나는 지금껏 목회를 해오면서 수많은 사람들의 여러 가지 고난을 보아 왔다. 그리고 그들의 고난 때문에 함께 아파하며 애타게 기도해 왔다. 그러면서 나름대로 고난에 대한 일곱 가지 결론을 내려보았다.

첫째, 밤이 깊으면 새벽이 가깝다는 것이다. 모든 역사를 살펴보면 새로운 역사가 태동할 무렵이 가장 어렵고 힘든 시기였다. 한 개인의 인생역사도 마찬가지다. 고난이 심한 것은 뭔가 새로운 것이 일어날 징조다. 그러기에 고난이란, 그것이 어떤 형태의 문제일지라도 '스톱' 표시가 아니라 '방향' 표시일 뿐이다.

둘째, 때때로 고난은 인생의 지름길이 된다는 것이다. 지름길에는 보통 길보다 잡초와 돌멩이가 많이 있다. 그러므로 내가 가는 길에 유달리 잡초와 돌멩이가 많고 길이 험하다면 불평하거나 원망하기 전에 지름길이 아닌가 생각해 보라. 토드래디 목사는 고난 속에서 이런 찬송을 불렀다. "큰 물결 일어나 나 쉬지 못하나 이 풍랑 인하여서 더 빨리 갑니다."

셋째, 육적 고난 속에서 정신적으로 영적으로 부요가 피어난다는 것이다. 깊은 진리는 문자를 통해 배울 수가 없다. 특별히 하나님을 아는 것은 더욱 그러하다. 그래서 정신적이고 영적인 지도자들은 고난 속에서 다시 태어난 것이다. 다윗은 왕이 되기 전에 사울의 칼날을 피하여 광야를 헤매야 했고, 모세는 바로 공주의 아들이었다가 미디안에서 양치기를 해야만 했었다. 그러므로 여러 가지 시련을 당할 때 하나님께서 나를 정신적으로 영적으로 부요케 하시려는가보다 생각하고 낙심하지 말아야 한다. 별은 낮에도 있지만 밤이 되어야만 별의 진면목을 볼 수 있다.

넷째, 고난 없이 얻은 승리나 성공은 오래가지 못한다. 아무런 고생이나 노력 없는 자식에게 재산을 물려주면 그 재산은 곧 날아가 버리게 된다. 아무런 장애물이 없는 성공은 도리어 크게 실패하는 법이다. 하나님은 돼지에게 진주를 던지시지 않는다. 은혜를 주시더라도 값있게 주시기를 원한다. 그 값있는 은혜가 고난 속에서 생겨나는 것이다.

다섯째, 고난은 선한 사람에게도 찾아온다는 것이다. 오히려 의인이 고난 당할 확률이 높다. 왜냐하면 의인은 주위의 만연한 악에 의해서 충격을 받을 양심을 가지고 있기 때문이다. 그러므로 고난이 있거든 그것이 죄 때문이라고 단정해서는 안 된다. 또한 나 혼자만 이 고난을 당한다고 생각하지도 말 일이다. 중요한 것은 어떤 사람이 고난 당하느냐가 아니라 고난 당한 뒤에 어떻게 되느냐 하는 것이다.

여섯째, 이 세상에 극복하지 못할 고난이 없다는 것이다. 삶이란 고난보다 훨씬 힘이 세다. 미움보다도 사랑이 더 강하다. 그러므로 고난 당할 때 가장 나쁜 태도는 낙심이고 가장 좋은 태도는 용기이다.

일곱째, 하나님은 고난 당하는 인생들을 돌아보신다는 것이다. 특별히 하나님은 의로운 자의 고난을 지켜 주신다. 우리 인생은 하나님께서 끝이라고 할 때에야 끝이지, 사람들이 나를 버린다 해서 끝이 아니다.

  무엇이든지 실패했을지라도 아직 기도할 믿음과 하나님을 따를 양심
이 있다면 분명 그는 다시 일어설 수가 있는 법이다. 그러므로 고난을 당
할 때는 외롭고, 아프지만 용기를 내야한다. 더욱 믿음을 일으켜야 한다.
바람이 불면 꺼져버리는 불도 있지만 도리어 더욱 세차게 타오르는 불도
있다.


  "하나님은 친히 저희와 함께 계셔서 모든 눈물을 그 눈에서 씻기시매
  다시 사망이 없고 애통하는 것이나 곡하는 것이나
  아픈 것이 다시 있지 아니하리니 처음 것들이 다 지나갔음이러라
  보좌에 앉으신 이가 가라사대 보라 내가 만물을 새롭게 하노라"
  (요한계시록 21:3-5)

# 소망이 있다

내책상 위에 있는 달력을 다시 한 장씩 차례차례 넘겨보다가 1월이 표기되어 있는 장을 한참 물끄러미 쳐다보았다. 내 머리 속에 떠오르는 영상은 재작년인가에 보았던 신영복씨의 독특한 붓글씨 '처음처럼'이란 글이었다. 그 말이 참 좋아서 늘 내 생각 속에 남아 있었나보다. 나는 이 '처음처럼'이란 말속에서 늘 각오와 희망을 되새긴다.

12년 전 내가 지금까지 섬기고 있는 교회를 처음 시작할 때 나는 얼마나 소망에 불탔는지 모른다. 그 소망에 불타는 마음에 나는 힘들어도 힘든지를 몰랐다. 당시 20명 남짓한 교인들이었지만 새벽기도회, 철야예배 등 잠시도 쉴 틈 없이 힘차게 달렸다. 1년 반 동안 단 한 명의 교인도 참석하지 못한 새벽기도였지만 행여나 한 사람이라도 나올까하여 365일 하루도 쉬지 못하고 자리를 지키던 일도 기억난다. 열심히 일해서 몸이 힘들었던 적은 있었지만 그리고 어려움 속에서 비록 눈물은 흘렸지만 낙심하거나 불행하다고 생각한 적이 없었다. 소망이 있었기 때문이었다.

소망은 정신의 피와 같다고 생각한다. 그것이 없으면 정신에 생명력이 없다. 피가 육체에 생명력을 주듯이 소망은 인간의 마음에 생명력을 준다. 사도 바울은 고린도전서 13장에서 "사랑은 모든 것을 바랍니다."

라고 했다. 소망이 사랑의 동기가 된다는 것이다. 누구를 사랑한다는 것은 그에게 소망을 가진다는 뜻이다. 소망이 없이 사랑한다는 것은 불가능하다. 무한하신 하나님의 사랑도 인간에게 회개와 소망을 가지고 계신 것이다. 사랑을 기다림이라고 하지만 기다릴 수 있다는 것은 소망을 포기하지 않고 있는 것이다. 다시 말해서 내가 누군가에게 무엇을 아직도 바라고 있다는 것은 곧 그 사람을 사랑하고 있다는 말이다.

성경에 있는 믿음에 대한 유명한 정의는 히브리서 11장의 "믿음은 바라는 것들의 실상이다."라는 말이다(1절). 이 말의 뜻은 믿음이란 내가 소망하는 것을 구체적으로 믿고 그대로 행동한다는 것이다. 따라서 믿음이 있다면 그 사람에게는 소망이 있다는 것이고 소망이 있다는 것은 믿음이 있다는 증거이기도 하다. 물론 굳이 신앙적으로 말한다면 어떤 믿음이냐가 문제이기는 하지만 말이다.

단테는 "지옥은 아무런 소망이 없는 사람들이 들어갈 곳이다."라고 했다. 그런데 "믿는 사람들은 죽어도 소망이 있다."고 했다(잠언 14:23). 나는 인생을 살면서 큰 지혜는 두 가지, 곧 소망과 성실이라고 생각한다. 소망을 가지고 성실을 다하면 거기에서 반드시 자신이 구하는 것을 얻게 된다는 마음에서이다.

하나님의 자비로우신 섭리는 인간으로 하여금 소망으로 앞을 바라보게 하셨고, 한숨으로 뒤를 바라보게 하셨다. 한숨을 쉬는 자는 길을 걸으면서 자꾸 뒤를 바라보는 자와 같다. 당연히 잘 걸을 수 없다. 넘어지기 십상이다. 한숨을 쉬면서 무엇을 하는 자는 실패할 자세를 취한 것이나 다름없다. 사람에게는 반성과 자책도 필요하지만 더 필요한 것은 소망을 가지고 내일을 바라보는 것이다. 나는 인간 정신의 크기와 소망의 크기는 비례한다고 생각한다. 큰 마음에 큰 소망이 깃든다. 소망이 작은 사람이 큰 사람이 되는 예는 거의 없다.

처음처럼! 그런 마음과 그런 열정과 그런 사랑으로 살아가자. 그러면

내 마음과 나의 삶이 늘 새로운 소망을 얻게 될 것이다. 죽음에도 소망이
있음을 믿는 나는 스스로에게 이렇게 타이른다.

　　"옹졸하지 말고, 오기부리지 말고
　　계산하지 말고, 핑계하지 말고
　　아이 같이 단순하게
　　바위처럼 굳세게

　　질투하지 말고, 궁상떨지도 말고
　　비난하지 말고, 자랑하지도 말고

　　꿈꾸는 자가 되자, 안아주는 자가 되자.
　　오늘도 좋지만 내일은 더 좋을 것이다.
　　죽음에도 소망이 있으리."

　　"너희는 이전 일을 기억하지 말며 옛적 일을 생각하지 말라
　　보라 내가 새 일을 행하리니 이제 나타낼 것이라"
　　(이사야 43:18-19)

　　"누구든지 그리스도 안에 있으면 새로운 피조물이라
　　이전 것은 지나갔으니 보라 새것이 되었도다"
　　(고린도후서 5:17)

# 처음처럼, 마지막처럼 살아갈 수는 없을까?

**캐**나다에 테리 팍스라는 대학생이 있었다. 그는 농구 선수였는데 어느 날 오른쪽 다리에 마비증상이 생겨 병원에 갔더니 암이라는 진찰 결과가 나왔다. 그래서 다리를 잘랐지만 이미 암세포가 몸 전체에 퍼져서 오래 살 수 없다는 사형선고가 내려졌다. 그러나 그는 그 와중에도 용기를 잃지 않고 자기가 살아 있는 동안 무슨 일을 해야 할까를 생각했다.

그러다가 그는 자기와 같이 암에 걸려 비운의 삶을 겪을 인생들을 위해서 암 퇴치 운동을 위한 연구기금을 마련하자는 결심을 했다. 그래서 부모에게 물려받은 약간의 돈을 암 퇴치 연구자금으로 내놓고는 모금을 위해서 잘린 다리로 걸어서 캐나다 2만 리를 횡단하기로 결심했다. 자기가 다리도 없이 의족으로 2만 리를 걸어가는 모습을 보고 사람들이 암 연구기금을 낼 것이라고 생각했기 때문이었다. 목표를 일백만 불로 정했다. 그러나 그런 테리의 계획을 들은 모든 사람들이 웃고 말았다. 어떻게 의족으로 2만 리를 갈 수 있느냐는 것이며, 또한 그것을 본다고 누가 암 기금을 내놓겠느냐는 것이었다. 말리는 사람도 많았다. 그러나 테리는 굴하지 않고 그 일을 결행했다. 처음에는 암 연구 기관 같은 곳에서도 돈 키호테라고 코웃음을 치고 말았다.

그러나 그는 계획을 실행에 옮겼다. 먼저 잘리지 않은 왼쪽 다리로 두 발을 깡충깡충 뛰고는 의족을 단 다리를 앞으로 옮기고 하는 걸음걸이를 재촉했다. 죽어라고 걸었지만 1km를 채 갈 수 없었다. 온몸에서 땀이 흘러내리는 것만이 아니라, 의족을 댄 부분에서는 피가 흘러나왔다. 그러나 그는 손에 깃발 하나를 들고는 매일 매일 그 일을 계속했다. 1개월, 2개월, 3개월, 그리고 6개월…. 마침내 매스컴에서 그에게 관심을 가지기 시작했다. 그가 피를 흘리면서 암으로 죽어가는 사람들을 살리자고 치켜든 깃발이 캐나다 전국에 방영되었다. 그의 걷는 모습을 본 많은 사람들이 눈물을 흘렸다. 그리고 주머니를 털어서 기부를 시작했다. 그렇게 그가 피를 흘리며 쓰러지고 또 걷다가 쓰러지는 장면이 연일 화제가 되었다. 이제는 기업에서도 기부금을 내놓았다. 그렇게 해서 모아진 금액이 처음 계획했던 1백만 불의 27배가 넘는 2천 8백만 불에 달했다. 그렇게 그는 3년 간을 걷다가 암세포가 허파까지 퍼져서 마침내 길에서 죽고 말았다. 그러나 그는 어떤 정치가도 의사도 해내지 못한 세계 최대의 암 연구 기관을 설립하고 죽은 것이다. 어쩌면 그가 평생 살아도 할 수 없는 일을 그는 죽기 전 3년 동안 할 수 있었던 것이다.

또 하나의 비슷한 이야기가 있다. 어떤 여류작가가 있었다. 몸이 이상해서 진단을 받은 결과, 암이었다. 하늘이 무너지는 것 같았다. 교회의 권사이기도 한 그녀는 한동안 두려움과 절망 끝에 빠졌다가 곧 남은 인생을 잘 정리하기로 결심했다. 그래서 먼저 살아오면서 마음 상했던 사람들과 맺혔던 것을 풀기로 했다. 편지도 쓰고 직접 찾아가기도 해서 일일이 다 사과를 하고 잘못을 빌었다. 자기의 소유도 정리를 했다. 돈과 살림살이를 어려운 사람, 필요한 사람들에게 다 나누어주었다. 집까지도 팔아서 교회에 장학회를 설립했다. 그렇게 정리하면서 1년 가까이를 보냈다. 그렇게 보낸 1년 동안 자기의 평생 50년보다도 더 많은 눈물을 흘렸다고 한다. 그런데 이상한 일이 생겼다. 점점 쇠약해지리라는 몸이 전혀 쇠약해지지 않는 것이었다. 밥맛도 더 좋고 잠도 편안했다. 그녀는 의사에게 그것을 말했다. 그래서 다시 정밀검사를 한 결과, 그녀는 또 한번의 놀라운 말을 들었다. 그녀의 암은 오진이었다는 것이었다. 그 때 그런 그녀의 삶을 아는 담임 목사가 찾아가서 그녀에게 물었다. "권사님, 하나님 나라에 갈 줄 알고 모든 것을 다 주어버렸는데 오진이라니, 억울하지 않으십니까?" 그녀는 말했다. "억울하기는요! 지난 일 년 동안이 제 인생에 가장 행복했던 시간이었습니다. 하나님과 오진한 의사에게 도리어 감사합니다. 목사님, 이제는 남은 생애도 그렇게 살렵니다."

처음처럼, 마지막처럼 살자는 말이 있다. 옳다. 위에 예를 든 두 사람은 그렇게 삶으로써 짧은 기간에 아름답고 훌륭한 일을 해낸 것이다. 위의 두 사람만이 아니라, 누구든지 그런 마음만 가진다면 행복하지 못하고 성공하지 못할 사람이 없을 것이다. 내가 좋아하는 사진 중 하나는 10여 년 전 목사안수를 받을 때의 사진이다. 어찌 보면 촌스럽기도 하지만 감회가 새롭다. 나는 목사안수를 받을 당시, 마음속에서 솟아오르던 열정을 지금도 똑똑히 기억하고 있다. 언제나 그때 그 마음을 가질 수 있다면 내 목회를 하나님께서 기뻐하실 것이다. 나름대로 처음처럼 살고 마지막처럼 살기 위해 날마다 새벽으로 하나님 앞에 무릎을 꿇는다.

"만물의 마지막이 가까웠으니
그러므로 너희는 정신을 차리고 근신하여 기도하라
무엇보다도 열심으로 서로 사랑할지니
사랑은 허다한 죄를 덮느니라"
(베드로전서 4:7)

# 저 들판에 딸기꽃이 필 때

Vision Maker

# 기가 막힌 변화의 시대가 도래했습니다

누구나 공감하고 있겠지만, 이제 교회 안에도 급격한 변화의 시대가 왔다. 내가 생각하기에 지금의 60대는 진공관 세대, 40-50대는 아날로그 세대, 30대 이하는 디지털 세대라고 할 수 있을 것이다. 사역도 진공관 사역이 있고, 디지털 사역이 있는 것 같다. 진리 자체는 변함이 없지만 사역에서는 진공관 사역 같은 것이 있고 디지털 사역 같은 것이 있다. 예를 들어 사람들이 육신의 머리는 180도 밖에 못 돌리지만, 생각의 머리는 360도를 돌릴 수 있다. 그러나 영혼의 머리는 온 세상을 품을 수 있다고 생각한다. 그래서 이제는 육신의 머리만 갖고는 안 된다. 본래 복음의 역사는 시공을 초월하는 능력이 있기 때문에 디지털 사역에 적합하다고 본다. 그래서 이제는 뼈 속 깊은 속까지 디지털 사역 이상으로 사역이 바뀌어야 한다고 생각한다.

그렇다면 21세기 초의 흐름은 무엇인가?

첫째는, 정해진 틀보다는 다양성이다. 이제는 교파보다는 하나님을 찾기 위해 교회에 나오고, 살아 계신 하나님과 동행하는 흔적을 찾기 위해서 교회에 나온다는 것이다. 우리가 교파를 무시할 수는 없지만 영혼 구원을 위해 세상을 변화시키려면 이 큰 시대적 흐름을 놓쳐서는 안 된다.

둘째로 현대 크리스천들은 전통을 무턱대고 따르기보다는 새로운 전통의 창조를 원한다. 이미 교회 문화에 젖어 있는 기성 신자에게는 과거의 전통이 더 편리하고 익숙할지 모르지만 과거의 구태의연한 방법은 불신자들에게 더 이상 통하지 않게 되었다. 사역의 기초인 하나님의 말씀과 진리는 변함이 없어야 하겠지만 진리를 담는 그릇은 바뀌어야 한다. 제임스 패커(James Packer)는 "모든 크리스천은 전통의 수혜자이자 동시에 전통의 피해자"라고 말함으로써 전통은 소중하나 전통주의에는 폐단이 있음을 지적했다.

다시 나는 강조하고 싶다. 전통은 좋지만 전통주의는 안 된다는 말이다. 지혜롭고 건전한 전통은 진리만큼이나 우리를 살찌우지만, 나쁘고 어리석은 전통은 우리를 피폐하게 만든다. 화석처럼 굳어진 전통주의로는 시대를 보는 안목이 흐려질 수밖에 없고 형식주의에 얽매일 수밖에 없다. 그 결과 교회는 겉으로는 거룩하다고 인정을 받을지 모르지만 실상 영혼을 섬기고 변화시키는 데는 무력하기 짝이 없게 된다. 이렇게 되면 젊은이들의 교회 이탈 정도가 심각해질 것이다. 만약 교회 내에서 젊은이들이 사라진다면 앞으로 10년 뒤는 누가 책임질 것인가? 내용 없는 형식은 위선이며 시대정신을 담지 못한 형식은 종소리에 지나지 않는다.

이제 교회는 모든 사람을 위한 전방위 교회가 되어야 한다. 지금 우리의 사역이 제대로 열매를 거두고 있는지 냉철하게 평가하고 고착된 전통에서 탈피해야 한다. 지금 이 시간 칼라한(E. Callahan)의 말을 다시 음미해본다. "이제 전통적인 스타일의 목회자 사역은 끝나고 선교적인 안목을 가진 목회자의 시대가 왔다(The day of the traditional pastor is over, the day of the missionary pastor has come)." 그렇다. 기회는 왔다가 가고, 시대도 계속 변화를 갈구한다. 사람들의 마음도 열렸다 닫힌다. 나는 한국 교회의 선교 초기부터 은혜를 받아서 4대째 예수 믿는 집안의 아들이고, 전통적인 장로교 집안에서 자라났지만 새로운 밀레

니엄을 위해서는 더욱 혁신적인 사고로 사역해야 한다고 믿는다.

갈라디아서 3장 28절, "너희는 유대인이나 헬라인이나 종이나 자주자나 남자나 여자 없이 다 그리스도 예수 안에서 하나이니라"라는 말씀을 통해 우리는 깨달을 수 있다. 넘을 수 없었던 유대인과 이방인의 벽이 부수어지고, 노예와 주인의 관계가 새로워지고, 인간 취급도 받지 못했던 여성이 교회의 주도세력이 되도록 혁명적 사역의 깃발이 높이 들려지는 그 힘을 본받아 우리도 새 시대를 향한 성령의 기름 부음이 있는 복음의 기치를 더 높이 들어야 하지 않겠는가?

# 더도 말고 한가위만 같아라

내가 한국에서 중학교를 다닐 때에 학교 신문에 학생들이 가장 존경하는 여성을 투표에 붙인 결과 이스라엘의 여수상이었던 '골다 메이어'가 으뜸을 차지했던 것을 기억한다. 이스라엘의 어머니라고 불리었던 메이어는 80 생애 동안 사랑도 가정도 포기하고 오직 두 가지만 생각했는데 하나는 조국 이스라엘이고, 다른 하나는 평화였다고 한다.

그가 수상으로 있을 때에 아랍과 전쟁을 치렀는데 이스라엘이 승리를 거두고 있을 때에 기자들이 물었다. "수상님, 기쁘시지요?" 그러나 메이어는 슬픈 표정으로 대답했다. "무엇이 기쁘다는 것입니까? 싸움에 이긴다는 것은 기쁨이 될 수 없지요. 내 기쁨이 누군가의 눈물이 되어서는 기쁨이 될 수 없지요. 우리가 정말 기뻐할 때는 저 피로 얼룩진 벌판에 딸기 꽃이 필 때입니다."

이 말은 정말 깊은 인간애에서 나온 말이다. 많은 사람들이 누리는 기쁨이 다른 사람의 눈물을 빼서 얻은 것일 수 있다. 재벌이 누리는 사치의 기쁨은 많은 노동자들의 땀에서 나온 것이기에 법적으로는 정당하더라도 윤리적으로나 양심적으로는 정당한 것이 아닐 수 있다는 말이다. 그래서 진정한 기쁨은 내가 누렸을 때 남이 아프지 않는 것이어야 한다.

　싸움이란 이기는 자에게는 기쁨이 되는 것 같지만, 지고 눈물을 흘리는 자에게는 적개심과 원한으로 쌓여 언젠가는 그것이 다시 더 큰 싸움의 출발이 된다. 지금도 미국과 아프가니스탄의 전쟁의 소문이 무성하다. 그런데 정말로 안타까운 것은 정작 아프가니스탄의 무고한 백성들은 지난 미국의 참사에 대해 전혀 알지 못한다는 것이다. 탈레반 정부가 백성들의 귀를 꽁꽁 묶어 두는 은폐정치를 해왔기에 TV도 볼 수 없고 전화도 없는 백성들이 지금 세상 밖에 무슨 일이 일어났는지조차도 모르는 상태로 죽어 갈 수 있다는 것이다. 이번 참사로 죄 없는 미국인들이 억울하게 죽었던 것처럼 다시 한 번 또 다른 세계의 무지한 백성들의 목숨이 전쟁의 소용돌이에서 사라질 수 있는 아픔을 겪을 수 있다.

　그러나 딸기꽃이 만발한 넓은 들판을 생각해 보라. 그것은 꽃이 피기까지 아무런 싸움이 없었다는 말이다. 서로가 가꾸고 돌보았다는 말이다. 지금으로부터 75년 전, 도산 안창호 선생은 미국 샌프란시스코에 도착했다. 그런데 어느 날 길거리에서 교포 두 사람이 서로 상투를 마주잡고 싸우는 것을 보았다. 노점상의 자리를 두고 서로 싸우게 된 것이었다. 도산은 크게 느낀 바가 있어서 우리 동포들이 서로 협조해서 살자고 계몽하기 위해서 공립협회를 조직하여 민족사랑운동을 일으켰다. 그는 어디를 가나 피를 토하듯이 외쳤다. "우리 민족은 뭉치면 만국의 제일 된 민족이지만 찢어지면 만국의 조롱거리가 됩니다."

　도산 선생은 그때 벌써 우리 민족의 특성을 잘 간파하고 있었던 것이다. 그러나 불행히도 우리 민족은 지금까지 나뉘어있는 세계 유일의 분단 민족으로 세계의 조롱거리가 되어 아직까지도 동족상잔의 비극을 끌어안고 있다.

　얼마 전 서울에서 있었던 평양 기예단의 솜씨를 비디오를 통해 보고는 "얼마나 짐승처럼 훈련을 시켰으면 저렇게 할 수 있을까! 정말 김정일은 무서운 독재자야." 하고 말하는 아주 똑똑한 사람이 있었다. 물론 그 말이 완전히 틀린 것은 아니다. 그러나 그 똑똑한 비판으로 인해 같은 동포인 저들을 거부하고 경계하는 것은 불행한 '똑똑'이다.

　사람은 현상의 논리에 의해서도 행동하지만 감정에 의해서도 행동한다. 세계가 전쟁의 분위기에 휩싸인 이때에 남북의 교류가 원만해져 가는 것을 보며 하나님께 감사를 드린다. 내 부모의 고향이 이북이라서 그런지 오는 10월 16일에 4차 이산 가족 방문단 교환이 있다고 하는 한국 정부의 발표를 보면서, 지금은 연세로 본다면 벌써 돌아가셨을 할아버지와 할머니의 모습을 떠올려 보았다. 단지 사진으로만 뵌 분들인데도 이처럼 그리움이 있는데 모시고 살던 친자녀들의 마음은 오죽할까? 수많은 성명이나 약속보다도 차라리 서로가 부둥켜안으며 목놓아 우는 것이 우리의 아픈 마음을 시원하게 하여주리라.

　벌써 고향의 그리움을 더해주는 추석이다. 온 가족이 한 자리에 둘러 앉아 웃음꽃을 피우는 그리운 계절이다. 너무나도 불안하고 복잡한 세계의 혼란 속에서 불안에 떨고 있는 남한과 북한, 중국에 흩어져 사는 2백만 명의 조선족, 그리고 해외에 흩어져 사는 3백만 명의 이민자들 가슴 속에 평화의 기도가 딸기꽃처럼 피어나기를 바란다.

　"더도 말고, 덜도 말고 한가위만 같아라." 하던 선조들의 말처럼 이 국땅에서 추석을 맞는 호주 이민자들의 심령에도 주님의 평안이 있기를 기도 드린다.

"평안을 너희에게 끼치노니 곧 나의 평안을 너희에게 주노라
내가 너희에게 주는 것은 세상이 주는 것 같지 아니하니라
너희는 마음에 근심도 말고 두려워하지도 말라"
(요한복음 14:27)

# 이원론적인 신앙

어느 예언을 하는 사람이 있는데, 이 사람은 자기에게 오는 사람마다 처녀이면 목회자 사모가 되라고 하고 남자이면 목회자가 되라고 한다. 그러면서 늘 하는 말이 "세상일 하지 말고 하나님일 하라."는 것이다. 그래서 그 사람의 말을 들은 한 처녀는 좋은 배우자가 있으면서도 그 배우자가 목회를 하지 않는다고 해서 고민에 빠졌다. 그런데 이것은 대단히 잘못된 신앙이 아닐 수 없다. 많은 그리스도인들이 교회에서 일하는 것은 거룩한 일이고 세상에서 일하는 것은 세속적인 것으로 생각하는데, 이것을 이원론적인 신앙이라고 한다. 그들은 믿음 생활과 사회에서의 생활이 별개라고 생각하며, 교회에서 하는 생활은 거룩하고 사회에서 생활하는 것은 속되다고 생각한다.

이러한 잘못된 생각을 고치기 위해서 우리는 세속과 세속주의를 구별할 줄 알아야 한다. 세속과 세속주의에는 큰 차이가 있다. 원래 어떤 말에 '주의(-ism)'라는 단어가 붙으면 그 말의 뜻이 크게 달라지고 만다. 예를 들면 '공산'이라는 말은 사도행전 2장에 나온 말로 성도들이 함께 재산과 소유를 나눈다는 아주 좋은 뜻이다. 그런데 이 '공산'이라는 말에 '주의'라는 말이 붙으면 '공산주의'가 되는데, 이 말은 우리가 알다시피 아주 나쁜 사상의 집단이 되어, 그 뜻과는 전혀 다른 의미가 되

어 버렸다. 그런데 많은 사람들이 이 공산이라는 이론에 현혹되어 공산
주의자가 되었던 것이다. 공산주의는 공산이라는 말을 절대화시켜 버린
다. 그래서 이 공산의 일을 하기 위하여 이들은 어떤 수단과 방법도 가리
지 않는 비인도적인 행위를 하는 것이다.

또 다른 예를 들어보자. 성경에는 마귀가 존재한다고 가르친다. 마귀
의 졸개들인 귀신들도 존재한다고 가르친다. 이 마귀들은 지금도 세상에
서 활동하며 모든 사람들을 괴롭히고 있다. 그렇다고 세상에서 일어나는
모든 일들이 마귀에 의해서 일어난다고 생각하고, 아파도 마귀의 짓, 교
통사고도 마귀의 짓, 습관도 마귀의 짓, 심지어 모든 생각하는 것마저 마
귀의 짓이라고 한다면 이는 '마귀주의' 혹은 '귀신주의'에 빠져 있는 것
이다. 실제로 마귀가 세상에서 못된 일을 하고 있지만 실은 마귀의 문제
는 우리의 신앙에서 지극히 미미한 부분일 뿐이다. 그런데 모든 것을 마
귀라는 안경을 쓰고 본다면 이것은 공산을 공산주의로 만드는 일과 같이
잘못된 것이다.

세속이라는 단어도 그렇다. 세속은 그냥 우리들이 살아가는 세상이
다. 그 단어는 중립적인 말이다. 예수님이 세상에 오셨다. 선교사가 세상
으로 파송을 받는다. 우리 믿는 사람들이 세상에서 일한다. 그런데 이 말
에 '주의'라는 말을 붙여보자. '세속주의'가 되는데, 이 세속주의는 세속
과는 전혀 다른 뜻이다. 세속주의는 하나님이 존재하지 않는다고 믿고
문화를 만들어 가는 사상이다. 그래서 우리들이 경계해야 할 것은 세속
이 아니라, 세속주의인 것을 알 수가 있다. 그러니 우리는 세속에서 일하
는 것과 세속주의를 구별할 줄 알아야겠다는 것이다. 그러므로 우리 믿
는 사람들이 세상에서 직업을 가지고 사는 것을 세속주의로 취급하고,
신학교를 가거나 선교사가 되는 것은 큰 믿음이 있는 것으로 생각하는
잘못된 이원론적인 신앙을 시정해야 할 것이다.

세 명의 석수장이들이 교회 건축하는 데서 돌을 깎고 있었다. 지나가

던 사람이 세 명 중 한 명에게 물었다. "당신은 지금 무엇을 하고 있습니까?" 그러자 그가 대답했다. "돌을 깎고 있수다." 다시 그 옆의 석수장이에게 물었다. "당신은 지금 무엇을 하고 계십니까?" 그 사람은 대답했다. "돈을 벌고 있습니다." 마지막 사람에게도 똑같이 물었다. "당신은 지금 무엇을 하고 있습니까?" 그랬더니 세 번째 사람은 이렇게 대답했다. "나는 지금 하나님의 집을 짓고 있습니다." 세 사람이 똑같은 일을 함에도 그 일이 단순한 생계를 위한 노동이 될 수도 있고, 거룩한 일이 될 수도 있는 것이다.

박성수란 사람이 있다. 이 사람은 목사가 되려고 자신의 담임목사인 옥한흠 목사님에게 찾아가서 상담을 했다. 그러자 옥 목사님은 그에게 "목회를 한다는 마음으로 세상에 나가서 사업을 하라."고 했다. 그래서 그는 목회를 포기하고 사업을 했는데, 돈을 위한 것이 아니라, 목회를 한다는 마음으로 사업을 했다. 그래서 이-랜드라는 회사를 세웠는데, 수년 만에 한국에서 세금을 여섯 번째로 많이 내는 대기업이 되었다. 그리고 그는 수많은 사람을 전도하고 선교하고 있으며 회사가 교회라고 불릴 정도로 큰 복음의 일을 하고 있다. 루터의 말대로 그의 일은 성직인 것이다.

『평신도를 해방시켜라』라는 책을 쓴 Paul Stevenson 목사는 참된 영적 생활이 무엇인가를 다음과 같이 말했다. "참된 영성은 하나님을 위해서 망치질하는 것이며, 운전을 할 때 지켜달라고만 기도하는 것이 아니라, 바르게 운전하게 해 달라고 기도하는 것이다."

"하나님이여 나를 살피사 내 마음을 아시며
나를 시험하사 내 뜻을 아옵소서
내게 무슨 악한 행위가 있나 보시고
나를 영원한 길로 인도하소서"
(시편 139:23-24)

# 소돔과 고모라 그리고 시드니

**팔**레스타인과 요단 사이에 바다라고 부를 만큼 큰 호수가 있다. 이 호수의 이름은 히브리말로 '얌하멜라호'. 염해, 즉 '소금 바다'라는 뜻인데 일반적으로 우리는 사해, 죽음의 바다라고 부른다. 얼마든지 좋은 이름도 많건마는 왜 하필이면 이 호수를 죽음의 바다라고 부르게 되었을까? 이 호수는 남북으로 길게 뻗쳐있는데 길이 약 75Km, 폭은 4-16Km되는 거대한 호수이다. 수면의 높이는 해면보다 394내지 396m나 낮은, 지구 위에서 가장 낮은 수면을 가진 호수이다. 북쪽에는 요단강 등을 통해 약간의 담수가 흘러 들어오지만, 흘러 들어온 물이 다시 어디로 빠져나가지는 않는다. 들어온 만큼 모조리 그대로 다 증발해 버린다. 어쩌다 홍수가 나서 사방으로 물이 쏟아져 들어와도 사해의 수위는 겨우 3-4m밖에 오르지 않는다고 한다. 수면 위를 날아가는 새는 한 마리도 살아남지 못한다고 하는 실로 무서운 바다, 죽음의 바다이다.

고고학자들의 연구에 따르면 이 지역은 본래 아름다운 곳이었다. 약 5천여 년 전에 오늘과 같은 바다가 생겼다고 고고학자들은 말한다. 하늘에서 내려온 유황불의 심판을 받고 멸망한 소돔과 고모라가 여기에 죽음의 바다로 남아 있는 것이다. 이곳을 지나는 여행자들은 한결같이 말한다고 한다. 아직도 유황 냄새가 난다고 말이다.

성경말씀 가운데 창세기라는 책을 보면 13장 10절에서 소돔과 고모라를 표현하기를 "여호와의 동산 같고 애굽 땅과 같았더라"고 한다. '여호와의 동산 같았다' 는 것은 에덴동산 같았다는 말이요, '애굽 땅과 같았다' 는 것은 그만큼 풍요로웠다는 것이다. 소돔과 고모라는 그처럼 비옥한 땅이었고 그처럼 아름다운 도성이 있는 곳이었는데 하루아침에 멸망을 당했다. 그리고 세월이 흘러 죽음의 바다가 되어 버렸다. 왜일까? 그 곳에서는 무슨 일이 있었을까?

그 이유를 유난히 심했던 성적타락에서 찾아보게 된다. Sodomite(소돔사람들)라는 영어의 뜻은 다른 남자와 성적 관계를 갖는 남자를 뜻한다. 즉 남색 하는 자, Homosexuality, 동성연애자라는 말이다. 소돔과 고모라라고 하는 죄악의 도시가 이처럼 성적인 타락이 극에 달했었다는 뜻이다.

이번 토요일에는 시드니에서 Mardi Gras Parade가 열린다. Mardi Gras는 프랑스어로 '참회 화요일' 이라는 뜻이다. 지난 27일 수요일은 기독교의 사순절이 시작되는 Ash Wednesday(재의 수요일)이었다. 사순절이란, 2세기 로마시대부터 지켜오던 기독교 절기이다. 재의 수요일부터 부활 주일까지의 40일간은 예수님의 십자가 고난을 생각하며 모든 일에 절제하고 기도하며 예수님의 고난에 동참하는 날이다. 그래서 사람들은 참회 화요일까지 며칠 동안 고난에 들어가기에 앞서서 마음껏 먹고 즐기다가 참회 화요일에 거리로 나와 축제의식을 행하던 관습이 있었다. 이 관습은 로마로부터 시작하여 유럽 전역과 미국으로 퍼져 나갔던 것이다.

그런데 호주의 동성연애자들이 자신들의 힘을 모아 TV와 같은 방송매체의 힘을 등에 업고 그 '참회 화요일' 을 자신들이 Coming Out 하는 날로 잡았다. "Coming Out"이라는 말은 얼마 전에도 한국의 연예인 가운데 홍석천이라는 동성연애자가 자신이 동성연애자임을 더 이상 숨기지 않고 바깥 세상에 알린다는 뜻으로 썼다. 원래 "Coming Out"이라는 단어의 유래는 과거, 세계 제일의 동성연애 도시였던 샌프란시스코의 동성연애자들의 모임의 이름이다. 혼자서는 차마 자신들이 동성연애자임을 밝힐 수 없던 이들이, 이제 우리는 더 이상 숨어 지내지 않고 세상에 모습을 드러내겠다며 모였던 모임이다. 그리고 나서 얼마 지나지 않아 호주의 동성연애자들이 Mardi Gras라는 절기를 이용해 행진을 벌이게 되었는데, 결국은 100만 명이 넘는 인파를 모을 수 있게 된 것이다.

성경말씀 가운데 로마서라는 책에서는 1장 23, 27절에 다음과 같이 말한다. "썩어지지 아니하는 하나님의 영광을 썩어질 사람과 금수와 버러지 형상의 우상으로 바꾸었느니라" "이와 같이 남자들도 순리대로 여인 쓰기를 버리고 서로를 향하여 음욕이 불 일 듯하매 남자가 남자로 더불어 부끄러운 일을 행하여 저희의 그릇됨에 상당한 보응을 그 자신에 받았느니라" 라는 말씀이 나온다. 그래서 대부분의 기독교인들은 이 Mardi Gras 행진이 다분히 반 기독교적인 행사라고 주장한다. 게다가 1989년부터 지금까지 매번 행진 때마다 그들이 들고 나오는 플랭카드는 외설적이면서 모독적인 표현 일색이다. "나는 예수의 매춘부이다." "나는 마더 테레사의 사랑하는 아들이다." 거기다가 그들이 항상 들고 나오는, 높이가 수 미터나 되는 섬유유리로 만들어진 거대한 사람의 형상은 성경에서 말하는 것과 같이 머리가 세 개 달렸는데 하나는 새의 머리 모양이고 하나는 황소의 머리 모양이며 나머지 하나는 사람의 형상을 하고 있다. 그리고 그것을 반라의 여인들이 온몸에 페인트를 칠하고 뱀의 모습처럼 혀를 날름거리며 한 남자의 목을 줄로 묶고는 끌고 가는 모습을 매년 보여주고 있다. 그러면서 "예수는 동성연애자"라는 팻말을 들고 다닌다.

우리가 주의를 기울여야 할 또 하나의 사실은 Mardi Gras 행진이 자신들의 힘을 과시하는 것으로 그치지 않고 많은 사람들에게 동성연애를 매력적으로 보여지게끔 하여 많은 사람들을 유혹한다는 사실이다. 그들의 인터넷 사이트에 보면, 특별히 아이들이 행사에 구경 오는 것을 환영하는 것을 볼 수 있다. 참으로 안타까운 일이 아닐 수 없다. 거의 전라에 가까운 음란한 옷차림으로 행해지는 그들의 행사는 아이들에게 참으로 심각한 영향을 끼친다.

동성연애가 이 사회에 미치는 악영향은 우려할 만하다. 1995년 통계로 보면 호주에서 적어도 85%의 HIV/AIDS 환자가 동성연애를 통해서 감염되었다고 한다. 또 동성연애는 곧 가정을 파괴하는 것이다. 결혼은 남자와 여자가 한 몸으로 결합하여 창조질서에 따라 자녀를 낳고 가정을 이루어나가는 것인데 그들은 이런 모든 질서를 파괴하고 있다고 말할 수 있을 것이다. 또한 1978년도에 나온 Kinsey 대학의 보고서를 보면 동성연애자 가운데 28%는 1천 명이나 혹은 그 이상의 파트너와 성 관계를 가져왔다고 한다. 그리고 동성연애자 가운데 79%는 그들의 성 관계 파트너 가운데 반은 전혀 모르는 사람이었다고 한다. 오직 1% 정도의 동성연애자들만이 평생 다섯 명 정도의 동성연애 파트너를 갖고 있다는 것이다. 그 보고서의 결론에 의하면, 대부분의 백인 동성연애자들은 동성연애기간에 적어도 500명 이상의 다른 파트너를 상대했다고 한다. 1982년도에 나온 미국 보건성의 보고서에 따르면 동성연애를 통해 감염된 AIDS환자의 평균 성적 파트너가 1,100명이나 된다는 것이다. 한 동성연애자는 고백하기를 13살부터 자기가 상대했던 성적 관계자는 4000명을 넘는다고 한다. 그래서 뉴욕의 한 교단의 Spong 감독은 한 동성애자를 성직자로 안수하면서 오직 한 남자하고만 성 관계를 맺을 것을 전제로 허락하였다.

이처럼 공식 통계를 통해서도 알 수 있듯이 동성애자들의 삶은 건강한 가정과 사회를 파괴하는 것이다. 그런데 정말 안타까운 것은 소돔과 고모라처럼 이 시드니가 여호와의 동산 같고 애굽 땅과 같이 풍요로운 곳인데 어찌 이 아름다운 땅이 동성연애자들이 만연한 타락의 도시로 변해 가는지 답답한 마음 금할 길이 없다. 물론 신앙인이라고 죄를 짓지 않는 것은 아니다. 하지만 키에르케고르의 말처럼 "죄를 짓는 것은 가장 인간적이다. 그러나 그 죄에 그대로 머무르는 것은 악마적이다." 죄를 짓는 것은 인간의 약함에서 비롯된다. 인간이기 때문에 죄를 짓는다. 그러나 자기 죄에 머물러서 회개할 기회를 얻지 못하는 것, 아니 회개할 수 없는 것은 바로 악마적이요 악의 역사이다. 소돔과 고모라는 죄를 지었다. 그러나 회개함이 없었기에 멸망했던 것이다.

1979년도에 세계적인 부흥사인 Billy Graham 목사가 시드니를 다녀간 적이 있었다. Randwick Race Course에서 있었던 집회에 4천 명 정도 모였던 기억이 있다. 이번 Mardi Gras Parade에는 150만 명이 몰릴 것이라고 예상한다. 또 내년도에는 Sydney 2002 Homosexual Games를 준비하고 있다. 올림픽 타운에서 전 세계를 향해 더욱 큰 소리로 동성연애독립만세를 외치게 될 것이다. 우리는 이 땅의 황무함을 보며 기도하여야 한다. 회개를 하여야만 한다.

"Sydney를 긍휼히 여기소서!
Sydney를 용서하소서!
Sydney의 백성들의 죄를 용서하소서!"

# WELLNESS

내가 전에 자랑했던 것 중의 하나가 건강하다는 것이었다. 몸에 무좀 하나 없이 100%(?) 건강하다는 것을 늘 자랑했었다. 그런데 이제는 콜레스테롤이 높아졌고, 지방간도 있고, 요즘은 어깨도 결리고 몸이 무겁게 느껴지는 등 여러 가지 불건강한 증세들이 나타나고 있다. 이런 증세들이 물론 나이를 먹어가면서 자연스럽게 나타나는 증세라고 할 수도 있지만, 실은 나의 건강이 좋지 않다는 증거이기도 하다. 몸이 건강하다는 것은 지금 당장 아프지 않다는 것으로 측정될 것이 아니다. 당장은 특별한 병이 없으나 병들 가능성을 내포하고 있다면 실은 건강한 것이 아니기 때문이다.

의학계에서 많이 쓰는 말 중에 WELLNESS라는 말이 있다. 우리말로 번역한다면 '건강도'라고 할 수 있는데, 그 뜻은 지금은 병이 없더라도 앞으로 병들 가능성이 있는가, 혹은 신체적 조건이 잘 조정되고 있는가 하는 정도를 말한다. 그래서 나처럼 멀쩡한 것 같아도 건강도가 낮은 사람이 많은데 그런 경우에는 결코 건강하다고 할 수 없다는 것이다.

몸의 WELLNESS는 갑자기 높아지는 것이 아니다. 평소에 관리가 중요하다. 술이나 담배 같은 것을 금하고 적당한 운동과 음식 조절 등이 꾸준히 이루어진 사람의 건강도는 높다. 뿐만 아니라 건강도에는 마음

관리가 아주 중요한 비중을 차지한다. 마음과 육체는 따로 떨어진 별개가 아니라, 동전의 양면처럼 죽을 때까지 서로 영향을 주고받기 때문이다.

WELLNESS는 사회에도 있다. 대한민국에서는 여러 가지 돌발적인 대형사고가 많다. 백화점이 무너지고, 다리가 붕괴되며, 비행기가 추락하고 연쇄살인이 흔하다. 그런데 이런 일들은 우연한 실수이거나 갑자기 운이 나빠서 일어난 일들이 결코 아니다. 이것은 이미 이전에 70년대나 80년대, 90년대에 잘못 세워진 기초 위에서 소위 골병이 들었다가, 즉 사회적인 WELLNESS가 약했다가 이제야 터진 것뿐이다. 사람도 사회도 건강도가 약하면 조만간 병이 되어 가시적으로 나타나기 마련인 것이다.

지금부터라도 골병이 든 한국사회를 치료하는 길은 사회 전반에 걸친 건강도를 높이는 일이다. 그런데 그런 건강도를 높이는 일은 경제력 향상이나 법률의 보완만으로 되는 것이 아니라, 높은 도덕 교육과 바른 가치관의 확립으로만 가능한 일이다.

미국의 대통령 루스벨트가 국방장관을 세우기 위해 여러 사람을 물색하고 있었다. 그러던 중 해군장교인 스윈슨 씨에게 정치 이념을 물었더니 이렇게 대답했다고 한다. "저는 지금까지 세 가지 원칙에 의해서 살아왔습니다. 첫째는 파도가 밀려오면 사자처럼 용감해지는 것이고, 둘째는 파도가 더 높아져서 배를 덮을 때는 쥐를 잡는 일이며(쥐가 선창을 갉아 구멍을 뚫으면 파선하니까 그럴 때일수록 침착하게 행동하고 작은 일까지 신중을 기한다는 뜻), 셋째로는 어떻게 해야 할지 의심스럽고 당황스러울 때는 무조건 정의를 택한다는 것입니다."

이 말을 듣고 루스벨트는 스윈슨 씨를 국방장관에 임명했다고 한다. 스윈슨 씨의 이런 훌륭한 이념을 요즘 지도자들에게 적용한다면 이렇게 변질되지 않을까 모르겠다. "첫째로 파도가 밀려오면 임시로 모면할 구실을 만들어 내고, 둘째로 파도가 더 크게 치면 구명보트를 챙겨놓고, 셋째로 어떻게 해야 할지 알 수 없을 때에는 무조건 많은 쪽을 따라간다."고.

나는 요즘 뒷머리가 뻣뻣해지고 어깨가 결리는 고통을 당하면서야 건강수칙을 정해놓고 지키려고 노력하고 있다. 규칙적인 운동을 하려고 테니스를 시작했다. 땀을 흘리고 나서야 비로소 몸에 나타났던 건강하지 못한 증상들이 서서히 사라지는 것을 발견한다. 지금 당장 아프지 않다고 건강한 것이 아니다. 죄를 용서받지 못해서 늘 마음 한 구석이 눌려 있거나, 잘못된 버릇이나 불건전한 가치관을 가지고 사는 사람은 그의 인생여정 중 언젠가 반드시 무서운 질병이 나타나게 되어 있다.

얼마 전 교회에서 모이고 있는 제자반에서 한 자매가 하는 "매 맞고 고치지 말고, 기도하여 고치자."라고 하는 말에 모두 웃었다. 그러나 그 말이 바로 진리인 것이다.


"사랑하는 자여
네 영혼이 잘됨같이 네가 범사에 잘되고 강건하기를
내가 간구하노라"
(요한삼서 1:2)

# 외모와 학벌 그리고 나이

**호**주에서는 학교든 직장이든, 어디든 들어가려면 이력서보다 추천서가 더 중요한 역할을 한다. 그를 아는 사람이 그에 대한 성실과 능력 그리고 성격 등을 설명하여 추천함이 합격의 가장 큰 변수인 것이다. 그래서 이 곳에서 목회를 하는 동안 가장 많은 부탁을 받는 것이 바로 추천서이다. 법원, 직장, 학교, 이민성 등 많은 곳에서 목사의 추천서를 요구한다. 그럴 때에 가장 고민이 되는 것은 내가 쓰는 추천서와 본인의 실제적인 상황이 조금 다를 때에 이것을 어찌해야 하는가 하는 문제이다. 왜냐하면 추천서를 요구하는 곳에서는 목사의 추천서를 절대 신임하는데 내가 그것을 기만하는 것은 아닌가 하는 생각이 들어서이다. 그만큼 이 호주 사회는 추천서를 중요시한다.

얼마 전 한국에 있는 교회에 부흥회 강사로 초빙을 받아 본문과 설교 제목 등을 보냈더니 학력이나 수상 경력 등을 좀 더 자세히 써서 보내 달라는 요구가 있었다. 별로 내놓을 것이 없는 학력과 더구나 전혀 수상 경력이 없는 나로서는 그런 요구가 여간 부담스러운 것이 아니었다. 그런데 한국에서는 유난히 개인의 학력이나 외모 혹은 나이 등을 사람을 평가하는 기준으로 삼고 있는 것 같다. 호주에서는 오히려 그런 사항들은 거의 불문율이 되어 있다. 특별히 호주사회에서는 어느 개인의 신상을 이야기할 때 노코멘트(No comment) 할 것이 3가지 있다.

　첫째가 외모인데, 외모란 본래 타고난 것이다. 그런데 그 본래적인 것을 두고 이러쿵저러쿵 하는 것은 인격적인 모독이라고까지 생각한다. 외모는 자신의 의지와는 아무런 상관이 없이 주어진 것이다. 그러므로 외모란 사람의 자랑도 될 수 없지만, 열등이 될 것도 없다는 것이 호주사람들의 양식 있는 생각이다. 한국의 어떤 회사는 신입사원 면접을 할 때 관상까지 본다고 하는데, 정말 잘못된 풍조가 아닐 수 없다. 관상을 본다는 것은 단순한 선택의 문제를 넘어, 인간을 운명론적으로 만드는 아주 나쁜 사상이 그 속에 들어있는 것이다. 게다가 그런 편견은 결국 약자에 대한 불평등을 조장하는 것이다.

　둘째가 옷차림이다. 옷차림은 그 사람의 개성이자, 문화이기도 하다. 우리나라는 단일민족이어서 타문화를 잘 이해하지 못하는 경우가 많다. 그래서 개성까지도 무시되기 십상이다. 이런 획일화된 사상을 군사문화의 잔재라고도 하는데, 어떻든 이런 사상 또한 사회의 발전에 해가 된다. 개인적으로 나는 머리를 빨갛게, 노랗게 물들이는 것을 좋아하진 않지만, 이해하고 받아들이려고 한다. 개성이 존중되는 곳에 자유가 있고 발전도 있다는 생각 때문이다.

　우리 기독교의 교단이 다양하다는 것을, 한국에서는 안 믿는 사람은 물론이고 믿는 사람들도 비판의 대상으로 삼지만, 호주에서는 교단이 많은 것을 비판한다는 말을 들은 적이 없다. 다양성을 존중하는 그들의 문화 때문이다. 소위 미풍양속에 해가 되지만 않는다면 겨울에 여름옷을 입을 수도 있고, 여름에 겨울옷을 입어야 할 경우도 있어야 할 것이며, 그리고 그것을 이해하고 존중해야 할 것이다. 옷차림을 보고 흉을 보거나 놀림감으로 삼는 것은 편협한 사고방식이다.

　마지막으로 호주에서는 나이를 묻는 것을 큰 실례로 여긴다. 우리나라에서는 장유유서를 예절로서만이 아니라, 능력으로까지 확대 적용하는 풍조가 있지만, 호주에서는 나이보다는 능력이나 성실을 더 중요시한다. 그래서 직급도 나이의 순서와는 전혀 상관이 없이 능력과 성실함을 통해 주어지며, 그런 질서를 존중한다. 상관이 자기보다 어릴지라도 따르고 존중할 줄 안다. 반면, 한국은 사람을 구할 때 반드시 제한하는 것이 나이다. 이 나이의 제한 때문에 많은 사람들이 새로운 길을 개척할 기회를 잃어버린다. 한 직업을 택했다가 적성이 맞지 않아 다른 직업을 택하고 싶어도 이 나이 제한에 걸려서 평생 하기 싫은 일을 하면서 살아가는 사람들이 많다. 이런 잘못된 제도는 대학입시나 사회 발전에 큰 부정적 영향을 끼치게 되어있다.

"능력 있는 사람은 본질적인 것과 그렇지 않은 것을 구별할 줄 아는 능력이 있다."고 한다. 우리의 삶도 좀더 발전적이고 내용이 있으려면, 비본질적인 것에 붙잡혀 고민하고 허송하는 삶을 과감히 버려야 할 것이다.

# 아직도 싸우는 교회가 있는가?

나는 최근 한 선교사의 고백을 들으면서 마음에 깊은 감동과 도전을 받았다. 예수님의 마음을 본받아 예수님처럼 온유하고 겸손하게 사역하고 있는 선교사라는 생각이 들었다. 나는 20년 전에 은혜체험을 하고 나서부터 선교사를 꿈꾸며 선교지역의 자료를 몇 년 동안 수집하면서 선교사가 되기를 소망하였던 적이 있다. 결국 그 꿈을 이루지 못하고 이민교회 목사가 되었다. 그래서인지 그 후로부터 나는 선교사만 보면 그 앞에서 저절로 고개가 숙여진다. 선교사가 되려면 선교에 합당한 영성을 받아야하는데 나는 도저히 그분들 같은 영성을 가지고 있지 못하였기에 하나님께서 나를 선교사로 허락하시지 않았나 보다 생각해 보곤 한다. 나는 모든 선교사들을 존경한다. 내가 지금부터 말하려고 하는 선교사의 이름은 신송태이다. 신 선교사는 지금 중앙아시아 알마타에서 사역하고 있는 분이다. 그분의 간증과 그를 잘 아는 분들의 이야기를 들으면서 마음에 깊은 감동과 도전을 받았다.

신 선교사는 다투지 않고 싸우지 않으면서 겸손하게 사역에 임하고 있다. 현지인들을 섬기는 자세로 선교에 임하고 있는 것이다. 물론 때로는 너무나 억울하고 속이 상해서 화장실에 들어가 소리내어 울기도 하고 산에 올라가 가슴을 치며 고함을 지르기도 한다고 고백했다.

한번은 자기가 그렇게도 신임하던 고려인 신자 정씨가 갑자기 교회를 떠났다. 정씨는 현지 사회의 유력한 지도자였고 과거 북한 정권의 고위층에 있던 사람이었는데 신 선교사의 전도로 예수 믿고 세례 받아 교회의 중요한 신자가 된 사람이었다. 그런데 다른 이웃 교회의 한인 선교사가 자기 교회에 오면 한국에 보내준다는 말에 귀가 솔깃해서 교회를 떠나 다른 교회로 간 것이었다. 정씨는 자기의 행위를 정당화하기 위해 교회를 떠나갈 때 신 선교사에 대한 온갖 중상모략을 다했다. 정씨가 떠난 후 고려인 교인 50여 명이 모두 함께 그 교회로 옮겨갔다. 신 선교사는 너무나 속이 상해서 산에 올라가 고함을 지르며 울면서도 한 사람에게도 화를 내거나 비방을 하지 않았다. "저분들을 사랑할 수 있는 마음을 주소서"라고 울면서 기도할 뿐이었다. 얼마 후 그 다른 교회의 한인 목사의 약속이 거짓인 것이 드러났다. 결국 그 한인 선교사는 피해 당한 사람들의 고소로 사기죄로 구속되어 현지에서 추방을 당했다. 정씨는 다시 신송태 선교사에게로 돌아와 그 앞에 무릎을 꿇고 사죄했다. 신 선교사는 정씨를 향해 자기에게 무릎을 꿇을 이유가 없다고 만류하며 그를 따뜻하게 맞아주었다. 50여 명의 신자들도 다시 돌아왔다.

한 번은 교회 건축 공사의 일부를 현지 카자흐스탄인들에게 맡겨서 일을 시켰다고 한다. 그런데 카자흐스탄 사람들이 너무나 게을러서 일을 제대로 하지 않았다. 삽질 한번하고는 앉아서 술을 마시고 삽질 한번하고는 앉아서 노는 것이었다. 결국 2달에 마칠 공사를 7개월이나 걸려서 마쳤다. 그런데 현지인 노동자들이 일을 마치고 이런 말을 했다는 것이다. 자기들이 지금까지 욕을 먹지 않고 일을 해 본 적이 없는데 욕을 먹지 않고 일을 한 것은 이번뿐이라는 것이었다.

신송태 선교사의 신념은 분명했다. 어떤 일이 있어도 선교하러 온 현지 사람들과 다투거나 싸우지 말아야 한다는 것이다. 어떤 고난이나 억울함이나 역경도 하나님께서 다 필요해서 주시는 것이므로 원망도 불평도 없이 그저 하나님만 의지하면서 살아가면 된다는 것이다. 이삭이 우물을 빼앗겼을 때도 어디 다투었냐는 것이다. 어차피 자기는 덤으로 사는 인생인데(신 선교사는 심장 수술을 두 번 받았다), 싸우고 다툴 이유가 어디 있느냐는 것이다. 선교사가 개성이 너무 강하면 문제라고 지적하기도 했다. 사랑은 허다한 허물을 덮는다는 것이다. 신 선교사가 품은 마음은 바로 예수님의 마음이다.

호주 이민교회의 역사는 다툼과 분열의 역사라고 해도 과언이 아니다. 참 많이도 싸워왔다. 그런데 요즈음 다시 한인교회들 가운데 어려움을 당한다는 이야기가 들려온다. 이제는 교회들마다 화합하며 기쁨의 노래를 불러야 할 때이다. 어느 누가 교회에 나가 다투기를 원하는 사람이 있겠는가? 예수님의 마음을 가진 신 선교사의 참고 인내하는 모습에서 우리는 도전을 받아야 한다. 아직도 다투는 교회가 있는가? 이제 그만 부족한 모습들을 내려놓고 하나님의 교회를 아름다운 주님의 성전이 되게 하자. 교회로 교회 되게 하자.

"오직 여호와는 그 성전에 계시니
온 천하는 그 앞에서 잠잠할지니라"
(하박국 2:20)

# 진정한 승리

**월**드컵 한국 대표팀이 우승후보인 이탈리아를 꺾고 8강에 진출하는 순간, 호주 전국의 교회에서 경기를 지켜보던 성도들도 함성을 질렀다. 이번 월드컵만큼 기독교인들의 자긍심을 멋있게 펼쳐 보인 운동경기가 있었던가 싶을 정도로 믿음의 전사들이 그라운드에서 기도하는 모습은 크리스천뿐 아니라 전 세계의 축구팬들에게 감동적인 인상을 남겼다.

믿음이 좋은 이영표의 어시스트에 안정환이 골든골을 넣었다. 성도들은 믿음의 기드온 용사들이 자랑스럽다며 환호했다. 성도들은 전 선수, 모든 국민이 한마음이 되어 응원한 쾌거라며 특히 "국가대표 선수들 중 10명이나 되는 기독교인 선수들의 기도의 힘이 컸다."고 말했다.

이번 월드컵의 승전보는 우리 모두에게 많은 것을 생각하게 해준다. 나 역시 이번 축구 8강 진입 승전보를 접하며 이 '승리'가 우리에게 어떤 의미일까를 승리 이후 곰곰이 되씹고 있다. 일간지의 칼럼에서는 이번 월드컵에서 한국 대표팀의 승리의 원인을 '자신감'과 '열정'이란 두 단어로 이야기하고 있다. 대한민국 국민 누구나가 이런 지적에 이의가 없을 것이다.

게임이든 전투이든 누구나 승리를 원한다. 이번 월드컵 경기를 관전

한 한국 국민들은 누구나 승리의 감격을 동일하게 만끽했으리라 생각한다. 분명 월드컵 축구 대표팀의 승리는 우리 모두의 승리였다. 그리고 그 승리의 감격이 우리의 삶의 현장에서도 이어지기를 누구나 원할 것이다. 특히 우리처럼 타국에서 사는 이민자들이라면 더욱 그러할 것이다.

지금 국가적인 영웅이 되어버린 축구대표팀의 한 사람 한 사람은 운이 좋아 횡재를 한 것이 아니란 것에 나는 그들에게 깊은 감사와 더불어 진정한 자랑스러움을 느낀다. 그들은 그들이 처한 삶의 현장이(국가적 운명을 건) 게임의 일부임을 분명히 알았고, 그 게임의 법칙에 충실하게 정직과 최선을 다해 훈련에 임했으며, 경기 내내 그 결과에 대한 자신감과 열정을 잃는 일이 없었다.

이번에 우리와 멋진 경기를 펼쳤던 이탈리아팀에 대해서는 그들도 나름대로 최선을 다했다고 박수를 쳤었다. 그런데 게임에서 지고 나서 이탈리아 선수들이나 감독이나 이탈리아의 여론이 자신들의 패배를 인정치 못하고 며칠 동안을 심판의 부정한 판정으로 몰아 부치다가 급기야는 심판매수설이라는 근거도 없는 이야기를 허황되게 입에 담고 있다. 그리고 마침내 기드온 용사 중의 하나인 안정환 선수에게 복수를 하고 있다. 안정환 선수가 뛰고 있는 이탈리아 프로팀의 하나인 페루자팀의 구단주가 자기는 이탈리아 애국자로서 자기나라의 축구를 망하게 한 선수를 자기팀에서 뛰게 할 수 없다는 어처구니없는 이야기를 하는 것을 보고 호주를 비롯한 온 세계여론이 이탈리아 축구에 대해 망신스럽다는 표현을 쓰는 것을 주저하지 않고 있다. 덕분에 안정환 선수는 더욱 더 이름이 세계적으로 알려지며 인정을 받게 되었다. 도대체 안정환이 어떤 선수이기에 이탈리아 아주리군단을 망하게 했는가 하고 말이다.

하나님께서 누구의 손을 들어 주실 것인지는 자명한 사실이다. 안정환 선수의 개인 인터뷰 내용을 보니까 우리나라의 8강 진출을 위해 18일 동안을 금식한 부인 이혜원씨에게 깊은 감사를 드리고 있었다. 아내가 몸이 약한 사람이기에 금식기도를 하는 것을 강하게 막아보았으나 신 앙심이 깊은 아내가 끝내 금식기도를 드렸고 그 일로 안정환 선수 역시 많은 것을 경험하게 되었다는 것이다.

크리스천들이 이번 월드컵 승리의 드라마에서 배워야 하는 것은 무엇일까?

기드온 용사, 그런 승리(!)의 드라마를 원하는가? 이번 한국과 이탈리아 전에서 2대 1로 승리, 시합 종료 휘슬이 울리자 전 선수들이 그라운드에서 얼싸안고 기쁨을 나누었다. 그런데 이영표, 송종국, 최태욱, 이천수, 현영민 다섯 선수는 조용히 어깨동무를 한 채 그라운드에 무릎을 꿇고 감사기도를 드렸다고 한다. 그 승리의 영광을 먼저 하나님께 돌렸던 것이다. 이 광경은 호주에서는 볼 수 없었으나 텔레비전 카메라에 잡혀 한국은 물론 전 세계에 방영되었다고 한다. 한국대표팀의 기드온 용사들은 앞서 5명 외에도 김태영, 이민성, 안정환, 차두리, 이운재 선수 등이다. 꾀돌이 이영표 선수의 믿음은 포르투갈전 때에도 그랬지만, 이번 이탈리아전에서도 시합이 끝난 후 관중들에게 보여준 지저스 (JEJUS)라고 쓰여진 런닝셔츠에서 잘 나타난다. 이 선수는 경기에 임하기 전에 이미 지저스를 쓴 런닝을 입고 116분을 열심히 뛴 것이다.

나는 이번 월드컵이 하나님의 영광을 드러낼 수 있는 축제가 되어야 한다고 생각한다. 그것은 우리나라가 개최국이기 때문에 더욱 그렇다. 6.25 전쟁으로 피폐해진 이 땅 위에 하나님께서 얼마나 많은 축복을 내려주셨는가를 분명히 세계인들은 알고 놀라야 한다. 거리마다, 건물마다, 붙어있는 십자가들. 수많은 교회를 보고 외국인들은 놀라게 될 것이다. 골목마다 거의 하나씩 보이는 교회들을 보고, 이 땅이 복음의 나라, 하나님이 역사하시고 축복해주시는 나라라는 것을 그들이 보고서 놀랄 것이다. 비록 많은 문제가 있고, 불순종의 죄악들이 넘쳐나는 땅이긴 하지만, 그 가운데서 하나님께서 얼마나 많은 백성들을 택하시고, 양육하시고, 양적으로 질적으로 피폐해진 땅 위에 부흥의 역사를 일으켰으며, 그로 인해 물질적으로도 풍요해진 한국땅 위에 사는 백성들이 얼마나 훌륭한 하나님의 백성인지를 보여주어야 한다.

그런 의미에서 우리 축구대표팀 선수들 중에 기독교인들이 많아 매우 기쁘다. 송종국, 이천수, 차두리를 비롯한 기독인 선수들이 쉬는 시간에 기도하고, 가스펠을 들으며 마음의 평안을 찾는다고 하니 얼마나 기쁜 일인지….

월드컵 2002는 88올림픽과 더불어 하나님께서 우리 민족에게 주신 특별 선물이다. 세계인의 축제라는 이 행사들은 역사를 통하여 보더라도 개최한 나라들이 하나같이 그 행사들을 통해 경제 도약을 할 수 있는 계기가 되었고, 우리 민족에게는 특히 불모지나 다름없던 사회봉사 영역을 일깨워 베풂의 미덕과 봉사 본연의 모습을 되찾는 선물도 더하셨다. 하나님의 나라 한국이 성장하고 있다.

"너희가 만일 여호와께로 돌아오면
너희 형제와 너희 자녀가 사로잡은 자에게서 자비를 입어
다시 이 땅으로 돌아오리라
너희 하나님 여호와는 은혜로우시고 자비하신지라
너희가 그에게로 돌아오면
그 얼굴을 너희에게서 돌이키지 아니하시리라 하였더라"
(역대하 30:9)

# 마음이 중요하다

**영**국이 인도를 300년 간 식민 통치한 관계로 영국에는 인도 사람들이 많이 살고 있다. 또한 그러한 영향으로 Commonwealth 국가의 하나인 호주에는 자연히 인도사람들이 많이 살고 있다. 인도 사람들을 만나서 이야기를 나눌 때가 가끔 있는데, 인도 사람과 이야기를 나누면서 언제나 느낄 수 있는 것은 인도 사람들에겐 간디에 대한 프라이드가 굉장하다는 것이다. 간디는 인도의 국부 칭호를 받을 만큼 인도인들에게는 절대적인 존재였고, 영국마저도 간디를 '마하트마(위대한 정신)' 라고 경의를 표했으니 그럴 만하다. 그의 사랑에 근거한 비폭력 사상과 실천은 그가 암살을 당한 지 53년이 지난 오늘날까지도, 아군은 물론 적군에게도 인정받는 것이다.

간디에 대한 이야기는 영화로까지 제작되어서 많은 사람이 알고 있는데, 그 영화에서 내가 인상적으로 느낀 점은 바른 선택과 용기 있는 결단이 한 인간을 얼마나 바꾸어 놓고, 그것이 또한 다른 사람들에게 얼마나 커다란 영향을 주는가 하는 것이었다. 간디는 높은 교육을 받은 인도의 최고 엘리트로서 런던에서 변호사 자격까지 취득했다. 마음먹기에 따라서는 대영제국을 등에 업고 크게 한 자리 할 수도 있었고, 돈방석에 앉아 평생 호화로운 영화를 누릴 수도 있었다. 그러나 간디는 그 모든 것을 희생하고 민중과 함께 고난 받는 길을 택했다. 권력을 누리며 흥청거리기보다는 2천 3백 일을 추운 감옥에서 보낸 것이다.

요즘 한국은 정치 선거로 날마다 떠들썩한데, 다들 어떻게 한 자리를 잡아서 부귀영화를 누리려고 몸부림을 치는 것처럼 보인다. 부귀영화를 희생하기는커녕 오히려 지역주의나 흑색 비방을 통해서라도 어떻게든 권력을 잡겠다는 것이다. 한국은 어느 나라 못지 않게 종교 인구가 많은 나라인데도, 그 종교의 힘이 국가의 부정부패를 막는 데 전혀 도움이 되지 않는 것 같다. 비록 이민교회이긴 하지만 나는 기독교 교회의 목사의 한사람으로서 크게 반성하고 있다.

나를 가치 있게도 하고 쓸모 없게도 하는 것이 마음이다. 사람은 보이는 세상을 살지만, 사람의 마음속에는 보이지 않는 또 하나의 자기 세계가 있다. 미국의 윌로우크릭 교회의 하이빌스 목사는 자기는 두 개의 교회를 목회하고 있는데 하나는 윌로우크릭 교회이고 또 하나는 자기의 마음에 있는 교회라고 했다. 그러면서 그는 눈에 나타난 윌로우크릭 교회는 자기의 마음의 교회에 따라서 정해진다는 것이다. 이처럼 보이지 않는 마음의 교회를 잘 목회 하는 것이 눈에 보이는 윌로우크릭 교회를 잘 목회 하는 비결이라고 했다.

그렇다. 내 마음이 나의 세계다. 나의 인생은 나의 마음만큼 크고 넓다. 내 마음이 세상을 긍정적으로 보면 세상도 나에게 긍정적인 열매를 준다. 내 마음이 세상을 부정적으로 보면 세상도 나에게 부정적인 열매를 준다. 유사 이래의 역사를 보면 문명이 외부적인 개입이나 하나님의 명령에 의해 파괴된 적은 없었다. 문명이 일어나고 쇠망한 것은 인간의 양심과 정비례했다. 모든 문명의 쇠망이 외부의 침입이나 식량의 부족, 사랑의 부족 같은 현상에서가 아니라 도덕의 쇠퇴와 함께 있었다는 것은 놀라운 일이다. 그것은 개인도 마찬가지이다. 지금의 시대는 과학만능, 물질만능을 자랑하지만 인간의 마음이 바르지 않다면 이 문명도 무너질 것이 틀림없다.

　지금 한국은 정치개혁이나 사회개혁이 절실한 때이다. 그러나 사람의 마음이 먼저 개혁되지 않으면 그런 개혁이 아무런 소용이 없다. 지금 우리나라에는 간디 같은 사람의 출현이 필요한 것이다. 똑똑한 사람이 필요한 것이 아니다. 깨끗한 사람이 필요한 것이다.

　육신의 병이 건강을 해치고 사람을 무너뜨리기도 하지만, 정신에 병이 들면 사람을 지옥까지라도 몰아갈 수 있다. 요즘 정신위생을 많이 이야기하는데, 사실 마음이 병들면 몸이 병드는 것은 물론이고, 그 인생마저도 병들게 되어 있다. 그리고 병든 사람이 남에게 짐이 되듯이 마음에 병이 든 사람이야말로 그 이웃에게 큰 짐이 되는 인생이 되는 것이다.

　나는 눈에 보이는 갈보리 교회를 목회 했지, 마음의 교회를 목회하지 못했다. 그것이 나의 한계였는지 모른다. 이제부터 나는 나의 마음에 하나의 교회를 세우려고 한다. 그리고 갈보리 교회보다 그 마음에 있는 교회를 더 잘 목회 하려고 한다.

　마음이 새롭게 되어야 비로소 우리의 삶이 변화된다. 마음이 중요하다.


"너희는 이 세대를 본받지 말고
오직 마음을 새롭게 함으로 변화를 받아
하나님의 선하시고 기뻐하시고 온전하신 뜻이 무엇인지
분별하도록 하라"
(로마서 12:2)

# 사람을 차별하지 말라

며칠 전 텔레비전에서 여자 권투시합을 보았다. '장난이겠지.' 하고 생각했는데, 나의 예상은 빗나가고 말았다. 잽, 스트레이트는 물론 어퍼컷에 반칙까지 하면서 사력을 다해 치고 받는 것이 남자들 못잖은 권투시합이었다.

레슬링, 권투까지 여자의 운동이 되었으니 이제 여자가 못할 운동이 없는 셈이다. 올림픽 경기에 여자 육상이 생긴 것이 1928년 암스테르담 대회 때부터라는데 불과 60년 사이에 스포츠에서 여자와 남자의 차별이 무너진 셈이다.

한 배구 코치가 말하길 여자 선수들은 6-7시간을 뛸 수 있으나 남자 선수들은 불가능하다고 한다. 지구력은 여자가 남자보다 우수하다는 말이다. 금식에 있어서도 알려진 바에 의하면 남자는 52일, 여자는 77일까지의 기록이 있다.

생리적으로나 성격적으로 여자와 남자는 참 재미있는 차이를 가지고 창조되었다. 일반적으로 남자는 강하고 여자는 부드럽다. 남자는 처음에 승부를 걸고 여자는 나중에 승부를 건다. 또 남자는 힘차게 출발을 하고 여자는 차분히 마무리를 한다. 이런 차이는 어느 쪽이 낫다고 따질 성격의 것이 아니다.

　　그런데 대부분의 사람들은 이런 '다름'을 '구별'의 대상보다는, '차별'의 기준으로 여긴다. 차별과 구별은 다르다. 구별은 '다름'을 인정하고 그 다름을 긍정적으로 받아들인 것인데 반해, 차별은 '다름'을 멸시하거나 비하하는 것을 의미한다.

　　우리나라를 오백 년 간 지배하였던 공자의 사상 곧 유교의 사상은 여자나 아이를 구별한 것이 아니라 차별하여 왔다. 그런데 또 요즈음 잘못된 자유주의 사상은 차별과 구별을 아예 없애려는 시도를 한다. 여성이 남성과 똑같은 기능을 하겠다는 것이다. 동성애도 그런 사상의 일단이다. 그런데 이런 구별을 없애려는 사상도, 구별을 차별로 만드는 사상 못지 않게 잘못된 것이다.

　　여자가 남자와 똑같아야 자유로운 것이나 아름다운 것이 아니다. 여자는 여자의 특성인 부드러움이 있을 때 더 아름다운 것이며 자유로운 것이다. 구별을 인정할 때 그것이 존중이며 자유인 것이다. 이전에 어떤 장로님이 목사와 장로는 똑같다고 큰 소리로 말한 적이 있었다. 그 똑같다는 말은 차별이 없다는 말이 아니라, 구별이 없다는 뜻으로 한 것이다. 그런데 그 말은 의사와 간호사가 똑같다는 말만큼이나 위험한 말이다. 즉 의사만 진찰을 하고 처방을 해야 하는 것이 아니라, 간호사도 진찰을 하고 처방을 해야 한다는 것이라면 이는 심히 잘못된 생각을 하고 있는 것이다. 진정한 존중은 구별 없음이 아니라, 차별 없음인 것을 알아야 한다. 차별은 없어야 한다. 인종차별, 남녀차별은 없어야 한다. 하지만 구별은 있어야 하는 것이다.

　　이 세상에 완전히 맞는 남녀는 없다고 한다. 그렇듯이 어떤 면에서든지 완벽한 커플은 없다. 때로 남을 멀리서 볼 때, 그 사람이 이상적으로 보일 때가 있다. 어렸을 적 동네 이발소 아저씨가 가수 하춘화씨가 텔레비전에서 노래 부르는 것을 보면서, "저런 여자와 한 번만 살아보았으면 소원이 없겠다."고 하는 소리를 들은 적이 있다. 그런데 별은 멀리서 보니까 빛이 나지, 가보면 실은 돌과 먼지만 가득 쌓인 불모지일 뿐이다.

다르다는 것은 차별할 것도 아니고 없앨 것도 아닌 존중하고 맞추어 나가야 할 것이다. 거기에 자유와 아름다움이 있는 것이다. 그것을 전하는 사람이 인격자요, 성숙한 사람이다. 사람을 차별하지 말라. 여자를 차별하지 말라. 인종을 차별하지 말라. 다른 사람이 나와 다른 것과 또한 내가 갖고 있지 못한 것을 가지고 있음을 인정하고 존중하자. 그래야 비로소 나도 다른 사람에게서 인정을 받고 사랑을 받을 수 있을 것이다.

"그 때에 제자들이 예수께 나아와 가로되
천국에서는 누가 크니이까
예수께서 한 어린아이를 불러 저희 가운데 세우시고 가라사대
진실로 너희에게 이르노니
너희가 돌이켜 어린아이들과 같이 되지 아니하면
결단코 천국에 들어가지 못하리라"
(마태복음 18:1-3)

# C 목사의 열등감

C목사가 담임한 교회는 부흥하지 못한 채로 여러 해를 지났다. 그래서 장로나 교회의 중직들은 C 목사에게 여러 가지 압력을 가한다. 설교에 대한 비판도 하고 행정에 대한 불만도 터뜨린다. 심지어 C 목사의 자식이 대학에 떨어진 것마저도 위로를 하기는커녕 가십거리가 된다. 이런 일이 몇 해 반복되면서 C 목사의 마음은 눌리고 눌려서 얼굴에 기쁨이 사라져버리고 대신 굳은 표정이 C 목사의 이미지가 되었다. 그러니 한 주 한 주 보내는 것이 어떤 기대로 가득 차기는커녕, 무사한 것만도 다행이다.

그렇지만 교회란 항상 문제가 일어난다. 피로 맺어졌고, 가장 작은 사회조직인 가정에도 문제가 일어나는데, 각양의 다른 사람이 모인 교회가 항상 평안할 리가 없다. 어느 단체에든지 문제가 생겼을 때, 그 단체가 발전하고 부흥할 때에는 문제가 덮어지지만 침체될 때에는 문제가 증폭되기 마련이다. 청년들이 수련회를 갔다가 한 청년이 사고로 다리가 부러졌다. 이때도 화살은 결국 C 목사에게 날아왔다. 목사가 기도를 적게 했느니, 사람을 잘못 썼느니 하는 비판이 들려왔다. 그럴수록 C 목사의 마음은 황폐한 사막이 된다. C 목사의 마음은 병이 들고 패배의식에 사로잡히게 된다.

이제 C 목사는 누가 자기를 나가라고 하지 않나, 누가 자기를 비난하지 않나, 비웃지 않나 하는 의심이 생기게 된다. 이렇게 되면 그런 생각대로 모든 관점이 움직여 나간다. 교인들이 웃으면 나를 비웃는 것이요, 웃지 않으면 역시 나를 무시하는 것이라고 생각한다. 이러한 것을 심리학에서 '행동강화' 라고 한다.

행동강화가 어떤 것인지 좀더 구체적으로 예를 들어보자. 교회 한 구석에서 젊은 여집사들이 모여서 담소한다. 무엇이 신나는지 웃으며 난리를 친다. 그때 이것을 본 C 목사는 "흠, 저 사람들이 나를 비웃고 있구나." 하는 생각을 한다. 일단 이렇게 생각을 하면 다음의 행동은 그 생각을 강화시킨다. 너무도 화가 난다. 그러나 무조건 뛰어들어 저 놈들을 혼내줄 수는 없다. 그래서 살짝 옆으로 지나가는 척하다가 서서 말을 엿들어 본다. 그런데 자기 이야기가 아니다. 그러면 이 C 목사는 이제 "내가 괜히 오해했구나." 하고 생각할까? 아니다. "저것들이 어느새 눈치를 채고 말을 바꾸었구나. 봐라, 이제 웃지도 않지 않는가." 하고는, "다음에는 증거를 잡아 저것들을 쫓아내고 말 테다." 하고 벼르게 된다. 일단 이렇게 생각을 하게 되면 이제 모든 행동들이 그 생각을 증명하는 방향으로 해석된다. 그래서 심한 열등감에 빠진 사람들은 남들이 어떤 행동을 해도 다 자기를 깔보는 것이라고 믿게 된다. 그리고 그 믿음은 모든 해석을 그 방향으로 몰고 간다. 그래서 자신의 열등감을 더욱 강화시킨다. 이렇게 한없이 열등감이 강화된다. C 목사는 드디어 위장병으로 병원에 입원을 하게 되었고, 마침내는 위장병을 이유로 교회를 사임하고 말았다.

이렇게 부정적 행동이 강화되어 무너진 사람들이 얼마나 많은지 모른다. 우리는 잃어가고 있는 우리의 자존심을 회복해야 한다. 자존심이란 자기 수용, 자기 인정, 자기 존중의 태도를 말하는 것이다. 국어 사전의 풀이를 빌리자면 '자존심' 이란 '제 몸을 굽히지 않고 스스로 높이는 마음가짐' 이라고 한다. 문학자인 이은상씨는 자존심에 대해 이렇게 설명

하고 있다. "자존심이란 결코 배타가 아니다. 또한 교만도 아니다. 다만
자기 확립이다. 자기 강조다. 자존심이 없는 것에 비로소 얄미운 아첨이
있다. 더러운 굴복이 있다. 넋 빠진 우상 숭배가 있다. 위대한 개인, 위대
한 민족이 필경 다른 것이 아니다. 오직 이 자존심 하나로 결정되는 것이
다."

　이제는 내가 누구인가를 다시 한번 진지하게 생각해 보아야 할 때라
고 생각한다. 이민교회 목사로서 교인들을 바라보면서 참으로 안타까움
을 가질 때가 많이 있다. 그것은 교회 안에서는 왕자처럼 처신하면서 세
상에 나가면 거지처럼 살아가는 신앙인들이 종종 있다는 사실이다. 불행
한 일이 아닐 수 없다. 그러나 자기 신분에 대한 자각이 되살아나게 되면
우리의 자존심을 분명히 회복하게 될 것이다.

　성경은 말한다. "무릇 지킬만한 것 중에서 네 마음을 지키라."

"오직 너희는 택하신 족속이요 왕 같은 제사장들이요
거룩한 나라요 그의 소유된 백성이니
이는 너희를 어두운 데서 불러내어
그의 기이한 빛에 들어가게 하신 자의
아름다운 덕을 선전하게 하려 하심이라
너희가 전에는 백성이 아니더니
이제는 하나님의 백성이요
전에는 긍휼을 얻지 못하였더니
이제는 긍휼을 얻은 자니라"
(베드로전서 2:9-10)

# Over Speed

**어**제 운전을 하다 Mona Vale Road에서 무섭게 찌그러진 차를 보았다. 가슴이 서늘해지는 것을 느낄 만큼 큰 사고였다. 교통사고의 대부분은 오버 스피드(과속)에서 온다. 그래서 도로마다 속도제한 픗말을 붙여 과속을 규제하고 있지만 한국사람뿐만 아니라 모든 나라 사람들은 무엇이든지 빨리 하고 빨리 도달하고 싶은 욕망에서 스피드를 내게 된다.

얼마 전에 조선일보 사설에서 한국의 대학 입시에 관하여 평한 글을 읽었다. "한국 교육의 가장 큰 문제점은 생활면을 소홀히 하고 지식편중으로 계속 달려가고 있는 것"이라고 지적했다. 이것은 새로운 걱정이 아니라, 우리 한국의 50년 묵은 병폐 중의 하나이다. "가르칠 교재 분량이 필요 이상으로 많아 진도를 맞추려면 생활이나 인격 교육은 못 한다."는 것이 한국에 있는 학교 교사들의 고백이다.

이런 교육의 상태는 교육을 진학의 수단으로 여긴 나머지, 시험 점수만을 고집하는 교육풍조가 완강히 버티고 있기 때문이다. 진도니 시험이니 입학이니 하는 기준은 어디에 있을까? 교육의 목표는 사람을 보다 나은 사람으로 육성하려는 것이다. 한국 사람들은 초등학교도 들어가기 전에 구구법을 가르치는 사람도 많고 학교에서도 2학년 때면 구구법을 가르치는데, 호주에서는 4학년 때나 5학년 때 구구법을 가르친다. 아이들이 공부하는 산수만 보더라도 한국과 호주는 큰 차이가 날 만큼 스피드에 있어서는 한국이 호주를 2, 3년 앞서 가는데, 이것이 교육을 잘 하는 것일까? 아니다. 그렇게 공부해서 대학까지 갔는데 죄송하지만 우리 한국의 대학은 세계 100대 대학에 들어간 대학이 하나도 없다. 호주 내의 대학은 정확한 등수는 알 수 없지만 그래도 세계경쟁에서 그리 뒤쳐지지 않는다는 평가를 얻고 있다. 한국의 교육방법은 분명히 잘못되어 있다는 생각이 든다. 그런데도 이 방법을 계속하고 있으니 참으로 어이없는 일이 아닐 수 없다. 요즘에도 고3 학생들과 그 부모들은 피를 말리는 시간들을 보내고 있는데, 어서 빨리 이런 잘못된 교육이 사라져야 할 것이다.

인간 교육에 있어서 빠른 속도가 반드시 성공을 보장하지 않는다. "우리 아이는 유치원에 다니는데 벌써 글을 읽어요."라며 아이의 빠른 학습을 자랑하는 부모들이 많은데 이것은 과속운전을 자랑하는 것과 별 다름이 없다. 교육심리학자들은 "어린이는 성장하면서 나이마다 그 나이에 따라 배울 것이 따로 있다."고 말한다. 5세 때는 5세 때에 배울 것이 있고, 10세 때는 10세 때에 배울 것이 따로 있으며, 18세 때는 18세 때 배울 것이 따로 있다는 것이다. 그런 점에서 4학년 아이가 6학년 공부를 한다고 꼭 좋은 것만은 아니라고 심리학자들은 지적한다. 그것은 마치 과속으로 달리는 것과 같아서 정신적인 사고의 원인이 되기 때문이다.

나의 경우에도 오랜 세월을 '시험공부가 곧 교육'이라는 풍토 속에 자라났는데, 우리들의 아이들에게는 그것을 강요해서는 안 될 것이다. 이제는 21세기를 살면서 우리의 생각도 넓혀야겠다. 21세기는 성적표가 아니라, 어떤 인간으로 성장하느냐가 중요하다. 교육철학자 다이어는 『과오지데』라는 그의 명저에서 소위 지식인을 평가하는 기준을 열거했는데 그 첫째가 "복잡하고 힘든 일을 만났을 때 그것을 헤쳐 나가는 능력"이라고 했다.

한 동네에 두 개의 교회가 있다. 이 두 개의 교회가 서로 일등을 하려면 교회는 비웃음을 사고 결국 망하고 만다. 그러나 두 교회가 다 칭찬을 듣고 사는 길이 있다. 한 교회는 찬양을 잘 한다. 그러면 그 교회는 찬양을 그 교회의 최대의 은사와 프라이드로 계발한다. 그래서 찬양을 좋아하는 사람들은 그 교회로 간다. 다른 한 교회는 설교를 잘 한다. 그래서 설교를 좋아하는 사람들은 그 교회로 간다. 그러면 두 교회는 경쟁할 필요도 없고 각자의 프라이드를 가지고 살 수 있는 것이다. 공부도 마찬가지다. 다 일등을 할 수도 없고 그렇게 할 필요도 없다.

이민자의 자녀들에게 자긍심과 자신감을 심어주는 시대가 되어야 한다. 사실 공부를 잘 하지 못해서 대학에 떨어지는 것이 당사자에게는 시련이 되겠지만 그 시련이 때로는 합격보다 더 값지다는 것을 아는 사람으로 자녀들을 교육시켜야 한다. 우리의 자녀들이 오랜 방학을 끝내고 학교로 다시 돌아가서 새 학년을 시작하고 있다. 공부하라는 잔소리보다 "나는 너를 믿는다"는 한마디로 새롭게 공부의 바다로 출항하기 위해서 떠나는 자녀들에게 용기를 주며 그들을 위해 눈물로 기도하는 부모들이 되길 바란다. 주님! 우리의 자녀들이 이 땅에서 머리가 될지언정 꼬리가 되지 않게 하소서!

"너희 자녀를 노엽게 하지말고 오직 주의 교양과 훈계로 양육하라
마땅히 행할 길을 아이에게 가르치라
그리하면 늙어도 그것을 떠나지 아니 하리라"
(에베소서 6:4)

# 상아 젓가락 때문에

중국의 역사상 가장 포악한 정치를 한 인물로는 '달기'라는 여인에게 빠져 극도로 사치스런 생활을 했던 은나라의 '주왕'을 친다. 그런데 주왕의 그런 사치와 잔인한 정치는 이렇게 시작되었다. 어느 날 주왕은 상아 젓가락을 만들어 썼다. 이 사실을 본 당시의 현자인 '기자'는 걱정이 태산 같았다. 기자가 걱정한 것은 왕이 상아 젓가락을 가지면 흙으로 만든 그릇에 밥을 먹을 수 없을 터이요, 적어도 상아로 만든 잔과 구슬이 박힌 그릇을 써야 하기 때문이었다. 또 상아 젓가락과 구슬 박힌 그릇으로 음식을 먹자면 콩국이나 된장을 담아먹을 수는 없는 노릇이요, 남쪽에서 잡아온 물소와 산양의 고기를 먹어야 하고 표범의 태로 만든 귀한 음식을 먹어야 하기 때문이다.

또 들소와 산양의 고기나 표범의 태로 만든 진미를 먹자면 검소한 짧은 옷을 입을 수 없고 비단옷을 입지 않을 수 없기 때문이다. 또 비단옷을 입자면 작은 집에서는 살 수 없는 노릇이요, 적어도 겹겹이 둘러싸인 담과 웅장한 집에서 살아야 할 것이니 비록 그 시초는 단순한 상아 젓가락에서 시작되었다 할지라도 그 구색을 맞추다 보면 그 끝은 한없이 사치스러워지고, 결국은 가공할 만한 무서운 것이 되고 말기 때문이다.

기자의 걱정대로 주왕은 상아 젓가락을 사용한 지 5년이 지나자, 여자를 즐기기 시작했고, 술에 취해서 사람을 숯불에 굽는 형벌을 행했으며, 술로 만든 연못에서 놀다가 결국 주나라의 무왕에게 망하고 말았다. 주나라의 노자는 이 역사적 사실을 가리켜 작은 잘못을 미리 깨닫고 고칠 수 있는 사람은 결코 망하지 않는다고 했다. 인생 가운데 닥치는 불행한 일들의 원인은 결코 커다란 일에 있지 않다. 조금 급한 성격 때문에 이혼을 한다. 조금 더 센 콧대 때문에 왕따를 당하기도 한다. 남보다 조금 더 센 고집으로 인하여 많은 재난이 온다. 습관이 무서운 병을 부른다.

내가 20년 전에 전곡교회에서 전도사로 있을 때 도시 교회에서 보내준, 오랫동안 예배당 벽에 걸려있던 커다란 벽시계가 갑자기 멈췄다. 무슨 커다란 고장을 일으킨 것인지 살펴보았지만 아니었다. 수리하는 사람을 불러 조사해보니 시계의 태엽 사이에 먼지가 쌓이고 뭉친 것이 태엽의 회전을 막고 있던 것이었다.

먼지는 어느 시계에든지 끼지 않을 수 없다. 문제는 이 먼지가 뭉치지 않게 해야 한다는 것이다. 그러기 위해서는 부단히 자기를 개혁하는 생활을 해야 한다. 성격의 뭉치, 습관의 뭉치, 사치의 뭉치, 미움의 뭉치들이 끼어서 내 인생을 고장 내지 않도록 해야 한다.

항상 재앙은 오래 전부터 시작하고 있는 것이다. 이번에 있었던 미국 항공우주선 폭발 사고나 울릉공 국립공원 안에서의 열차 전복 사건 등은 출발부터 이미 예고된 재난이었다. 아직은 사고의 원인을 조사 중에 있지만, 충분한 조사가 끝나게 되면 사고의 원인을 밝혀내면서 꼭 이런 말을 할 것이다. 어떤 작은 문제만 해결하였어도 참사는 면할 수 있었을 것이라고 말이다. 사고의 아픔을 당하기 전에 미리 불행의 원인을 돌아다볼 수 있는 지혜가 있었으면 좋겠다.

작은 먼지들이 사고를 낼만큼 큰 뭉치가 되기 전에 날마다 자기를 개혁하는 사람은 후에 감당하기 어려운 커다란 재난을 당하지는 않는 법이다. 그래서 개혁하는 자는 망하지 않는다. 물론 개혁이 그렇게 말하는 것처럼 쉬운 것은 아니다. 당장은 불편하고, 기득권을 버려야 하고, 또 사고의 패러다임을 바꿔야 한다. 그러나 그렇지 않으면 결국은 조금씩 모인 먼지가 뭉치가 되어 실패와 재앙을 만나 도태하거나 파멸 당하게 될 것이다.

개혁하는 것도 아픈 것이지만, 망하는 것은 훨씬 더 아픈 것이다. 그렇다면 조금 아프더라도 개혁을 하여 큰 불행을 막아야 한다. 내가 갖고 있는 작은 문제를 미리 발견하고 고치도록 하자. 오늘날 많은 사람들의 불행의 시작은 상아 젓가락을 가지고 구슬 박힌 그릇을 얻으려는 욕망 때문이다.

"하나님이여 나를 살피사 내 마음을 아시며
나를 시험하사 내 뜻을 아옵소서
내게 무슨 악한 행위가 있나 보시고 나를 영원한 길로 인도하소서"
(시편 139:23-24)

# 불행한 호기심

　고대 그리스의 극작가 소포클레스(Sophokles B.C. 496~406)가 지은 『오디프스 왕(Odipous Tyrannos)』이라는 희곡 속에 다음과 같은 내용의 비극이 전개된다.

　테베의 왕 라이오스와 왕비 이오카스테 사이에서 한 왕자가 태어났다. 태어난 아이가 장차 어떤 사람이 될까 하는 호기심이 발동한 왕은 주술가에게 찾아가 점을 보았다. 그런데 그 점쟁이는 아이의 장래가 너무도 무서운 것이라는 예언을 하였다. 그래서 왕은 그 아이를 내다버렸고 그 아이 오디푸스는 아들이 없는 코린트의 양자로 들어가서 자기가 양자라는 사실을 전혀 모른 채 자라게 된다.

　청년이 된 이 오디푸스 왕자도 어느 날 우연히 자기의 장래를 알아보고 싶어서 예언자에게 예언을 받아보는데 역시 무서운 예언을 듣게 된다. "너는 너의 아버지를 죽이고 어머니와 결혼하게 될 것이다."라는 것이었다. 오디푸스는 절대로 이런 일이 있어서는 안 된다고 생각하여 부모들이 사는 코린트 왕국을 탈출하여 나왔다. 그리하여 먼 나라로 들어가서 천하를 떠도는 방랑자가 된다. 이렇게 떠돌던 오디푸스가 테베까지 흘러 들어갔다. 테베에서 그는 어떤 노인과 그 일행을 죽이고 만다. 오디푸스는 얼마 후 그 땅의 백성들을 괴롭히는 스핑크스의 수수께끼를 풀어서 그 나라의 우환을 제거한 공로를 인정받아 당시의 최고 통치자인 여왕과 결혼을 하고 테베의 왕이 된다.

그로부터 10년이 지나서다. 그들 사이에 4남매가 태어나 자라고 있었다. 그런데 놀라운 불행의 소식을 그가 알게 된다. 그가 이 나라에 들어와서 죽인 노인이 다름 아닌 자기의 친아버지이며 현재의 자기의 아내는 다름 아닌 자기의 어머니라는 사실을 알게 된 것이다. 이 운명을 알게 된 왕후는 자살을 하게 되고 오디푸스는 친부모도 몰라본 자신의 두 눈을 뽑아버리고 거리를 방황하는 신세가 되고 만다.

이 비극의 작품을 보고 아리스토텔레스는 세상에서 가장 비극적인 이야기라고 말하였다. 그런데 이러한 비극이 왜 생겼을까? 그것이 다름 아닌 미래를 알아보고자 한 인간의 어리석은 호기심 때문이었다.

하나님은 사람 개인의 내일을 구체적으로 말해주지 않는다. 도리어 "복술자나 길흉을 말하는 자나 신접자나 박수나 초혼자를 너희 중에 용납하지 말라(신명기 18:10-11)."고 하셨다.

많은 사람들이 내일을 알고 싶어한다. 특히 매년 새해가 시작 될 때마다 더욱 그런 호기심이 발동한다. 그래서 점쟁이들이나 예언자들이 새해 한 철을 벌어서 1년을 먹고 산다고도 한다. 이번 신년 설에는 사상 최대의 수익을 점쟁이들이 벌어 들였다 한다. 돈이 생기고 여유가 생겨서 그런가보다. 그러나 그것은 어리석은 호기심이다. 아니 불행한 호기심이다.

장래를 안다고 장래가 좋게 되지는 않는다. 내일을 좋게 만드는 길이 있다. 내일은 오늘이라는 기초 위에 세워진 것이다. 그렇기에 운명은 만들어진 것이 아니라 우리가 만들어 가는 것이다. 인생이 평안하기를 원하는 이들에게 나는 이런 3가지 자세를 권하고 싶다.

먼저 하나님을 의지하라. 하나님을 의지한다는 것은 다름 아닌 하나님 말씀대로 산다는 것이다. 다윗은 "주의 말씀은 내 발에 등이요, 내 길에 빛이니이다(시편 119:105)"라고 했다. 우리가 가는 길이 아무리 어두워도 하나님의 말씀대로 사는 사람은 등불을 들고 가는 사람과 같이 그 가는 길을 무사하게 갈 수 있다.

둘째 성실하라는 것이다. 영국 속담에 "성실은 가장 우수한 정책이다"라는 말이 있다. 또 성실은 어디에서든 통하는 유일한 화폐란 말도 있다. 성실이 자본이 되게 하라. 성실이 모사가 되게 하라. 사람의 성실이 인정받기만 하면 그 사람은 반쯤은 성공한 사람이다.

셋째로 긍정적으로 살아라. 행복할 때 휘파람을 불려고 할 것이 아니라, 휘파람을 불면 행복해진다는 것을 잊지 말라.

"네가 말하기를 여호와는 나의 피난처시라 하고
지존자로 거처를 삼았으므로 화가 네게 미치지 못하며
재앙이 네 장막에 가까이 오지 못하리니
저가 너를 위하여 그 사자들을 명하사
네 모든 길에 너를 지키게 하심이라"
(시편 91:9-11)

# 영원으로 가는 길



영원으로 가는 길

# 생사화복의 주인

**왕**위를 아들 세종에게 물려주고 상왕이라는 신분으로 풍양궁에 머물러 있던 태종 이방원은 우연히 담 너머로 신하들의 이야기를 듣게 되었다. 신하 A라는 한사람이 말했다. "인생의 모든 복과 화는 임금님의 손길에 달렸다네." 그러자 다른 신하 B라는 사람이 반박했다. "그렇지 않네. 인생의 생사화복은 하늘에 달렸다네. 임금님도 하늘이 내서 하늘의 큰 뜻을 이루기 위해서 사용하는 그릇일 뿐이라구."

이들의 이야기를 담 너머로 듣고 있던 태종은 하늘보다도 왕이 더 크다고 하는 A라는 신하가 기특하다는 생각이 들었다. 그래서 태종은 막연한 하늘보다도 왕을 잘 섬기는 것이 중요하다는 교훈을 남기고 싶어서 임금님의 손에 모든 것이 달렸다고 한 신하 A에게 상을 주기로 작정을 하고 그를 불렀다. 즉시 달려온 신하 A에게 태종은 서찰 하나를 주면서 세종 임금에게 그 서찰을 즉시 전하라고 했다.

무슨 영문인지도 모르고 상왕의 심부름을 하게 된 그 신하 A는 모든 것이 하늘에 달렸다라고 말한 다른 신하 B와 함께 대궐로 급히 발걸음을 옮겼다. 그런데 가는 길에 주막에서 먹었던 빈대떡 하나가 탈이 되어 갑자기 복통이 일어났다. 할 수 없이 태종의 마음을 기쁘게 한 신하 A는 같이 동행하던 신하 B에게 한시바삐 이 서찰을 임금에게 올리라고 말하고 자기는 도중에서 머물고 말았다. 그래서 B는 A를 대신하여 서찰을 세종 임금에게 전하게 되었다.

한편 태종은 신하 A에게 심부름을 시켜놓고 기분이 좋았다. 그 서찰에는 "이유를 묻지 말고 이것을 가지고 가는 사람에게 직위를 올려주고 또 큰돈을 주라."는 내용이 적혀 있었다. 그래서 태종은 지금쯤 신하 A가 큰 벼슬을 하고 부자가 되었을 것이라고 생각했는데 깜깜무소식이었다. 그래서 알아보니 신하 A는 여전히 옛날과 다름없이 남루하게 살고 있는 것이 아닌가! 태종은 신하 A를 불러서 서찰을 임금에게 전하지 않았느냐고 물으니 신하 A는 황송해하면서 여차여차한 사연을 이야기하였다. 그래서 신하 B에 대해 물으니, B는 어찌된 영문인지 그 날 이후로 임금님의 은혜를 입어 갑자기 지위도 오르고 부자도 되었다는 것이다. 그때야 태종은 무릎을 치면서 "오호라! 임금도 하늘이 쓰는 도구에 지나지 않구나!" 하고 탄식을 했다고 한다.

그런데 사람들은 지금도 인간의 생사화복이 권력이나 돈에 달렸다고 생각하고 그것을 얻으려고 온갖 수단과 요령을 다 부리면서 산다. 그러나 성경은 "여호와는 죽이기도 하시고 살리기도 하시며 부하게도 하시며 가난하게도 하시며 낮추기도 하시며 높이시기도 하신다."고 말하고 있다.

이런 말을 조금 합리적으로 한 사람이 있는데 스티븐 코비라는 사람이다. 코비는 말하길 "우리의 선택이 인생을 컨트롤한다. 선택의 결과를 컨트롤하는 것은 보편적인 법칙이나 원칙이지 사람의 수단이나 방법이 아니다."라고 했다.

그렇다. 인생을 조그만 넓게 보면 이 말이 얼마나 지혜 있는 말인가를 알 수 있다. 그리스의 철인 아리스토텔레스도 그런 말을 했지만 프랑스의 실증주의자 콩트는 "하나님은 우주의 제일 된 법칙이다."고 했다. 이 말을 기독교 신학에서는 결정론자들의 이설로 받아들이지만 나름대로 일리 있는 말이다. 하나님은 우주의 제일 된 법칙이면서 그 이상이다. 즉 법칙으로만 존재하는 것이 아니라, 하나님은 인격적인 존재로서 그 법칙을 만드시고 주관하시는 분이다.

나는 어항 속에 있는 열대어를 보면서 그런 생각을 했다. 저 열대어들이 어항 속을 헤엄쳐 다니지만 저것들의 운명이 누구의 손에 있을까? 우리들이 누리는 자유나 의지, 그런 모든 것들이 실은 저 어항 속에 든 열대어들과 다를 것이 없지 않는가! 인간의 생사화복은 누구의 손에 있는가? 이 질문은 중요한 물음이다. 이 물음에 어떻게 대답하느냐에 따라 실은 인생의 생사화복이 결정되기 때문이다.

"내가 내 영혼에게 이르되
영혼아 여러 해 쓸 물건을 많이 쌓아 두었으니
평안히 쉬고 먹고 마시고 즐거워하자 하리라 하되
하나님은 이르시되 어리석은 자여 오늘밤에 네 영혼을 도로 찾으리니
그러면 네 예비한 것이 뉘 것이 되겠느냐 하셨으니"
(누가복음 12:20-21)

# 새 술에 취하라

하나님의 영이 있는 곳에는 빛이 있고, 질서가 있고, 생명이 살아 난다. 아름다운 것이 생겨난다. 교회도 마찬가지여서 하나님의 영이 있는 교회는 빛이 있고, 질서가 있고, 생명의 역사가 일어나고, 아름다운 기적들이 생겨난다. 하나님의 영이 있는 교회에는 없었던 것이 생겨나는 창조의 능력이 있다.

사람에게도 그렇다. 사람이 하나님의 영을 소유하게 되면, 그 어둡던 마음속에 빛이 들어온다. 그 갈등하고 방황하고 고통스럽던 마음속에 질서가 생긴다. 메말라가고 죽어 가는 것들에 생명이 생긴다. 사람이 변한다. 하나님의 영이 그 속에 들어가면 밝게 변하고 건강하게 변하고 예쁘게, 아름답게 변하는 역사가 일어나는 것이다. 하나님의 영이 어디든지 들어가기만 하면 놀라운 일이 일어난다. 어두운 것들이 밝아지고, 혼란스런 것들이 질서를 찾게 되고, 죽어가던 것들이 생명을 얻게 되며, 더럽던 것들이 아름답게 된다. 이렇게 하나님의 영은 창조하는 능력을 가지고 있다.

옛날 평양에 최권능이라는 유명한 목사님이 계셨다. 본명은 최봉석이셨는데, 이분은 전도할 때 무조건 사람들을 만나면 "예수천당, 예수천당" 하면서 돌아다니신 분으로 유명했다. 그분의 전도방법은 "예수 믿고

천당 갑시다."를 외치는 것이었다. 무조건 "예수천당, 예수천당", 특별한 교리설명이나 다른 이야기 안 하고 이렇게 돌아다녔다. 그런데 이상하게도 이분의 전도를 받으면 사람들이 예수를 잘 믿게 되는 것이었다.

한번은 최권능 목사님이 쭉 놓여진 돌 징검다리를 딛고 시냇물을 건너는데, 앞쪽에 양반 하나가 담뱃대를 길게 물고 둑 앞에 떡 앉아 있는 것이었다. 최권능 목사님이 여기를 지나가는데, 전도대장이 앞에 있는 사람을 보고 그냥 갈 수가 없어서 담뱃대를 물고 있는 영감님 귀에다 대고, "예수천당" 하고는 그냥 쭉 지나갔다. 이 양반이 담배를 피우는데 누가 귀에다 대고 "예수천당" 하니까 "저 저 저 고얀 놈 고얀 놈" 하였다. 하지만 이미 최 목사님은 징검다리를 건너가 버렸을 때였다. 아, 그런데 이 양반이 집에 갔는데도 자꾸 귀에서 "예수천당, 예수천당" 이런 소리가 들리는 것이었다. 잠을 자려고 누워도 "예수천당, 예수천당" 이런 소리가 자꾸 귀에서 메아리처럼 들리는 것이었다. 그래서 그 양반은 예수 귀신 붙었다고 무당을 불러다가 굿을 했다. 그런데 굿을 했는데도 계속 귀에서 "예수천당, 예수천당" 소리가 들리는 것이었다. 할 수 없이 서양 귀신은 서양귀신 들린 사람에게 가야 된다고 해서 교회 나가게 되었고, 결국 예수를 믿게 되었는데, 이 양반이 누구냐 하면 고당 조만식 선생님의 부친인 조을선씨였다. 그래서 그 가정이 예수 믿고 그 훌륭하고 아름다운 인재들을 만들어낸 것이다.

생각해보자. 도대체 "예수천당"이라는 한 마디 말이 무엇이었기에 그 한 마디로 사람의 인생이 달라질 수 있었을까? 수십 교회가 최권능 목사님으로 말미암아 세워졌다. 수십만 명이 그 최권능 목사님으로 말미암아 예수를 믿었다. 무엇 때문에 "예수천당"이라는 말을 듣고 사람들이 예수를 믿게 되었을까? 아마 이런 생각을 하는 사람도 있을 것이다. "목사님, 그때 세상은 참 어수룩했지요. 그래서 사람들이 좀 단순했기 때문에 그냥 예수천당만 해도 믿었지 지금 세상은 그렇게 안 됩니다." 하지만 나는 그렇다고 생각하지 않는다. 최권능 목사님이 오늘 이 Sydney 한복판에, Ryde 한복판에 오셔서, 저 Strathfield 광장 한복판에 가셔서, "예수천당, 예수천당" 이렇게 하면 온 시드니가 발칵 뒤집어질 것이라고 믿는다. 저 죄악의 거리가 발칵 뒤집어져 버릴 것이다. 왜 그럴까? 최권능 목사님은 짤막하게 "예수천당" 이 한 마디를 외쳤지만, 그 한 마디, 그리고 그 한 마디를 외치는 최권능 목사님 안에 살아있는 예수의 영이 가득했기 때문이다. 피카소가 메모지 한 장에 그린 그림이, 그 피카소의 혼이 들어 있기 때문에, 그 능력이 들어있기 때문에 수천만 원 수억의 가치를 지녔듯이, 최권능 목사님의 짧은 메모와 같은 그런 한마디 "예수천당" 속에도 예수의 영이 살아있기 때문에, 사람들이 그 소리를 들으면 가슴이 찔리고, 회개를 하고, 자복을 하고, 눈물이 나오고 예수를 믿게 되었던 것이다. 다시 말해서 "예수천당"이라는 말, 문자 자체에 어떤 신령한 능력이 있는 것이 아니고, 그 말에 세상의 위대한 논리와 지식이 있는 것이 아니라, 최권능이라는 사람 속에 살아 역사하시는 하나님의 신, 성령의 신, 곧 하나님의 영이 있었기 때문에 그 일이 가능했던 것이다.

한번은 그 최권능 목사님이 신사참배 때문에 감옥에 갇혀서 매를 맞았다. '빠따' 라는 말은 일본 사람에게서 나온 말이다. 영어의 '배트(bat)'를 '빠따' 라 발음했던 것이다. 그런 야구방망이 같은 배트로 최 목사님이 두드려 맞은 것이다. 그런데 이 최권능 목사님이 한 대 맞으면 "예수", 또 한 대 맞으면 "천당"을 외치는 것이었다. 때려도, 때려도 맞을 때마다 "예수천당" "예수천당" 그러니까 일본순사가 우습기도 하고 괘씸하기도 해서 "야! 너는 매를 맞으면 아이쿠 하거나 살려줘 하고 비명을 지르지 않고 왜 '예수' 그리고 '천당' 하느냐" 하고 물어보니까 최권능 목사님이 유명한 말을 했다. "내 속에는 '예수' 하고 '천당' 으로만 가득 차서 입만 벌리면 '예수천당' 이 나옵니다."

사실 이 말이 얼마나 재미있고 위대한 말인지 모른다. 그분의 그 말은 장난이 아니라 진심이었다. 그분 속은 예수로 가득 차있던 것이다. 예수 때문에 감옥에 갔다. 예수 때문에 양반의 족보를 버렸다. 예수 때문에 울고 웃었다. 예수 때문에 수많은 고난을 받았다. 그 속은 예수로 가득 찼다. 우리처럼 돈으로 차고, 자식으로 차고, 자랑으로 차고, 시기로 차고, 원망으로 차지 않았다. 예수로 가득 차 있었다. 예수의 영이 그의 인격과 모든 삶을 지배하고 있었던 것이다. 그러니 그분에게 권능이 있을 수밖에 없었던 것이다. 예수의 권능이, 예수의 영이 그 삶을 통해서 그 사람을 통해서 일어날 수밖에 없었던 것이다. 초대교회는 이처럼 예수의 영으로 충만해서 펄펄 뛰는 살아있는 교회였다.

우리에게도 이런 성령의 충만함, 예수의 영의 충만함, 하나님의 영의 충만함이 있어서, 환란 많고, 풍파 많은 가운데서도 기쁨과 평안을 누릴 수 있기를 소망해본다.

# 가장 잘 사는 법

**돈**도 있고 얼굴도 아름다우며 아직 젊은 한 집사님이 대화 도중에 "어떻게 살아야 싫증도 두려움도 없이 항상 즐겁게 사는 것일까?" 하고 물었다. 그 물음 속에는 돈도 있고, 얼굴도 있고, 젊음도 있어 좋은 것은 다 해 보았지만 그래도 인생이 권태롭고 뭔가 두려움이 항상 따라다닌다는 의미가 들어있다.

싫증도 없고 두려움도 없는 삶이란 사람마다에게 다 다른 것일 수 있다. 그러나 나는 내 나름대로 41년의 삶을 살면서, 그리고 독서를 통해서 다른 사람의 인생과 사상을 보면서 보편적으로 다음 4가지가 갖추어져 있다면 그 삶은 싫증이나 두려움 없이 가장 잘 사는 삶이라는 결론에 이르게 되었다.

첫째는 사랑하는 사람이 있으면 그 사람의 삶은 잘 사는 것이다. 사람이 사랑 받는 것도 행복하지만 더 중요한 것은 사랑해야 행복하다. 누군가에게 자기를 주고 싶고, 보고 싶고, 희생해도 즐겁다면 그 사람은 행복한 사람이다. 그런 애인이 있는 사람은 행복하다. 물론 그 애인이 이성이나 자기 피붙이보다 약자나 병자나 고통 받는 자 같은 먼 곳을 향할수록 그 사랑은 더 높고 거룩한 사랑이 된다. 어떻든 사랑 받지 못하는 사람은 아프다. 그러나 사랑하지 못하는 사람은 병자가 된다. 행복할 수 없다.

　둘째는 하는 일에 보람이 있어야 한다. 사람은 하루 평균 8시간 이상을 일한다고 한다. 인생의 1/3을 일하는 데 쓰고, 깨어 있는 시간의 절반을 일하는 데 쓰고 있다. 그런데 그 일이 고통스럽거나 설사 편하다고 하더라도 아무런 보람이 없다면 커다란 문제가 아닐 수 없다. 할 수만 있다면 보람 있는 일로 인생을 보내야 할 것이다. 물론 그렇게 할 수 없는 사람이 더 많다. 그런데 일이란 의미를 부여하는 철학이 있어야 보람을 느낄 수 있다. 생각의 전환이 필요하다는 말이다. 예를 들어 매일 남의 집 마당을 쓰는 일을 하는 사람은 거의 아무런 보람을 느낄 수 없다고 할 것이다. 그러나 남의 집 마당을 쓸어도 "지구의 한 모퉁이를 쓰는 마음"이라면 보람이 생긴다는 것이다. 세계 어느 나라에서나 가장 보람 있고 중요한 직업으로 교사를 꼽는다. 그러나 실제 많은 교사들은 그렇게 느끼지 않고 있다. 그것은 그 교사의 생각, 즉 철학의 문제다. 일을 바꾸기보다도 철학을 바꾸는 것이 더 중요하다.

　셋째는 진실이 있어야 한다. 진실은 모든 삶의 기초다. 진실이 없으면 모든 것이 무너지고 만다. 그래서 진실이 없는 자는 불안하다. 겉으로는 큰 소리를 쳐도 속에는 아무 힘이 없다. 또한 진실이 없으면 아름답지 못하다. 인생이 추한 것은 외모가 못 생겨서나, 가난해서가 아니라 진실하지 못해서이다. 진실하지 못한 사람에게는 아부하는 사람은 있어도 친구는 없다. 쾌락은 있어도 사랑은 없다. 세네카는 말했다. "인생의 불안의 절반은 욕심 때문이며, 나머지 절반은 진실하지 못했기 때문이다."라고.

　마지막 네 번째로 죽음의 문제를 해결해야 잘 살 수 있다. 공자가 말한 "아침에 도를 안다면 저녁에 죽어도 한이 없겠다."란 말은 정말 절박한 말이다. 인생의 가장 중요한 문제는 영원으로 가는 인생의 길을 아는 것이다. 이 영원으로 가는 길을 알지 못하면, 무슨 일을 하든지 허무와 두려움이 그 뒤를 따라다닌다. 그래서 이 문제를 제쳐두고서는 진정한 행복이나 즐거움이 있을 수 없다. 지혜로운 자일수록 더욱 그러하다. 그래서 이 죽음에 대한 많은 견해가 있다. 어떤 사람은 죽으면 끝이라고 생각하기도 하고, 어떤 사람은 죽으면 다시 윤회한다고 하며, 어떤 사람은 혼이 구천을 헤맨다고도 한다. 기독교는 죽어서 부활한다고 한다. 즉 번데기에서 나방이 나오듯이 새로운 양식(樣式)으로 존재한다는 것이다. 그 새로운 양식의 환경은 천국과 지옥이다. 물론 이 죽음에 대한 문제는 신념적이고, 신앙적인 문제다. 그런데 그 신념이나 신앙은 내 인생의 사건과 현실에 절대적 영향을 미친다. 그래서 이 신념과 신앙은 과학보다도 더 중요하다.

나는 예수가 죽었다가 다시 살아남을 믿는다. 이것이 나에게는 신념일 뿐 아니라 증거도 있다. 그래서 나는 신념을 넘어서 신앙을 가졌다. 그리고 이것은 나를 잘 살게 하는 가장 큰 근거로 작용하고 있다. 사실 나는 때로 남을 사랑하지 못할 때도 있고, 하는 일에 보람을 느끼지 못할 때도 있으며, 거짓말 할 때도 많다. 그러나 이 죽음의 문제만은 예외가 없다. 객관적 사실이기 때문이다.

그리고 무엇보다도 내가 앞의 3가지를 그래도 어느 정도 해나갈 수 있는 것은 다름 아닌 이 죽음의 문제를 해결했기 때문이다. 죽음은 누구에게나 아프고 슬프다. 그러나 예수의 부활을 믿는 자에게 그것은 더 이상 두려움이 아니다.

한 번뿐인 인생, 잘 살아야 한다. 그것은 사랑하는 것이요, 보람 있는 일을 하는 것이요, 진실한 것이다. 그리고 무엇보다도 죽음의 문제를 해결하는 것이다. 그런 인생에는 권태가 없고 허무나 불안을 이길 수 있다.

# 나를 지배하는 것이 무엇인가?

고려조 인종 3년 삼월 삼짇날, 조정의 고관 임원후의 집에 경사가 났다. 방면 17세의 꽃 같은 딸이 시집을 가는 날이었다. 신랑은 평장사라는 버슬을 살고 있는 김일규의 외동아들이었다. 그는 일찍이 소년등과 하여 벌써 조정에 출입하고 있었던 김지효라는 청년이었다.

신랑이 결혼식을 올리기 위해서 신부집에 도착한다. 그런데 이때 해괴한 일이 일어났다. 신부가 아무런 까닭도 없이 갑자기 식물인간이 되고 만 것이다. 명의란 명의는 다 데려다가 진찰을 해보아도 신부의 사지는 마비되어 꼼짝하지 않았다. 일이 이렇게 되고 보니 양가는 왈가왈부 말을 주고받다가 결국 이 혼사를 없었던 일로 하고 파혼을 한다. 그런데 왜 이런 일이 일어났을까?

그 비밀은 규수의 외조부 이위라는 사람이 17년 전에 꾼 꿈에 숨겨져 있었다. 규수가 태어날 때 외조부 이위가 꿈을 꾸었다. 그의 꿈에 한 사내가 나타나서 아기를 안아 가려고 했다. 그러자 아기는 자지러지게 울면서 반항을 했다. 그 순간 갑자기 하늘에 오색구름이 뜨고 용이 내려오더니 어린아이를 휩싸 안고 가는 것이었다.

당시 용은 왕을 상징하는 것이었다. 규수는 어릴 적부터 이 꿈 이야기를 귀에 못이 박히도록 들었다. 그러는 사이 그녀는 자신도 모르게 "나는 왕의 아내가 될 사람이다."라는 무의식을 형성하였던 것이다. 그 무의식이 결혼식 순간에 결정적인 심리기제로 나타나서 그녀를 식물인간으로 만든 것이었다. 그리고 상황이 바뀌자 그녀는 거짓말처럼 곧바로 회복되어 정상의 몸으로 돌아왔다. 그런데 더욱 놀라운 것은 정말로 일 년 후에 그녀가 인종의 아내가 되었다는 것이다. 그가 바로 역사에 공예태후라고 이름을 남긴 사람이다.  이것은 내가 얼마 전에 읽은 글 가운데서 인용한 것이다. 우리는 이 고려사기에 기록된 역사의 에피소드에서 인간이 지닌 무의식의 단면을 보게 된다. 사실 최면술 같은 것도 이런 무의식의 힘을 이용하는 것이다. 사람에게는 '나'라고 생각하는 '나' 외에 또 다른 '내'가 내 속에 자리하고 있다는 것을 알 수 있다. 그 '내가 잘 모르는 나'는 '내가 알고 있는 나'보다 훨씬 더 크고 기이한 능력을 가졌다. 심리학에서는 이 무의식을 어떤 결정적인 순간에 나타나는 '본심'이라고 말한다.

어떤 사람이 친구의 결혼식에서 사회를 맡았다. 인사말에서 그는 "이 결혼을 진심으로 축하합니다."라고 말해야 했는데 실제로는 "이 결혼을 진심으로 슬퍼합니다."라는 말이 자기도 모르게 튀어나와 버렸다는 것이다. 겉으로 보면 무심코 실수를 한 것 같지만, 심리적 분석 상으로는 사실은 그 친구는 신부를 사랑하고 있었던 것이라는 추정이 나온다. 나는 찬송할 때 이상한 버릇이 있는데 예배가 즐겁고 성령이 충만할 때면 불렀던 절을 나도 모르게 다시 반복하고, 예배가 힘이 들면 절을 빼고 부르는 경우가 자주 있다. 이것은 무의식의 작용인 것이다.

그런데 이 무의식은 어렸을 때에 가장 깊게 새겨진다고 한다. 마치 흰 도화지에 맨 먼저 그린 그림이 가장 선명하듯이, 사람의 무의식에도 수많은 그림들이 그려지는데 맨 처음 그려진 기억들과 경험들이 하나도 없어지지 않고 무의식에 저장되어 있다가 어느 중요하고 진실한 순간 튀어나온다는 것이다.

그러면 이 무의식을 어떻게 조절하면 변화를 줄 수 있을까? 심리학이나 정신의학이 그 문제를 다루고 있지만, 사실 무의식을 조절하는 데에 뾰족한 방법이 없다는 것이 현대의 정신의학이나 심리학의 대답이다. 그러나 성경은 이렇게 말하고 있다. "하나님의 말씀은 살아 있고, 운동력이 있어 좌우에 날선 어떤 검보다 예리하여 혼과 영과 및 관절과 골수를 찔러 쪼개기까지 하며 또 그 마음의 생각과 뜻을 감찰하나니(히브리서 4:1)"

예수를 오래 믿어도 성경을 한 권의 거룩한 책 정도로만 알 뿐, 그 이상에 대해서는 아무 체험도 없는 신자들이 많다. 성경은 책이 아니라 하나님의 말씀이시다. 그러므로 성경을 편다는 것은 살아 계신 하나님을 만나는 것을 의미한다. 하나님의 말씀을 가까이 하는 사람은 하나님을 경험할 수 있다. 우리의 육체 중에서 보이지 않는 부분인 관절과 골수를 찔러 쪼개는 것처럼 하나님의 말씀은 우리의 육안으로 보이지 않는 영혼의 깊은 곳까지 들어가서 고칠 부분은 고치시고 싸매야 될 부분은 싸매어 주신다는 것이다.

하나님의 영이 하나님의 말씀을 가까이 하고 사는 영혼들의 마음의 생각과 삶을 지배한다. 영적으로 어둡고 정신적으로 더러운 것들이 나의 마음과 생각을 지배하게 할 수 없다. 그렇게 되면 우리의 삶은 산다는 것 자체가 고통스럽게 느껴질 것이다. 하나님의 말씀은 우리에게 진정한 행복과 평안을 준다. 예수님은 말씀하신다. "평안을 너희에게 끼치노니 곧 나의 평안을 너희에게 주노라 내가 너희에게 주는 것은 세상이 주는 것 같지 아니 하니라 너희는 마음에 근심도 말고 두려워하지도 말라(요한복음 14:27)"

그리스도의 평강이 당신의 마음을 지배하게 하라!

# 나는 영원 속에서 산다

우리나라 천문학자들이 새 은하계를 발견했다고 한다. 지금까지 알려진 바에 따르면 지구에서 가장 가까운 은하계는 7만 8천 광년 떨어진 것이었는데, 이번에 발견된 것은 1만 5천 광년밖에 떨어지지 않은 것이라고 한다. 이런 숫자가 얼마만큼 먼 것인지 실감은 안 가지만 우리가 마음껏 상상을 해도 다 할 수 없을 만큼 상상을 초월한 크기다.

이 우주가 얼마나 넓은가! 새로 개발한 허블(Hubble) 천체망원경으로 관찰한 결과, 1백억 개로 추정되었던 우주의 은하수가 5백억 개로 확인되었다고 하니, 더 성능이 좋은 망원경을 개발한다면 그야말로 무한대적인 우주를 발견하게 될 것이다. 우리가 보는 태양은 우주의 5백억 개의 태양 중에 하나에 불과하다. 그러니 인간이 무엇을 안다고 하는 것은 넓은 바닷가의 모래알 하나를 아는 것만큼도 안 된다. 이런 광대한 우주 앞에서 인간은 숙연해질 수밖에 없다. 그래서 천문학자들 중에 하나님을 믿는 사람들이 많다고 한다. 창조주 하나님을 예배하는 것은 어떤 신념이라고 할 수도 있지만, 사실 겸손하기만 하다면 신의 존재는 너무나 당연한 것이다.

요즘 각 나라의 대도시에서는 대기오염이 심해서 별을 보기 어렵지만 그래도 우리가 사는 이 시드니는 아직은 밤하늘에서 맑은 별을 볼 수 있다. 또한 요즈음 같은 날에는 높고 높은 파란 하늘도 볼 수가 있다. 하늘을 바라다보면서 사는 것은 정신과 육체의 건강을 위해서 매우 필요한 일이다. 그런데도 우리는 '언제 하늘을 보았지?' 하는 생각을 하며 살만큼 참으로 바쁘게 살아간다.

어떤 아이가 어느 날 땅에서 금화 하나를 주었다. 그 날부터 이 아이는 길을 걸을 때 땅만 보고 걸었다. 학교에 가나 소풍을 가나 어디를 가든지 땅만 쳐다보고 걸었다. 물론 땅에서 동전이나 핀 같은 것을 상당히 주었다. 그러나 이 아이는 결국 허리가 굽고 눈이 지독하게 나쁜 거지가 되고 말았다. 이 아이는 땅만 보느라고 정말 보아야할 귀중한 것을 보지 못한 것이다. 이 이야기에는 귀중한 교훈이 담겨 있다. 사람의 눈이 땅에 떨어진 것을 줍기 위해서만 필요하다면, 아마도 엄지발가락 끝에 눈이 달렸으면 좋았을 것이다. 그러나 하나님은 눈의 위치를 몸의 위쪽에 두셨다. 멀리 보고 높게 보라는 뜻일 것이다. 사람의 시선의 높이에 따라 그 사는 태도와 삶의 수준이 달라진다. 좁은 세계에서 남보다 조금 더 가지려고 아귀다툼을 하거나 남을 중상모략하고 감정에 싸여 자신의 마음을 쓰레기장으로 만드는 것은 유치하고 불쌍한 짓이다.

광대한 우주를 바라보며 나는 다시 한 번 영원을 생각한다. 솔직히 내가 하나님을 믿는 가장 큰 이유는 영원한 생명을 얻기 위해서라고 말할 수 있다. 만약 이 세상만을 생각한다면 나는 허무해서 견딜 수가 없다. 그래서 영원을 갈망한다. 나는 나의 아픔은 거의가 과거 때문이고, 나의 불안은 미래 때문인 것을 알았다. 그런데 영원은 과거도 미래도 없다. 인간의 시간이 삼켜진 것이 영원인 것이다. 그러므로 거기에는 고통도 불안도 있을 수 없다.

예수의 "나는 부활이요 생명이니 나를 믿는 자는 영원히 죽지 아니하리라."는 말씀은 영원에 대한 선포다. 예수를 따라가는 자는 그의 생명 속에 들어가 영원을 살게 되는 것이다. 나는 광대한 우주를 바라다보면서 교만과 거짓을 다 털고 창조자 하나님 앞에 무릎을 꿇는다. 누가 나의 마음을 다 들어줄 수 있을까? 누가 나를 다 이해해 줄 수 있을까? 누가 나의 상처와 부끄러움을 다 받아줄 수 있을까? 어려서는 부모님이라고 생각했지만 아니었다. 부모님이 나의 태양이 아니었다. 조금 더 나이가 들어서는 사랑하는 여자일 것이라고 생각했지만 그것도 아니었다. 영원하신 하나님이었다. 그분은 나의 부끄러운 죄를 들으시고도 실망하시지 않으신다. 그분은 나의 상처를 보시고도 낙심하지 않으신다. 그분에게는 죄나 상처가 별것이 아니었다. 그분은 영원한 분이시기 때문이다. 영원 앞에 나의 죄와 아픔이 도대체 무슨 의미가 있다는 것인가!

오직 하나의 문제는 영원 속에서 사느냐, 아니면 순간 속에서 사느냐는 것뿐이다. 나는 영원 속에서 산다. 그래서 죄가 있고 시련이 있어도 죄책감과 허무에 빠지지 않는다. 그래서 나는 평화롭다.

# 나는 날마다 죽노라

항상 겨울엔 봄을 기다린다. 어떤 노래의 가사인 "Come Spring, Come Spring!"을 중얼거리면서 죄 많고 아쉬웠던 겨울을 보내곤 했다. 9월에는 다시 하리라, 봄에는 후회하지 않으리라 다짐을 하면서 봄을 기다리는 것이다.

생각해보면 사람의 생애는 언제나 무엇인가를 기다리며 사는 생활인 것 같다. 어려서는 밖에 나가셨던 어머니가 돌아오시기를 기다리고, 조금 나이가 들어서는 애인을 기다리고, 졸업을 기다리고, 결혼하고 나서는 자식이 크기를 기다리며, 늙을 때까지 누군가가 그리고 무엇인가가 나에게 다가옴을 느끼며 기대와 불안 속에서 일평생을 기다림으로 채워가는 것이다. 인간의 삶을 한 마디로 '기다림'이라 할 수 있겠다.

나의 짧은 인생체험으로 볼 때, 기다림에는 두 종류가 있는데, 하나는 준비된 상태에서 누가 오거나 어떤 사건이 일어나는 것이고, 다른 하나는 준비되지 못한 상태에서 사람과 사건이 다가온 경우이다. 그런데 이 두 종류의 사이에는 커다란 차이가 있음을 알게 된다. 준비하고 맞선을 보러 나간 사람과 그렇지 못한 사람의 차이처럼 말이다. 기다림이 아름다운 열매를 맺기 위해서는 준비를 갖춘 기다림이 더 낫다고 생각한다.

시인 윌리암즈는 "집필을 위해서 1년에 얼마만큼의 시간을 소모하느냐?"는 질문을 받고 "쓰는 시간은 6일 정도지만 사실은 1년 내내 그 6일간을 위해서 몸부림한다."고 대답했다. 윌리암즈는 6일간 쓸 분량을 위해서 남은 299일을 준비한다는 것이다. 따라서 훌륭한 작가란 삶 전체가 작품을 준비하기 위한 삶이라고 할 수 있고, 명작이란 그렇게 탄생한 인고의 열매인 것이다.

우리가 인생을 살면서 여러 가지 많은 준비를 해야 하는데, 가장 중요한 것은 죽음에 대한 준비다. 인간은 죽음을 향하여 한 발자국씩 다가가고 있으며, 또한 내가 죽는다는 것을 미리 알고 있는 유일한 동물이기도 하다. 어떤 사람은 인간이 죽음을 안다는 것을 불행으로 생각하기도 하지만, 나는 죽음을 안다는 것은 인간이 하나님께로부터 받은 최고의 축복이라고 생각한다. 왜냐하면 내가 죽는다는 것을 알기 때문에 철저한 준비의 삶이 가능하고, 그것이 나의 삶을 바르고 보람되게 살도록 채찍질하기 때문이다.

몽테뉴는 그의 수상록에서 "인간생애의 목적은 죽음이다. 그래서 사람이 죽음을 멀리하거나 잊어버리려 하는 것은 산다는 목적을 잃어버리는 어리석음이다."고 했다. 사실 신앙도 죽음을 알기에 더 철저해지고, 소망도 죽음의 제한을 받기에 더 고귀하며, 사랑도 죽음이란 이별을 알기 때문에 더욱 충실해지는 것이다. 그러나 사람은 기계적으로 반복되는 일상의 생활 속에서 죽음의 중요성을 잊고 살기가 쉽다. 남의 죽음을 수없이 보고 급작스러운 죽음도 많이 듣고 있지만, 그것이 자기의 문제라고 생각하고 자신의 죽음을 미리 준비하는 사람은 많지 않은 것 같다. 그런데 바로 이것이 인간이 생을 마감하면서 가장 후회하는 일 중에 하나인 것이다.

바울은 "나는 날마다 죽노라"고 고백했다(고전 15:31). 그는 죽음을 미래의 막연한 사건으로 인식하지 않고, 오늘의 사건으로, 그리고 순간마다의 사건으로 인식했다. 누구든지 죽음을 오늘의 사건으로 인식하고 산다면 그 사람의 삶은 엄청나게 달라질 것이다. 죽음 앞에 선 사람은 거짓이 없다. 헛된 욕심을 부리지 않는다. 겸손하고 착하다. 모든 것을 용서하고 이해한다. 그리고 무엇보다도 그 사람은 영원 앞에서 인생의 남은 시간을 정리하는 마음으로 성실한 삶을 살게 될 것이다.

나는 비로소 40대에 이르러서야 내 삶의 태도를 바울의 말처럼 "날마다 죽노라"로 정하고 새벽마다 묵상하고 다짐한다. 그런데 이처럼 귀한 말씀을 깨닫고, 소위 주님의 종이라 불리는 목사이면서도 순간의 헛된 유혹에 빠져 욕심 부리고 미워하고 위선적인 삶을 살 때가 더 많다. 바울이 날마다 죽었다면, 나 같은 사람은 매 시간마다 죽어야 할 것이다. 필요하다면 매 시간이 아니라 매 분, 매 초라도 죽으리라.

"형제들아 내가 그리스도 예수 우리 주 안에서
가진 바 너희에게 대한 나의 자랑을 두고 단언하노니
나는 날마다 죽노라"
(고린도전서 15:31)

# 천사와 악마

나는 대학에서 심리학을 가르치는 신앙 깊은 친구와 진지한 대화를 나눈 적이 있었다. 그때 나는 그에게 나의 고민 중의 하나인 목사의 양면성을 이야기했다. 그 양면성이 위선처럼 느껴져, 내게 깊은 고민이 된다는 이야기였다. 그런 나의 말을 들은 그 친구는 단호하게 이렇게 말했다.

"그것은 당연한 거야. 사람은 누구나 예외 없이 다 위선적이라고. 생각해 봐. 만약 결혼한 남자가 어떤 여자를 보고 순간 사귀고 싶다는 생각이 일어났는데 솔직하게 다가가서 나는 당신하고 진지하게 사귀고 싶다는 생각이 일어난다고 말해야 될까? 그럴 때는 그것을 숨기는 것이 덕이 아닐까?"

그러면서 그는 이런 이야기를 들려주었다.

어렸을 때 목사가 되고자 하는 사람이 있었다. 그래서 몰래 교회에 들어가 강단에 서서 목사흉내를 내며 설교를 했다. 그는 노래에도 천부적인 자질이 있어서 교회의 합창단에서 솔로로도 활동하였으며 오페라를 보고는 거의 그대로 노래와 연기를 해서 배우로도 뛰어난 자질이 있었다고 한다. 그는 철학, 역사, 정치 등 각 방면의 책을 즐겨 읽었으며 재능 또한 대단했다. 그가 군대에 있을 때 참호 속으로 전쟁 통에 버려진 병든 강아지 한 마리가 뛰어들어 왔는데 그는 그 강아지를 돌보아주며 좋은 친구가 되었다. 그러던 어느 날 강아지가 죽자 그는 슬픔에 잠겨 며칠 동안을 밥도 먹지 않았다. 그는 사람에게는 물론 짐승에게도 해를 가할 수 있는 성격이 추호도 없는 사람 같았다. 특히 그는 가난한 사람들이나 병든 사람들에 대한 관심과 애정이 남달랐다. 부활절이 되면 월급을 몽땅 털어서 달걀을 사가지고 가난한 사람들이나 소외된 사람들을 찾아가는 것이 그의 부활절 연중행사였다. 그는 늘 노동자 편이 되어서 인권과 평등을 외쳤기 때문에 노동자들에게 인기가 대단했다.

이쯤 되면 이제 이 사람이 누구일까 알고 싶을 것이다. 그런데 그 이름을 들으면 대부분의 사람들은 깜짝 놀랄 것이다. 그 이름이 그토록 악명 높은 아돌프 히틀러이기 때문이다. 히틀러는 아마도 이 지구상에서 태어난 인간 중에 가장 잔인하고 악마적인 사람으로 기억될 것이다. 그런데 그의 삶 가운데 이런 의로운 생활이 한 부분을 차지한다는 것이 놀랍지 않을 수 없다.

그 친구는 말했다. '인간'에 대해서 잘 연구하고 나서 보면 앞의 예가 별로 놀랄 일이 아니라고 말이다. 사람은 누구든지 양면성이 있고 더구나 사람은 변한다는 것이다. 나는 친구에게 물었다. 그러면 우리는 누구를 믿어야 하고 어떻게 사람이 서로 신뢰하고 살 수 있는지.

그에 대해서 그는 다시 이런 이야기를 꺼냈다.

한 랍비가 있었는데 그가 제자에게 물었다. "아무도 보지 않는 길에서 돈이 아주 많이 들어있는 지갑을 주었는데 어떻게 하겠느냐?" 제자가 대답했다. "선생님, 저는 아이들도 많고 가난합니다. 그래서 솔직히 그 돈을 하나님이 주시는 선물로 알고 잘 쓰겠습니다." 그에 대해서 랍비가 말했다. "그대는 도둑이다." 랍비는 똑같은 질문을 다음 제자에게 물었다. 그 제자가 말했다. "저는 그 돈을 즉시 돌려주겠습니다." 랍비가 말했다. "그대는 바보다." 다시 랍비는 세 번째 제자에게 똑같은 질문을 했

다. 세 번째 제자가 말했다. "저는 그 돈을 주인에게 돌려주어야 한다는
것도 알고 있으며 그 돈을 잘 쓰면 제 인생에 커다란 보탬이 된다는 것도
알고 있습니다. 그런데 저는 제가 얼마나 약한 인간인 것을 경험했기에
무어라고 대답할 수는 없습니다. 다만 확실한 것은 저는 그런 돈을 줍게
되면 크게 고민을 하게 될 것입니다. 그래서 저는 오직 하나님의 은총을
의지할 뿐입니다." 그러자 랍비는 세 번째 제자에게 칭찬을 했다. "그대
의 답이 옳은 답이다."라고.

친구는 웃으면서 나에게 결론처럼 말했다. "그렇게 오직 주님의 은총
에 의지해서 살게."

참으로 귀한 말이다. 내 속에도 악마와 같은 부분이 도사리고 있는데
결국은 하나님의 은총으로 천사의 모습을 가지고 살아가고 있다는 것이
다. 그 말이 맞는 것 같다. 나 같은 사람이 감히 거룩한 척 목사직을 맡아
애를 쓰고 있다. 오직 주님의 은총으로….


"내 지체 속에서 한 다른 법이 내 마음의 법과 싸워
내 지체 속에 있는 죄의 법 아래로
나를 사로잡아 오는 것을 보는도다
오호라 나는 곤고한 사람이로다
이 사망의 몸에서 누가 나를 건져내랴
우리 주 예수 그리스도로 말미암아 하나님께 감사하리로다"
(로마서 7:23-25)

# 운명의 변화를 바라십니까?

**한** 사람의 운명을 규정하는 데는 여러 가지 요인들이 작용한다. 유전적인 요인과 환경적인 요인과 자기 의지적인 요인들이 작용한다고 하겠다. 그 여러 가지 요인들 중 한 사람의 운명을 규정하는 가장 중요한 요인은 자기 의지적인 요인, 특히 자기 자신의 성격 또는 기질이라고 나는 생각한다.

나는 '운명'을, 한 사람이 사는 '삶의 스타일'이라고 간단히 정의하고 싶다. 내세에까지 이어지는 현세를 사는, 한 사람의 삶의 스타일을 나는 그의 운명이라고 말하고 싶다. 박정희 대통령이 심각하고 엄격하고 강인하고 무자비하게 살았다면 그와 같은 그의 삶의 스타일이 그의 운명이었다고 정의할 수 있을 것이다. 전두환 대통령이 돌 같이 불도저 같이 막 밀어붙이며 무식하게 살았다면 그와 같은 그의 스타일이 바로 그의 운명이었다고 정의할 수 있을 것이다. 김영삼 대통령이 융통성 없이 독선적으로 무책임하게 살았다면 그와 같은 그의 삶의 스타일이 바로 그의 운명이었다고 말할 수 있을 것이다. 어떤 사람이 한평생을 심각하고 우울하게 살았다면 그것이 바로 그 사람의 운명이고, 어떤 사람이 한평생을 느긋하고 여유 있고 즐겁게 살았다면 그것이 바로 그 사람의 운명이었다고 말할 수 있을 것이다.

나는 나의 운명을 규정한 나의 성격적 요인들을 살펴본다. 야곱같이 이기적인 성격이 나의 속 깊이 작용하고 있다. 또한 나의 성격 가운데는 모험을 좋아하는 못 말리는 성격도 유유히 흐르고 있다. 그래서 나는 고작 10살의 나이였을 때, 혼자 낚시가방을 메고 당시 내가 살던 상도동에서부터 안양까지 캄캄한 새벽에 출발하는 시외버스를 타고 가서, 그곳에서 경기도 이곳저곳을 뛰어 다니며 낚시터의 강태공 아저씨들을 놀라게 했던 적도 있었다. 그리고 나의 삶 전부에는 '영 몰라 통 몰라'의 건망증이 흐르고 있다. 그래서 나는 때로는 욕을 먹으면서도 쉽게 잊어버리고 어떤 문제를 별로 심각하게 여기지 않으며 여유 있게 살아오고 있는지도 모른다.

문제는 이것이다. 한 사람의 운명을 그의 성격이나 기질에 내어 맡기고 그것의 지배를 받으며 한평생을 살아야 한다는 것인가? 대부분의 경우 사람들은 그렇게 한평생을 사는 것 같다. 속이기 좋아하는 이중적 성격을 타고 난 사람은 한평생을 남을 속이면서 이중적으로 사는 것 같고, 다투는 성격을 타고 난 사람은 한평생을 다투면서 사는 것 같다. 또 무질서하고 불친절한 성격을 타고 난 사람은 한평생을 무질서하고 불친절하게 살고, 게으른 사람은 한평생 게으르게 산다. 대부분의 경우, 무덤에 갈 때까지 자기 성격에 따라 한평생의 운명을 짊어지고 가는 것 같다.

그러나 여기에 예외는 있다. 성격의 변화와 그에 따른 운명의 변화가 있다. 그것은 어떤 충격적 감동과 꾸준한 훈련에서 온다. 나는 이기적인 본능적 습관을 신앙적 감동과 꾸준한 훈련으로 조금씩 고쳐 가고 있다. 나는 대인관계에 있어서 상대방을 피하고 가급적이면 혼자 있는 시간을 즐겼는데 이민생활 중 신앙적 감동과 꾸준한 훈련으로 사람 만나기를 좋아하고 사람 돕기를 좋아하는 성격으로 차츰 바뀌어 갔다. 그래서 본래적인 나의 성격과 다른 적극적인 성격을 차츰 지니게 되었다. 적극적인 스타일의 삶을 사는 다른 운명을 지니게 된 것이다.

성경은 한 사람의 성격이나 기질이 변화될 수 있고, 그에 따라 그의
운명이 변화될 수 있음을 보여준다. 야곱이 이스라엘로 바꾸어지고 시몬
이 게바 또는 베드로로 바꾸어지며 사울이 바울로 바뀌는 것을 보여 준
다. 부정축재하며 산 세리장 마태가 예수님을 만남으로써 남을 돕고 구
원의 복음을 전파하는 복음서의 저자로 변화되었다. 우리의 성격이 우리
의 운명을 지배하고 있는 것이다.

그러므로 우리의 성격의 변화가 일어남으로 운명의 변화가 일어나야
한다. 성격의 변화는 먼저 내가 나의 타고난 성격의 잘못을 솔직하고 과
감하게 인정하고 시인하는 데 있다. 그 다음 철저한 신앙적 감동을 받아
야 한다. 성령의 감동을 받아야 한다. 철저한 신앙적 감동은 성격을 변화
시킨다. 그 다음 꾸준한 훈련이 따라야 한다. 거듭된 훈련은 성격을 변화
시킨다. 그리고 마침내 나의 운명을 변화시킬 것이다.


"모든 성경은 하나님의 감동으로 된 것으로
교훈과 책망과 바르게 함과 의로 교육하기에 유익하니
이는 하나님의 사람으로 온전케 하며
모든 선한 일을 행하기에 온전케 하려 함이니라"
(디모데후서 3:16-17)

# Chronos and Chiros

유명한 벤자민 프랭클린이 젊은 시절에 서점을 경영하고 있었다. 어떤 손님 하나가 책을 이것저것 뒤적이다가 책 한 권을 골라 책값을 물었다. 책값은 책에 쓰여 있었는데 책값을 묻는 것이었다. 프랭클린은 책에 써진 대로 1달러라고 말했다. 그런데 손님은 또 한참 책을 뒤적이다가 다시 물었다. "이 책을 좀 싸게 주시지요. 얼마 정도 깎아주실 수 있습니까?" 그러자 프랭클린은 대답했다. "1달러 25센트입니다." "아니, 깎아달라는데 지금 값을 더 부르는 것입니까?" 프랭클린은 빙그레 웃으면서 다시 대답했다. "이제 그 책값은 1달러 50센트가 되었습니다." 그러자 기분 나쁘다는 듯이 항의하는 손님에게 프랭클린은 이렇게 대답했다. "손님, 시간은 돈보다 귀한 것입니다. 그런데 손님께서는 자꾸만 정해진 가격을 깎자니까, 제가 팔 수 없다는 뜻과 동시에 시간이 귀하다는 것을 알려드리기 위해서 그런 것입니다."

그렇다. 시간은 돈보다도 귀하다. 이것은 죽음을 눈앞에 둔 사람들이 더욱 절실하게 느끼는 것이다. 그러나 평소에는 이것을 자각하면서 살기가 쉽지 않다. 성경은 시간을 돈이 아니라, 생명이라고 말하고 있다. 그러기에 성경에는 시간을 아끼라고 말하고 있다.

이 생명과 같은 시간에는 몇 가지 특징이 있다.

첫째는 시간은 공평하다는 것이다. 세상에는 좋은 집에 사는 사람, 나쁜 집에 사는 사람, 잘난 사람, 못난 사람이 있다. 주어진 환경은 사람마다 다 똑같지 않다. 하지만 시간만은 누구에게나 공평하다. 거지에게 한 시간은 왕에게도 한 시간일 뿐이다.

둘째로 시간에도 물리적인 시간과 심리적인 시간이 있다는 것이다. 물리적인 시간은 같은 양이지만 심리적인 시간은 같지 않다. 기다리는 사람에게는 시간이 느리지만 두려워하는 사람에게는 시간이 빠르다. 비탄에 빠진 사람에게는 시간이 길지만 기뻐하는 사람에게는 시간이 짧다. 성경 말씀대로 심리적인 면에 따라 하루가 천년 같을 수도 있고, 천년이 하루 같을 수도 있다.

세 번째로 시간은 철학적이라는 것이다. 아우구스티누스의 시간에 대한 철학은 유명하다. 그는 "시간에 과거, 현재, 미래가 있다는 말은 타당하지 않다. 시간이란 과거에 속한 현재가 있고, 미래에 속한 현재가 있을 뿐이다." 라고 했다. 그렇다. 우리는 현재에 산다. 그런데 이 시간을 과거에 예속된 것으로 쓰느냐, 아니면 미래에 예속된 것으로 오늘을 보내고 있느냐에 따라 다른 것이다. 아마 후회하는 시간, 원망하는 시간은 과거에 예속된 시간이겠고, 계획하는 시간, 도전하는 시간은 미래에 예속된 시간일 것이다.

마지막으로 시간의 특성 중 중요한 것이 시간은 단회적이며 종말론적이란 것이다. 엄격히 말해서 시간은 반복이 없다. 똑같이 보이는 강이지만, 흐르는 물은 다시 돌아오지 않는 것과 같다. 계속 시간은 새로운 것이며 또한 동시에 그 시간이 마른다는 것이다. 그것은 우리의 육체적 감각으로도 시간의 종말이 오지만 물리적인 것에서도 시간의 종말은 온다는 것이다. 우리에게 주어졌던 시간이 흘러서 마침내 끝을 보고야 말 것이다. 그래서 인간다운 삶을 살려면 무엇보다도 시간을 잘 관리해야 한다.

우리는 안타깝게도 때로 시간을 빼앗길 때가 있다. 누가 내 재산에 손해를 끼쳤다고 하자. 그 사람은 나에게 고통을 주고 멀리 가버렸다. 그런데 그 사람을 내가 미워하고 있다. 그래서 아무 일도 손에 잡히지 않는다고 하자. 그러면 나는 그 사람에게 재산만 빼앗긴 것이 아니라, 내 시간까지 빼앗긴 것이다. 누가 나를, 내 사랑을 배반했다고 하자. 그래서 내가 그 사람을 미워하고 있는 한, 나는 그 사람에게 사랑만 빼앗긴 것이 아니라, 시간까지 빼앗기고 있는 것이다. 걱정하고, 근심하고, 미워하고, 시기하고, 질투하고, 욕심 부리는 시간은 다 빼앗긴 시간인 것이다.

그러면 어떻게 시간을 잘 관리 할 수 있을까? 무엇보다 먼저 시간에는 두 가지 종류의 시간이 있음을 알아야 한다. 하나는 Chronos의 시간이고, 다른 하나는 Chiros의 시간이다. 헬라어로 크로노스란 하나님과 전혀 관계없는 자신만을 위하는 시간을 뜻하고, 카이로스는 하나님과 관계있는 시간을 말한다. 카이로스는 다시 말해 하나님 안에서 이루어지는 창조적인 시간이라 할 수 있다. 예수님은 서른 셋에 육신의 죽음을 당하셨다. 그러나 그의 시간은 하나도 남김없이 하나님께 바쳐졌다. 왜냐하면 그분은 인간의 몸을 입고 이 땅에 오셔서 십자가를 지시기까지 늘 하나님과 함께 하는 시간을 가지셨기 때문이다. 다시 말해서 예수님은 언제나 카이로스의 시간을 사셨다. 그래서 그는 100세를 넘은 사람보다도 값있고 아름다웠던 것이다. 우리가 이처럼 하나님과 함께 하는 귀중한 시간을 갖고자 노력한다면 결국 우리는 시간을 잘 관리 할 수 있게 될 것이다.

에베소서 5장 15절은 말한다. "세월을 아끼라. 때가 악하니라." 이 말의 원래 뜻은 "주어진 시간 동안 최선을 다해 카이로스의 시간을 살라."는 의미다. 한 가지 일에 집중하라.

월남 전투가 한창 때의 일화다. 네 명의 미군이 지프차를 타고 매우 좁은 길을 달리고 있었다. 그런데 도중에 길가에 매복하고 있던 베트콩들이 습격을 해왔다. 급히 상황을 보니 앞으로 계속 달리다가는 차가 총알에 벌집이 될 수밖에 없고, 그렇다고 길이 좁아 차를 돌릴 수도 없는 형편이었다. 이때 생사를 앞에 둔 네 명의 미군은 차에서 뛰어내려 누가 먼저랄 것도 없이 지프차의 네 모퉁이를 한 사람씩 붙들고는 불끈 들어서 차를 돌려놓았다. 그리고는 쏜살같이 왔던 방향으로 다시 돌아갔다.

그런데 부대에 돌아와서 이 이야기를 하자 사람들이 이 사실을 믿지 않는 것이었다. 어떻게 네 사람이 중무장을 한 지프차를 들어 올릴 수 있냐는 것이었다. 그러나 이 일을 직접 경험한 사람들은 도리어 자기들을 비웃는 사람들이 어이가 없었다. 그래서 그 사실을 증명하기 위해서 여럿이 있는 곳에서 지프차를 들어 보이기로 했다. 그런데 웬일인가? 네 명이 몇 시간 전과 같이 네 모퉁이 잡고 차를 들어 올리려는데 차가 번쩍 들리기는커녕 꼼짝도 하지 않는 것이었다.

'죽을 것인가 살 것인가' 하는 순간을 앞에 두었을 때는 능히 할 수 있었던 일이 일상의 그 자리에서는 할 수 없었던 것이다. 이것은 사람이 무슨 일을 할 때에도 어떤 자세로 하느냐 하는 것이 몹시 중요하다는 것을 암시하는 것이다. 만약 사람이 언제나 위기의식을 가지고 살아간다면 그 사람의 능력이 평범하게 일상을 보낼 때보다 훨씬 크게 나타난다는 것은 분명한 일이다. 흔히 사람들이 "처음처럼 마지막처럼"이란 말을 하는데, 그런 자세가 사람의 능력을 더 높여주기 때문이다. 물론 지프차를 들어올리는 것 같은 초능력이 마음먹는다고 어디에서나 나타나는 것은 아니다. 그러나 평범하게 일상을 보내는 것보다는 더 효과 있게 일을 할 수 있는 방법이 있는데, 그것은 어떤 일을 할 때 굳게 '결심'을 하면 되는 것이다.

결심이란 마음을 모으는 것이다. 사람이 결심을 하기 전에는 마음이 모이지 않고 흩어져 있게 된다. 그러다가 결심을 하면 마음이 모아지는데, 이 결심을 할 때 마음의 능력이 극대화된다. 그런데 중요한 것은 그 마음에 따라 몸도 변한다는 것이다. 간단히 말하면 우리가 어떤 나쁜 소식을 들으면 육체에는 손가락 하나 대지 않았어도 밥맛이 떨어지고 몸의 근육이 굳어지게 되는 것은 다 육체가 마음을 따라가기 때문이다. 마음이 모아졌을 때에 육체도 최고의 능력을 발휘하게 되는 것이다. 그리고 그 마음을 모으는 것도 그렇다. 위기의 때는 자기도 모르게 힘이 모아지지만 그렇지 않고 우리가 선택을 할 수 있는 여지의 공간에서는 결심을 해야만 마음이 모아진다. 그러므로 우리가 어떤 일을 할 때에 결심하고 하는 일과 그렇지 않고 하는 일에는 차이가 엄청나다는 것을 알아야 한다.

결심하면 집중이 생기고, 집중하면 평상시보다 훨씬 뛰어난 능력을 발휘할 수 있다. 심리학에서는 천재란 본래 아이큐가 뛰어난 사람이 아니라, 집중력이 뛰어난 사람이며, 집중력이 뛰어난 사람의 아이큐가 발달된다는 학설도 있다. 그래서 집중력이 뛰어난 사람은 천재적 소질이 있다는 것이다. 흔히 미친 사람에게는 남에게 없는 초능력이 있다는 견해가 있는데, 그것은 다름 아닌 미친 사람은 남의 눈치를 안 보고 자기 관심에만 집중하는 경향 때문이라고 한다.

그렇다면 우리가 인생을 살아갈 때도 목숨을 건 자세로 살아간다면 안 되는 일이 어디 있겠는가? 꼭 해야 한다는 결심만 하고 집중한다면 거기에는 큰 능력이 나타나게 되는 법이다. 성경에 "두 마음을 품은 자는 무엇을 얻기를 바라지도 말라."고 하였다. 이것저것에 미련을 갖고 방황하는 자, 두 마음을 품은 자에게서는 아무 것도 기대할 것이 없다는 말씀이다. 오직 하나만을 생각하는 마음, 한 가지 일에 집중하는 순수한 마음을 가진 자들, 그런 자만이 하나님을 볼 수 있다는 뜻이다.

"마음이 청결한 자는 복이 있나니 저희가 하나님을 볼 것임이요"
(마태복음 5:8)

# 재생되는 그림

미국의 저명한 화가 터너 씨(M.Turner)는 주일학교 교사로서 아이들의 신앙교육에 관심이 많았다. 어느 날 그는 세로 2m, 가로 4m나 되는 큰 캔버스를 준비하고는 그가 가르치는 반 아이들에게 그림 물감을 주며 마음대로 그림을 그리게 했다. 신이 난 아이들은 무엇을 그리기도 하고 물감을 뿌리기도 하면서 마음껏 장난을 하였다. 이렇게 10분이 지나자 캔버스는 엉망이 되었다. 그런데 터너 씨는 아이들의 그림을 중단시킨 후에 그 엉망인 캔버스 위에 자기가 붓을 대기 시작했다. 아이들은 터너 선생이 저것으로 무엇을 하는지 궁금증을 가지고 지켜보았다. 한참이 지난 후에 그 지저분했던 화폭 위에는 아름다운 풍경화가 드러나고 있었다. 그 그림을 신기해하면서 바라보는 아이들에게 터너 선생은 이렇게 말했다. "우리들의 더러워진 마음, 지저분한 마음, 고통과 상처받은 마음도 이렇게 하나님께서 손을 대시면 새롭게 고쳐져서 아름다운 인간으로 만들 수 있단다." 아이들은 그때서야 "아!" 하고 탄성을 지르면서 고개를 끄덕였다.

가끔 우리는 어지럽다고 느낄 만큼 마음이 복잡해지고 지저분해질 때를 경험한다. 우리의 삶이 날카롭게 찢어지고 상처가 난다. 종잡을 수가 없이 혼란스러워지기도 한다. 그러나 다시 새롭게 해주고 치료해 주시는 하나님의 은혜가 내 삶 가운데 있다. 하나님의 은혜가 임하면 마음이 정돈되고 용기가 생기고 깨끗해진다. 뿐만 아니다. 이제껏 괴로웠고 상처받았던 마음과 실타래처럼 얽히고 설킨 나의 삶이 쓸데없다고 버려지는 것이 아니라, 오히려 하나님은 그것을 이용해서 더 좋은 인생 그림을 그려내심을 본다.

터너 씨의 그림 실력이 아이들이 엉망으로 만들어놓은 그 그림의 결론을 냈듯이 내 인생의 결론도 하나님께서 내주신다. 뿐만 아니라, 하나님께서 내려 주신 결론은 항상 좋은 것이며 내가 생각했던 것보다 최상의 것이다. 인생의 아름다움은 고통이 없이는 생겨나지 않는다. 인생의 진실도 고통이 없이는 일어나지 않는다. 인생의 지혜도 고통이 없이는 우러나지 않는다. 고통이 있어야 영광이 있고 시련을 겪어야 보람이 생긴다.

십자가 후에 부활이 있고 죽음 속에 생명이 있는 것이 그리스도께서 우리에게 가르쳐 주신 진리이다. 아이들이 넘어질 때 어른들은 말한다. "아이들은 넘어지면서 자란다."고. 이 말은 어른들에게 더 해당하는 말이다. 사실 세상이 이렇게 발전한 것도 수많은 사람들이 고통 받은 덕분이다.

교회도 고통 받은 사람들의 희생 위에 세워진 것이다. 교회는 순교자들의 피 위에 세워진다는 말이 있다. 한 알의 밀알이 보이지 않게 묻혀서 마침내 고통 가운데 새순을 터뜨리고서야 많은 밀알이 되었다. 하나님은 더러워지고 엉망이 된 캔버스도 결코 버리시지 않는다.

오페라 가수 비버리 실즈(Beverly Sills)는 첫 아이를 낳았는데 선천성 귀머거리였다. 그녀는 "하나님, 왜 나에게 이런 일이 생깁니까?" 하고 부르짖었다. 그런데 둘째를 낳았는데 또 선천성 박약아였다. 그녀의 부르짖음이 달라졌다. "하나님, 왜 아이들에게 이런 일이 생기는 것입니까?" 그녀의 아픔이 자신에게서 아이들에게로 옮겨간 것이다. 아이들의 불행을 생각하면서 고민하던 실즈는 어렵게 얻은 명성을 포기하고 평생 신체장애자, 정신장애자들을 위하여 삶을 헌신했다. 그리고 그는 노년에 이렇게 말했다. "내 인생은 많이 아팠지만 보람이 있었고 필요했다." 그녀의 찢어진 인생도 하나님의 손길에 의해서 그녀의 말대로 아름답게 다시 그려진 것이다.

"그런즉 누구든지 그리스도 안에 있으면 새로운 피조물이라
이전 것은 지나갔으니 보라 새것이 되었도다"
(고린도후서 5:17)

# 이 길만이 생명이다

중국의 전국시대에 양주라는 사람이 있었다. 어느 날 밤에 보니 자기가 키우던 양이 없어졌다. 그래서 양주는 제자들과 함께 양을 찾아 나서게 되었다. 처음에는 다같이 한 길로 찾아 나섰는데 나중에는 두 갈래길이 나타나서 조를 나누어 가게 되었다. 그런데 다시 가다 보니 또 다시 길이 나누어져 역시 찾는 조를 또 나누어 가게 되었다. 그렇게 한참을 찾다보니까 또 다시 길이 나누어지고, 또 다시 길이 나누어지고 하여 마침내는 사람숫자보다 길이 더 많아져서 결국 그들은 양을 찾지 못하고 돌아오게 되었다. 그런데 그날부터 양주는 식음을 전폐하고 슬퍼하기 시작하였다. 그러자 제자들이 "그까짓 양 한 마리 가지고 왜 그렇게 슬퍼하십니까?"라고 묻자 양주는 자기의 슬픔의 이유를 말했다. "세상에 많은 길이 있어도 어떤 길이 진짜 길인지도 알지 못하면서 너희들에게 허탄한 도를 가르치고 있는 내가 한심해서 그런다."

어떤 사람들은 말한다. 산에 오르는 길은 한 길만이 아니라, 수많은 길이 있다고. 그러나 그런 사람들의 길은 양주의 탄식을 벗어나지 못하는 것이다. 설사 어떤 사람이 산에 올랐을지라도, 그는 그 사람만이 오른 길뿐이지, 다른 사람이 오를 수 있는 길을 만들 수는 없다. 인생은 불가해라는 석가의 탄식이 그것을 말해주고 있다.

그러나 예수께서는 말씀하셨다. "내가 곧 길이요 진리다. 나로 말미암지 않고는 아버지께로 올 자가 없다(요한복음 14:6)." 이 길은 찾아가는 길이 아니다. 따라가는 길도 아니다. 예수 자체가 길이라는 것이다. 조금 추상적인 표현을 하면 '예수 안에 있으면 그는 바른 길을 가고 있다'는 것이다. 이 길은 한 길뿐이라고 해서 독단 같지만 다시 생각하면 공평한 길이다. 높은 자나 낮은 자나, 부한 자나 가난한 자나, 그리고 배운 자나 못 배운 자가 다 똑같이 이를 수 있는 길이기 때문이다.

요즘 시멘트와 아스팔트의 보급으로 길이 깨끗해지고 편리해졌다. 내가 20년 전에 목회를 하던 3.8선 너머에 있는 전곡이라는 마을은 "마누라는 없어도 살지만 장화 없이는 못 산다"고 할 만큼 길이 진흙탕 길이었는데 오랜 후 그 길을 가게 되었을 때 그 길도 아스팔트로 깨끗이 포장이 되어 있었던 것을 볼 수 있었다. 그런데 어떤 사람이 포장도로를 외면하고 나는 진흙탕길이 좋다고 우기며 그 흙탕길로 간다고 생각해 볼 때 얼마나 우둔한 일인가! 그러나 많은 사람들이 지금도 흙탕길과 같은 길, 한국에서 호주까지 원정 온 룸살롱의 길, 도박장의 길, 욕심의 길, 미움의 길을 허우적거리며 가정파탄의 길을 걸어가고 있다. 진흙길은 진흙으로 새로워질 수 없고 흙물은 걸레로는 아무리 닦아도 더 더러워질 뿐이다.

이탈리아의 Jack Fonsi라는 사람은 이웃에 홀로 사는 여자를 도와준다고 강도짓을 하다가 3년의 징역형을 받았다. 캐나다의 Antonio Murphy라는 사람은 회삿돈 1천3백 달러를 훔친 일이 있는데 이 사건을 변호해 주는 변호사비를 마련하기 위해서 또 다시 9천 달러를 훔쳤다. 이런 사람 모두가 한 가지의 진흙탕을 덮기 위해서 두 가지의 진흙탕 길을 만드는 것이다. 그리고 마침내 그 인생은 그 진흙탕 길에서 헤어나올 수가 없게 되어버린다.

예수 그리스도, 이 길만이 생명의 길임을 나는 확신한다. 다시 성경은 말한다.

"그런즉 누구든지(이 말을 강조하고 싶다) 그리스도 안에 있으면
새로운 피조물이라
이전 것은 지나갔으니 보라 새 것이 되었도다"
(고린도후서 5:17)

# 나르시스는 공주병 환자였다

『쿠오바디스』를 쓴 셍키비치의 작품 중에 『흑암 속에 비치는 빛』이라는 단편이 있다. 카미웅카라는 조각가가 어둠침침한 조각실에 누워있었다. 오랜 병으로 쇠약해질 대로 쇠약해져서 낡은 침대에 누워 멍하니 창 밖을 내다보고 있었다. 이때 카미웅카는 놀라운 일을 경험하게 된다. 갑자기 창문 밖에서 강한 광채가 휘몰아 들어오더니 작업실 안에 우중충하게 늘어서 있던 조각품들을 삽시간에 녹여 없애버리고 계속해서 이 광채는 벽들을 철거시켜버린다. 그리고 나중에는 천장과 방바닥까지 사라지게 한다. 그리고 나니 자기의 몸은 완전히 아무 것도 없는 허공에 붕 떠 있는 것이었다. 이런 카미웅카는 그 허공에 떠서 밑을 내려다본다. 그 밑에는 한 마을이 보이고, 그 마을에 회색 커튼을 친 낡은 집이 크게 부각되어 보였다. 그 집안이 들여다보였는데, 그 집의 창가에는 병들어 비참하게 보이는 한 노인이 있었다. 자세히 보니 먼지 낀 조각품들 사이에 입을 쩍 벌리고 누워있는 사람은 이미 굳어진 시체였다. 더 자세히 그 입이 클로즈업되자 카미웅카는 깜짝 놀란다. 그 처참하게 죽어있는 시체가 바로 자기 자신이었기 때문이었다.

작품의 이야기는 여기까지 뿐이었다. 이 작품에서 셍키비치는 무엇을 말하려고 했는가? 그는 자신의 객관화를 시도해 본 것이었다. 즉 자기 자신을 멀리 떨어져서 다른 사람이 보는 것처럼 객관적으로 보아야한다는 메시지를 담았던 것이다. 자기 자신의 적나라함과 비참함을 냉정하게 바라보자는 것이 작가의 주제였다.

사실 우리 인간이 자기 자신의 적나라한 모습을 다른 사람의 안목으로 보는 것은 매우 중요한 일이다. 우리가 반성이니 회개니 하는 말들을 많이 쓰고 있지만, 사실 자기를 객관화하기 전에는 이런 것들이 제대로 이루어질 수 없는 것이다. 우리는 대체로 자기 자신에 대해서는 동정적이다. 남에 대해서는 아주 냉정하게 판단하지만 자기 자신에 대해서는 언제나 동정 과잉상태에 빠져있는 것이다. 그것은 자기 자식에 대한 태도를 보면 금방 알 수가 있다. 똑같은 분비물이지만 남의 자식이 흘리는 콧물은 징그럽고 내 자식이 흘리는 콧물은 귀엽다. 이런 예는 무수히 많다. 자기가 말을 많이 하면 필요한 말을 했다고 생각하고, 남이 말을 많이 하면 수다스럽다고 생각한다. 자기가 늦은 것은 불가피해서라고 하고, 남이 늦은 것은 불성실하다고 화를 낸다. 자기가 비싼 물건을 사면 필요해서라고 하고, 남이 고급 물건을 사면 사치스럽다고 한다. 자기 자식이 집안에서 뛰어 놀면 씩씩하게 보이고 남의 자식이 뛰어 놀면 예절 없게 보인다.

나는 운전면허를 1979년에 따서 운전을 시작했는데, 어느 쇼핑센터 주차장에서 차를 주차시키다가 후진을 하면서 남의 차를 살짝 다쳐서 흠집을 내놓고는 한두 번 주인을 찾는 척 하다가 도망쳐 나온 적이 있었는데, 얼마 전 시내에 나갔다가 누가 내 차를 긁어놓고 도망을 쳐서 마음이 불편한 적이 있었다. 내가 남의 차를 흠집을 냈을 때가 비록 어리기는 했어도 신앙인이었고 지금은 목사까지 될 만큼 바르게 살려고 애쓰던 나였는데, 남이 보지 않는다고 슬그머니 도망친 적이 있는 사람으로서 내가 누구를 탓할 수 있겠는가? 이런 상태로는 도저히 자기반성이나 회개가 이루어질 수 없다.

내가 QT(경건의 시간)를 하는 이유 중 하나는 작은 이유이기는 하지만, 나 자신을 객관화하기 위해서라는 이유가 있다. 나는 QT를 할 때에 내 자신을 하나님의 말씀에 비추어보는 시간을 갖는다. 그러면 내 자신이 얼마나 부족한가를 보게 된다. 인간이 상당히 현명한 것 같고 이성적인 것 같지만 사실 자기 자신에 대한 평가에서는 가장 서투른 것이 인간이다. 그래서 신앙이란, 어떤 의미에서 절대자를 통해서 자기 자신을 객관적으로 바라다보는 것이라고도 할 수 있다.

기독교 신앙 안에서 가장 중요한 것은 덕(德)이라고 사도 바울은 주장하는데, 이 덕이라는 것은 다른 사람들에게는 바다와 같이 넓은 마음으로 대하는 것이고 내 자신에게 있어서는 송곳 끝 같이 날카로운 것이다.

그리스 신화에 나르시스 이야기가 나온다. 나르시스는 자기의 얼굴이 하도 예쁘다고 생각되어 아침부터 저녁까지 연못에 비친 자기의 얼굴을 바라보다가 마침내 그 연못에 비친 자기 얼굴에 미쳐서 연못에 뛰어들어 죽고 말았다. 그래서 수선화가 되었다는 전설이 있는데, 영어에서 NARCISSUS라는 단어는 수선화라는 뜻과 동시에 자기도취병자를 의미한다.

나는 어렸을 때부터 삶은 감자니, 안경도사니 하는 별명을 많이 들었는데, 아무리 거울을 보아도 나는 내가 삶은 감자 같지 않고, 차인표보다도 훨씬 멋지게 보이니…. 허허! 나도 나르시스가 걸렸던 공주병에 걸린 것이 아닐까! 하나님의 말씀 앞에서 내 자신을 비추어보자. 사실 인간 중에서 누가 자신의 잘난 것이나 성실함, 정직함 등을 내세울 수 있겠는가? 정도의 차이는 있을지 몰라도 누구나 믿을 수 없는 존재들인 것을….


"만물보다 거짓되고 심히 부패한 것은 마음이라

누가 능히 이를 알리요마는
나 여호와는 심장을 살피며 폐부를 시험하고
각각 그 행위와 그 행실대로 보응하나니"
(예레미야 17:9-10)

# 잔치에는 제물이 필요하다

어느 큰 집안에 결혼식이 있어 음식을 장만하게 되었다. 집주인은 그 집에 있는 동물들을 소집하여 의논을 하였다. "이번 결혼식에 맛있는 음식을 만들어 잔치를 베풀려고 하는데 여러분의 의견은 어떻습니까?" 이에 동물들은 모두 입을 모아 "찬성이오." 하고 환호를 했다. 집주인은 "그럼 이 요리의 재료로서 누가 죽어 음식이 되겠소?" 하며 동물들을 둘러보았다. 동물들은 제일 음식의 양이 많을 것 같은 소를 돌아보았다. 그러자 소가 정색을 하면서 말했다. "아니, 내가 없으면 어떻게 농사를 지을 수 있단 말이오? 나는 안 되오. 죽이려면 저기 있는 암탉을 잡으십쇼." 그러자 암탉은 새파랗게 질려서 말했다. "무슨 소리예요. 나는 아침을 알려주는 중요한 일을 하고 있잖소. 고기 맛으로 말하면 거위가 최고지요." 거위가 그 말을 듣고 외쳤다. "무슨 소리! 나도 날마다 큼직한 알을 낳아서 이 집안에 도움을 주고 있다네. 저기 있는 시원찮은 양을 잡으시오." 양도 외쳤다. "내 털이 겨울이 오면 얼마나 유용하게 사용되는지 몰라 나를 잡는다는 말이오?" 양은 말없이 개를 가리켰다. 개도 소리 질렀다. "나의 은혜를 배신하다니 무슨 말이에요? 도둑은 물론 여우나 늑대를 지키는 것도 나잖아요. 말을 죽이시오." 말도 가만히 있을 수 없었다. "주인님이 멀리 여행하는 것은 누구의 덕인 줄 모른단 말이

오?" 이 우화는 계속하자면 끝이 없다. 어떻든 이 회의를 진행하는 도중 모든 동물이 자기가 죽는 것에는 절대불가하고 잔치를 하자는 데는 만장일치로 환호했다는 것이다.

오늘날 세상이 그렇다. 좋은 일인 줄은 알고 찬성하는데, 그 일을 위해서 희생하겠다는 사람은 없다는 것이다. 교회에서 행하고 있는 제자훈련 시간에 어떤 자매가 자신의 동생은 일류대를 나왔고, 박사학위까지 했는데 그만 교통사고로 죽고 말았다는 것이다. 그 집사님은 "왜 하필이면 그 아까운 동생이어야 하느냐?"고 울먹였다. 그 때 다른 자매가 말했다. "동생은 제물이 된 것이다. 하나님께 제물은 제일 좋은 것, 제일 아까운 것이 되어야 하기 때문이다."고. 이 말을 들으면서 나는 그 위로하는 이야기가 조금은 무리한 이야기인 듯하기도 했지만, 심적으로 동의하였다. 그렇다. 나는 혹은 이것은, 어디에 무엇을 해야 하기 때문에 안 된다 하는 것은 하나님 앞에는 이기적이고 불신앙적인 변명 외에 다른 것이 아니다. 하나님 앞에는 물질을 바쳐도 가장 값있고 요긴한 것을 바쳐야 제물이 된다. 그리고 제물이 된 것만을 하나님은 받으시고 그 제물이 효과가 있다.

예수님은 밀알의 원리로 그것을 설명하셨다. 썩어버린 밀알은 제물이 안 된다. 살아있는 것이어야 한다. 살아있는 것이 묻히고 죽어야 백배로 응답이 되는 것이다. 허준이 명의가 된 배경에는 스승 유의태가 있었다고 한다. 유의태는 시체의 해부가 국법으로 금지되었던 시절, 허준을 경남의 얼음골로 불러 놓고 거기서 자기를 죽였다. 그리고 자기를 해부해서 의학에 진전을 이루라는 유언을 남겼다.

오늘날 우리의 가정이 잔칫집이 되지 못하는 것은 나의 희생이 없기 때문이다. 교회도 마찬가지다. 교회가 잔칫집이 되지 못하는 것도 희생이 없기 때문이다. 제물이 있는 곳에 잔치도 있고, 열매도 있다는 이 원리를 기억해야 한다.

그런데 정말 중요한 것을 잊어서는 안 된다. 하나님께서는 당신의 아들을 죄악 된 세상에 보내시어 제물로 삼으셨다. 제물이란 죄를 대속하기 위해 대신 희생당하는 것을 말한다. 이 땅에 오신 예수 그리스도께서는 우리의 모든 죄를 용서하시고 우리를 죄에서부터 구원하시고자 우리를 대신해서 제물이 되셨다.

"그러므로 형제들아
내가 하나님의 모든 자비하심으로 너희를 권하노니
너희 몸을 하나님이 기뻐하시는 거룩한 산 제사로 드리라
이는 너희의 드릴 영적예배니라"
(로마서 12:1)

# 억울한 고난

**옛**날이야기다. 어느 관리가 장기 출장을 갔다. 그 사이 아내는 다른 사내와 불륜에 빠졌다. 남편이 돌아올 때가 되자, 아내는 남편을 죽이기로 작정을 했다. 남편이 도착하던 날 아내는 예쁜 옷을 입고 갖은 교태를 부리면서, 남편에게 술 한 잔을 올리겠노라고 했다. 그리워했던 아내의 행동을 남편은 추호의 의심도 없이 받아들였다. 아내는 이미 마련해 놓은 독이 든 술을 하녀에게 가져오라고 했다. 그런데 아내의 불륜과 독주의 음모를 눈치 채고 있는 사람이 있었으니 바로 그 하녀였다. 그러나 하녀는 이 여주인의 음모를 알렸다가는 쫓겨나든지 아니면 도리어 경을 치게 될 것이 뻔한 일임을 알았다. 그래서 하녀는 주인에게 술을 바치다가 거짓으로 넘어져서 술잔을 깨뜨리고 말았다. 남편은 이 하녀의 속 깊은 의도를 알지 못하고, 화를 내는 아내의 말대로 이 하녀에게 모진 매 50대를 때리라고 벌했다. 억울하고 억울한 일이었다.

또 하나 억울한 이야기가 있다. 중국 전국시대의 제나라 사람 묵자는 초나라가 약소국인 송나라를 침략하려 하는 것을 알고, 초나라를 찾아가서 임금과 담판을 하여 전쟁을 포기시켰다. 자기 나라도 아니지만 송나라를 위해서 힘을 쓴 것이다. 그런데 그가 돌아가면서 송나라를 지나갈 때였다. 갑자기 비가 무섭게 쏟아져서 비를 피하기 위해서 송나라의 어느 마을로 들어가려고 하는데 마을 사람들이 그의 초라한 몰골을 보고 돌을 던지고 야유를 하며 심지어 때리기까지 했다고 한다. 그들을 살리러 갔다 오던 길인데, 도리어 죽을 지경이 되었던 것이다.

이런 억울한 일들이 세상에는 적지 않다. 그런 억울한 일로 치면 예수님처럼 억울한 일을 당한 사람이 없다. 사람들의 행복을 위해서 사람들을 살리려고, 사람들을 구원하려고, 자기의 모든 것을 다 바친 예수님을 사람들은 십자가에 못 박아서 죽이고 말았다. 가장 선한 사람을 가장 잔인한 방법으로 죽인 것이다. 사실 우리가 사는 세상은 이렇게 억울함이 천지요, 모순덩어리들이다.

어쩌면 이런 세상에서 억울한 일을 한번도 당하지 않고 사는 사람도 있을까? 그런데 그 억울함이 결코 억울함만으로 끝나는 법이 없다. 그 억울함 뒤에는 그 고통의 희생으로 인하여 생명을 얻고 구원을 얻는 다른 존재들이 있다는 것이다. 그래서 지금 이 시간에도 억울함으로 인하여 썩지 않고 구원을 얻은 땅이 있는 것이다.

미국의 유명한 설교가 헬록 목사의 목격담이다. 그가 서인도제도를 여행하고 있을 때였다. 기선 갑판에서 한 아이가 공을 던지면, 개가 그 공을 물어 오는 것이었다. 그런데 그 아이가 공을 잘못 던져 공이 바다로 굴러 가버렸는데도, 개는 공을 따라 바다 속으로 뛰어 들어가 버렸다. 아이의 가족들은 배를 돌이켜 달라고 선장에게 부탁했다. 그러나 선장은 개 한 마리 때문에 큰 배를 돌릴 수 없다고 거절을 했다. 그러자 그 아이의 아버지가 갑자기 선장이 보는 데서 물 속으로 뛰어 들어가 버렸다. 선장은 그제야 하는 수 없이 배를 돌이켰다고 한다.

희생의 크기에 따라서 변화의 규모도 달라진다. 개 한 마리의 희생 때문에 기선의 행로를 바꿀 수는 없지만, 한 인간의 생명 때문이라면 기선의 진로 변경은 가능했던 것이다. 희생의 값이 클수록 변경의 폭도 커진다는 것이다. 그러기에 억울하고 부조리한 예수의 죽음이 인류의 운명을 바꾸게 된 것이다.

"그가 찔림은 우리의 허물을 인함이요
그가 상함은 우리의 죄악을 인함이라
그가 징계를 받음으로 우리가 평화를 누리고
그가 채찍에 맞음으로 우리가 나음을 입었도다"
(이사야 53:5)

# 책을 읽는 사람은 외롭지 않다

얼마 전에 책방에 들렀더니 책방 안이 한가했다. 시드니에서 서점을 경영한 지도 꽤 되었다는 주인이 "요즘은 영상 문화가 발달해서 사람들이 책을 읽지 않는다. 그 중에서도 우리 교민들은 비디오를 보는 시간이 너무 많기에 책을 읽을 시간이 없는 것 같다"고 한숨을 쉬었다.

책을 읽지 않는 것은 심각한 사회현상이다. 사람들이 책을 읽지 않으면, 사색의 힘, 구상의 능력 등이 저하되어서 무게 있는 인간이 될 수 없다. 더구나 요즘 아이들은 책 대신에 텔레비전이나 컴퓨터 게임기 앞에서 자라나고 있는데, 이것은 더욱 심각한 문제이기도 하다. 기계들을 상대로 자라난 아이들은 모든 현상을 기계적인 현상으로 대치하여 생각하는 버릇을 가진다. 사람이나 주위의 현상을 기계화하여 생각하는 아이들은 인간의 존엄성이나 현상의 다른 많은 뜻을 파악할 수 없어서 반쪽 인간이 되기 십상이다.

어려서부터 책 읽는 습관을 들여야 한다. 날마다 잠깐씩이라도 책을 펴는 습관은 한 인간에게 커다란 영향을 준다. 선진국과 후진국의 차이가 독서량에 비례한다고 한다. 호주만 해도 사람들이 차안이나 공원, 공항 등에서 책 읽는 것을 흔히 볼 수 있다. 그러나 후진국에서는 책 읽는 사람을 본 적이 없다. 결국 선진 국민이란 책 읽는 국민임을 알 수 있다.

책을 읽지 않는 사람들이 많은 것을 가지면 가질수록 문제가 많을 수 있다. 자기 분별력이 낮기 때문에 허풍, 허세, 사치와 교만 등이 나타난다. 원숙한 인격은 책에서 나오기 때문이다. 사람이 인생을 알고 세상을 아는 것은 텔레비전이나 컴퓨터를 통해서가 아니고, 책이나 인격적인 사람을 만남으로써 생긴다. 책은 사물과 역사와 인간을 깊이 이해하고 넓은 각도에서 알게 한다. 그러므로 책을 통하지 않고 전인적인 인간이 되기는 어려운 것이다.

책을 읽는 사람은 외롭지 않다. 사실 세상에서 책만큼 좋은 친구가 없기 때문이다. 책을 읽는 사람은 지루하거나 권태를 느끼지 않는다. 책 속에서 끊임없는 변화와 도전을 만날 수 있기 때문이다. 또 책을 읽는 사람은 좁은 공간에 살지 않는다. 책은 과거, 현재, 미래로 날아다니는 날개가 되기 때문이다.

책은 많은 사람을 만나게 한다. 어떤 위인도, 어떤 성자도, 또한 어떤 성격의 사람도 책 속에서 쉽게 만나볼 수 있다. 그래서 책을 읽으면 삶의 지혜와 용기, 그리고 사랑과 아픔 등, 짧은 인생으로는 다 경험할 수 없는 많은 인생을 맛볼 수 있다.

런던 타임스지가 최근에 영국의 정치, 경제, 문화계의 저명인사 100명에게 설문지를 보냈다. "만약 당신이 3년 동안 감옥에 갇힌다면 어떤 책을 한 권 가지고 가겠는가?" 그 설문에 응답했던 저명인사 백 명 중 98명이 성경을 택했다. 사람들이 성경을 잘 읽지는 않지만, 그래도 제일 중요한 책이 성경이며 가장 읽어야 할 책이 성경이라는 것을 알고 있다는 것이다. 미국 역사상 감사장을 제일 많이 받은 사람은 데일 로저스 여사로 알려져 있다. 그녀는 영화와 텔레비전에서 성공을 거두고 편하고 재미있게 살 수 있었지만, 고아와 문제 청소년들을 위해서 헌신했다. 그들을 위한 자선 모금 행사를 무려 5천 번이나 개최했다고 한다. 그녀는 인기 직업을 버리고 남을 위해 살았던 것이다. 그녀는『어려운 때에 하나님』이란 저서에서 이렇게 말했다. "나는 마약에도 빠졌고, 섹스와 도박에도 빠져서 인생의 밑바닥에서 쓰레기 같은 정신을 가지고 살고 있었는데, 그 어떤 것도 내게 도움이 되지 못했다. 그런데 성경 말씀이 나를 구했다. 인간의 사슬을 풀 수 있는 길은 오직 하나님 말씀밖에는 없다."

나는 High School 8학년인 우리 아들에게 반드시 책을 읽어야 함을 강조하고 있다. 아들이 다행히 책을 좋아해서 짬이 날 때마다 책을 읽는다. 그 모습을 볼 때면 내 마음도 풍요로워진다. 내가 섬기는 교회 식구들이 90여 명이나『생명의 삶』이라는 책을 매달 구입하여 모두 읽고 묵상하는 일에 열심 내는 것을 보며 또한 목회자로서 마음이 풍요로워진다. 아마 후일에 내 아들은 알게 될 것이다. 아빠가 자기에게 가장 귀한 유산을 주었다는 것을. 또한 교회식구들 역시 후일에 알게 될 것이다. 그들이 매일 매일 끊이지 않고 생명의 양식을 대하는 가운데 그들의 삶이 얼마나 풍요로워졌는지를 말이다.

"모든 성경은 하나님의 감동으로 된 것으로
교훈과 책망과 바르게 함과 의로 교육하기에 유익하니
이는 하나님의 사람으로 온전케 하며
모든 선한 일을 행하기에 온전케 하려 함이니라"
(디모데후서 3:16-17)

# 백 프랑 앞에서의 기도

"주님 보십시오, 이 지폐를. 나는 소름이 끼칩니다.
주님은 아실 것입니다. 이 돈의 비밀과 역사를.
이 놈은 돌고 돌며 숱한 사람을 죽였고 또 숱한 사람을 살렸습니다.
불과 며칠 사이에도 이 놈은 수많은 사람의 얼굴에
웃음과 울음과 위선과 아양의 수많은 역사를 만들었습니다.
주여, 이 백 프랑 짜리가 몇 사람의 손을 건너왔을까요.
말없는 이 놈이 그 여행 중에서 무슨 짓을 했을까요.
약혼녀에게 장미를 보내기 위해서,
세례축하식의 어린이에게 과자 값으로,
내일의 식탁에 빵을 올려놓기 위해서,
그리고 병원의 진찰비와 딸의 옷을 사기 위해서도,
그러나 이것은 사랑 파탄의 슬픈 이혼장 우표 값에도,
사연 많은 여인의 아기 낙태 수술비로도,
그리고 주정뱅이의 술값으로도 쓰였겠지요.
음란 영화 제작비로도, 청소년에게 해로운 음반 값으로도,
부정한 일에 뇌물로도,
그래서 젊은이들을 문란하게 했고 어른들을 강팎케 했으며

여자의 몸을 몇 시간 희롱하기 위해서도 쓰였겠고,

범죄의 흉기를 사기 위해서도,

그리고 죽은 자의 관을 사기 위해서도 쓰였겠지요.

아니 더 많은 어두운 사연들을 이 놈만이 알고 있겠지요.

주여, 그러나 나는 이제 이 백 프랑을

이 속에 숨은 기쁨과 슬픔과 부끄러움과

자랑스러움과 눈물과 웃음을 다 묶어 주님께 바칩니다.

이 백 프랑을, 인간을 바치는 의미로서,

아니 나 자신을 주님께 바치는 의미로서 바칩니다.

주여, 이제 새로운 여행을 하게 하여주소서.

　(퀘스트의 백 프랑 앞에서의 기도)


'돈처럼 돌고 돌면서 나쁜 짓도 해보고, 착한 일도 해보고, 웃어보기도 하고, 울어보기도 하고, 사랑해보기도 하고, 미워해보기도 하고, 그렇게 돌고 돌면서 갖은 짓을 다해보았지만 이제 새롭게 살아볼 수 없을까요?' 하는 솔직한 기도다. 이런 생각은 오늘날 우리들도 가지는 삶의 권태와 자신에 대한 분노다.

　회사원들은 월요일을 모두 피곤하다고 한다. 영어로는 월요일을 '블루 먼데이(Blue Monday)'라고 부른다. 그 말의 의미는 월요일이 파란 멍이 들만큼 피곤하고 살기 싫은 날이라는 뜻이다. 주말에 쉬었기 때문에 더 활기가 있어야 하는데 왜 더 피곤하다고 하는 것일까? 그것은 변화와 기대가 없는 삶이 주는 권태감 때문이다.

　백 프랑이 처음 돌아다닐 때에는 많은 기대감을 가졌다. 그러나 돌고 돌면서 숱한 사연을 만들었지만 남은 것은 허무와 권태감뿐이었다. 때론 착한 일도 했지만 더 많이 나쁜 순례를 했다. 이대로는 안 되겠다. 뭔가 새로운 시작을 해야겠다. 이런 생각을 누구나 갖게 된다. 그러면 어떻게 새로운 삶을 시작할 수 있을까?

퀘스트는 그 사연 많은 백 프랑을 주님께 바침으로 새로운 시작을 할 수 있다고 말하고 있다. 돈으로가 아니라, 자신을 주님께 바침으로써 새로운 시작을 할 수 있다는 것이다.

내가 부산에서 지낼 때 산부인과 의사로서 이름이 알려진 한 장로님께서 선교를 하기 위해서 선교사 훈련을 받으시겠다는 말씀을 하셨다. 아직 나이도 50대 초반이시라 한창 일하실 수 있는데, 왜 그런 생각을 하셨는지 여쭈었다. 그분의 대답은 남은 인생 조금이라도 더 주님을 위해 살아야겠다는 고민 끝에 결단을 했다는 것이다. 선교사를 하는 것만이 주님을 위한 삶이 아닌 것은 말할 것도 없다. 그것을 그분도 잘 알고 있다. 그러나 좋은 길을 버리고 굳이 선교사가 되려는 데는 그분만이 가진 마음의 빚이 있음을 알게 되자 나는 그분의 결단을 만류하지 못했다. 그때 내 머릿속에 떠오르던 생각을 말씀 드렸는데 "영원 앞에서 값을 치르는 것이 아니면 아무리 좋은 것도 다 권태롭고 허무하더라."는 말이었다.

백 프랑 같이 돌고 돌면서 많은 사연을 만들어내는 우리들 인생. 자신에게 권태와 분노를 느끼면서 사는 까닭이 있다. 그것은 바쳐진 삶을 살지 않기 때문이다. 바쳐진 삶만이 영원 앞에서 값이 있고, 그 삶만이 허무와 권태를 극복할 수 있다. 예수님은 십자가에 자신을 바침으로 말미암아 허무와 두려움의 절정인 죽음을 이기고 영원한 삶을 얻었던 것이다.

"사람이 해 아래서 수고하는 모든 수고가 자기에게 무엇이 유익한고
한 세대는 가고 한 세대는 오되 땅은 영원히 있도다
해는 떴다가 지며 그 떴던 곳으로 빨리 돌아가고
바람은 남으로 불다가 북으로 돌이키며

이리 돌며 저리 돌아 불던 곳으로 돌아가고
모든 강물은 다 바다로 흐르되 바다를 채우지 못하며
어느 곳으로 흐르든지 그리로 연하여 흐르느니라
내가 해 아래서 행하는 모든 일을 본즉
다 헛되어 바람을 잡으려는 것이로다"
(전도서 1:3-7, 14)

# 우리에게 필요한 사람은?

**집**에서 기르는 같은 동물인데도 고양이는 따뜻한 방에서 주인과 함께 자고, 개는 추운 마루 밑에서 잔다. 왜 그럴까? 과학적이거나 실제적인 대답은 아니지만, 우리 조상들에게 내려오는 대답이 있다.

먼 옛날에 가난한 과부 한 사람이 있었다. 그녀는 개와 고양이를 함께 키우고 있었는데 그 정성이 남달라서 비록 자기가 굶는 한이 있더라도 개와 고양이를 굶기는 법은 없었다. 주인의 이 지극한 정성에 보답하기 위하여 개와 고양이는 용왕이 가지고 있다고 알려진 여의주를 훔쳐다가 주인을 부자로 만들자고 합의를 보았다. 그리하여 둘은 천신만고 끝에 여의주를 구하여 집으로 돌아오는데 도중에 강을 건너게 되었다. 그래서 개는 헤엄을 치고 고양이는 여의주를 물고 개의 등에 업혀 강을 건너고 있는데 무심코 개가 고양이에게 말을 걸자 고양이가 입을 열어 대답했다. 그 바람에 그만 그의 입에 문 여의주가 강물 속으로 떨어지고 만 것이 아닌가! 그 무심코 내뱉은 말 한 마디가 여기서도 재난이 되어서 만사를 그르치게 된 것이다.

개와 고양이는 안타까워서 떨어진 강물 속을 들여다보며 발을 동동 굴렸지만 어쩔 수 없었다. 개는 추운 강바람을 쏘이며 서성거려봐야 헛일이라고 생각하고 집으로 돌아갔는데, 고양이는 비록 죽는 한이 있더라도 여의주를 찾겠다고 작정하고 낚시꾼의 꽁무니에 붙어 있었다. 언젠가 고기들이 여의주를 삼킬 것이고 그 고기를 낚시꾼들이 낚을 것이라는 생각에서였다.

그렇게 많은 날이 흘러갔다. 겨울이 가고 봄이 왔다. 드디어 어느 날 낚시꾼의 환호 속에 여의주를 삼킨 고기를 찾아내게 되었다. 고양이는 목숨을 걸고 그 여의주를 훔쳐내었고, 그것을 주인에게 바쳤다. 주인이 커다란 부자가 된 것은 물론이고, 사연을 안 주인은 고양이를 자기 안방으로 불러 그 때부터 함께 잤다는 것이다.

끝까지 충성을 다한 사람은 남달리 높이 대우를 받는 것이 당연한 것이고, 어렵다고 포기하고 외면하는 사람은 낮은 대우를 받을 수밖에 없다는 교훈이 이 설화 속에 들어 있다. 이 사회가 필요로 하는 사람, 하나님이 의도하는 사람, 사회에서 경영자가 찾고 있는 사람은 어떤 사람일까? 그것은 묵묵히 자기가 할 일을 포기하지 않고, 변명하지 않고 끝까지 최선을 다하는 사람이다. 참된 종교는 사람들에게 요행의 복을 주는 것이 아니라, 자기의 할 일이 무엇인지 가르쳐 주고 그것에 자신을 아낌없이 바치도록 인도하는 것이다.

톨스토이는 "먹을 만큼만 일한다면 그는 한갓 짐승의 인생을 살게 되고, 요구받은 만큼만 일한다면 그는 종의 인생을 살 것이며, 먹기 이상, 요구받기 이상을 일한다면 그는 주인의 인생을 살 것이다."고 했다. "사람은 일로써 늙는 것보다도 녹이 슬어서 못쓰게 된다."는 에디슨의 말도 있다. 어려운 시간일수록 적당히 일하기보다도 최선을 다해 일하자. 꾀로 일하기보다도 충성으로 일하자. 믿음으로 일하는 사람은 자기가 비록 빗자루를 들고 남의 집 마당을 쓸고 있을지라도, 그 일이 남의 일이 아니라, 지구의 한 모퉁이를 쓸고 있는 것이라고 여기는 사람이다.

이번에 우리교회 단기선교팀과 함께 중국에 가서 복음을 증거 하게 되었다. 모든 형편이나 상황이 좋지 않음에도 하나님이 원하시는 선교라 생각하여 우리의 것을 아낌없이 바치려고 한다. 우리에게 필요한 사람은 끝까지 충성을 다하기를 결심하고 실행하는 사람들이다. 험한 선교의 길에 오르는 단기선교사들은 단순히 관광을 떠나는 것이 아니다. 비록 짧은 기간이지만 주의 자녀로서 흐트러짐 없이 끝까지 맡겨진 일을 감당하기 위해 먼 길을 떠나는 것이다. 부르심 받들어 내 형제를 섬기며 구주의 뜻을 따라서 내 정성 다하기 위해 헌신하는 중국단기선교팀에 박수를 보낸다.

"예수께서 나아와 일러 가라사대
하늘과 땅의 모든 권세를 내게 주셨으니
그러므로 너희는 가서 모든 족속으로 제자를 삼아
아버지와 아들과 성령의 이름으로 세례를 주고
내가 너희에게 분부한 모든 것을 가르쳐 지키게 하라
볼찌어다 내가 세상 끝날까지
너희와 항상 함께 있으리라 하시니라"
(마태복음 28:18-20)

# 정신을 차리시오. 살 길이 있소!

옛날 함경도 함흥에 큰 홍수가 나서 사람들이 만세교란 다리에 와서 구경을 하다가 그만 다리가 무너져 다리 위에 있던 수십 명의 사람들이 홍수에 휩싸이게 되었다. 급류에 휩싸인 사람들은 서로 잡고 밀치면서 아우성을 쳤다. 이때 저 낮은 언덕 위에 서 있던 한 사람이 휩쓸리는 사람들을 따라가면서 소리쳤다.

"겁내지 말고 정신들을 차리시오. 살 길이 있소! 정신을 차리시오. 살 길이 있소!" 계속 따라오면서 외치는 사람의 소리에 물에 빠진 사람들은 정신을 가다듬고 침착하게 손발을 움직였다. 그리고 얼마 후에 배가 다가와 모두가 구조되었다.

이 사건을 들은 함흥감사가 그 와중에 급류에 빠진 사람들을 따라가면서 "살 길이 있다."고 외친 사람을 불러 상을 주기로 했다. 그런데 그 상 받을 사람의 얼굴이 하도 상처투성이여서 함흥감사가 의아해 물었다. "그대는 얼굴에 왜 그렇게 상처가 많은가?" "기구한 복을 받은 사연입니다." "기구한 복이라니?" 그는 함흥감사 앞에서 다음과 같은 자신이 받은 기구한 복의 사연을 이야기했다.

그는 본래 비단장사였다. 비단을 등에 지고 이 장에서 저 장으로 떠돌아다니면서 장사를 했다. 하루는 다음 장을 가기 위해서 산 고개를 넘다가 강도들을 만났다. 강도들은 그를 흉기로 찌르고, 피투성이가 되어서 거의 죽게 된 그를 깊은 산중에다 버렸다. 그러나 그는 죽을힘을 다해서 기고 뒹굴어서 산을 내려오다가 깊은 밤중에 오두막집 하나를 발견했다. 그는 살려달라고 애원을 했다. 그러나 오두막의 여주인은 "우리 집에는 사람을 들이지 않습니다. 다른 데로 가보시오."하고 매정하게 거절했다. "죽게 되었으니 헛간에서라도 잠시 쉬어가게 해주시오." 그래도 여인은 "안 됩니다. 우리 집주인의 성격이 난폭해서 오시면 도리어 봉변을 당할지 모릅니다."고 거절했다. 그래도 그는 "더 이상 움직일 수도 없으니 죽어도 여기서 죽겠소."하고 헛간에 들어가 누웠다.

　밤늦게 주인이 돌아왔다. 주인은 여인의 이야기를 듣고 불을 들고 헛간으로 가더니 피투성이가 된 이 사람을 보고 말했다. "아니 이 놈이 죽은 줄 알았는데 아직 살아있었구만." 그 주인이라는 자가 다름 아닌 그를 그렇게 만든 강도였던 것이다. 강도는 피투성이가 된 그를 가마니에 말아서 헛간 창고 속에 던져 넣으면서 이렇게 말했다. "날이 새면 묻어버려야지." 강도가 돌아간 뒤 그는 죽을힘을 다해 헛간 벽을 뜯어내고 밤중에 산길로 도망을 쳤다. 그런데 가다가 호랑이를 만났다. 호랑이가 피 냄새를 맡고서는 이 사람 목덜미를 물고 자기 굴이 있는 바위로 끌고 갔다. 호랑이는 굴속에 있는 새끼 호랑이 네 마리를 불러냈다. 그리고는 이 사람의 웃옷을 앞발로 찢고는 등을 할퀴어서 새끼들에게 핥아먹으라는 것이었다. 그 밤은 달이 무척 밝았다. 휘영청 밝은 달이 바위 위에 스러진 사람과 호랑이들을 비추고 있었다. 이때 갑자기 올빼미 한 마리가 날아오더니 호랑이 새끼 한 마리를 덥썩 물고 날아갔다. 이것을 본 어미 호랑이는 올빼미를 잡으려고 뛰어갔다. 그 순간 그는 정신을 차리고 호랑이 새끼 세 마리를 때려죽이고 큰 소나무 위로 기어 올라갔다. 얼마쯤 지나니 날이 밝았다. 그때 서쪽 길 쪽에서 포수 한 사람이 총을 메고 올라오는 것을 본 그는 소리쳤다. "사람 살려주시오." 포수가 나무 위에 있는

그를 보자 말했다. "아니 저 놈이 아직도 안 죽고 여기 있었구먼." 포수는
어제 저녁 그 강도였던 것이다. 이 사람은 "이제는 죽었구나."하고 눈을
감았다. 포수가 총을 겨누어 이 사람을 쏘려고 하는데, 그 순간 올빼미를
따라갔다가 돌아온 어미호랑이가 돌아와 죽은 새끼들과 이 포수를 보고
눈이 뒤집혔다. 호랑이는 비호같이 포수의 등 뒤로 달려들어 포수를 잡아
먹어 버렸다. 그리고는 어슬렁어슬렁 어디론가 사라지는 것이었다. 그리
하여 그 사람은 마침내 나무꾼들의 도움으로 살게 되었다는 것이다.

그는 이야기를 끝내면서 다시 한번 강조했다. "어떤 경우에도 포기만
하지 않으면 살 길이 있다는 것을 알았습니다. 그래서 물에 떠내려가는
사람들에게 '살 길이 있다'고 외친 것입니다." 사연을 들은 함흥감사는
이 사람에게 두 배의 상을 내렸다.

그렇다. 하루 사이에 네 번의 위기에서 살아난 사람도 있다. 우리 평
생에도 한두 번 오는 큰 어려움이 있다. 하지만 어떤 문제 앞에서라도 정
신만 차린다면 당연히, 너무도 당연히 살 길이 있다. 예수님이 바로 우리
의 살 길이다.


"천하에 범사가 기한이 있고 모든 목적이 이룰 때가 있나니
날 때가 있고 죽을 때가 있으며
심을 때가 있고 심은 것을 뽑을 때가 있으며
죽일 때가 있고 치료시킬 때가 있으며
헐 때가 있고 세울 때가 있으며
울 때가 있고 웃을 때가 있으며
슬퍼할 때가 있고 춤출 때가 있으며…
하나님이 이같이 행하심은
사람으로 그 앞에서 경외하게 하려 하심인 줄을 내가 알았도다"
(전도서 3:1-4, 14)

# 옳은 것보다도 더 옳은 것

두 하인이 논쟁을 벌였다. 그러다가 억울하다고 생각한 A라는 하인이 주인인 황희 정승에게 나아가서 자기의 옳음을 토로했다. 이야기를 다 듣고 나서 황희 정승은 "자네 말이 옳다."고 했다. 그러나 B라는 하인 역시 황희 정승에게 자기의 옳음을 하소연했다. 그러자 또 황희 정승은 "자네 말이 옳다."고 한다. 이러한 것을 옆에서 지켜보던 부인이 황희 정승에게 "둘 중에 하나가 옳으면 분명 다른 한쪽은 그릇된 것임이 이치거늘 대감께서는 어찌하여 둘 다 옳다고만 하십니까?"라고 질문을 했다. 그러자 아내의 말을 듣고 황희 정승은 "당신 말도 옳다."고 했다는 일화가 있다.

미국이 주를 연합하여 큰 나라로 도약하고자 했을 때이다. Randoll이라는 버지니아 주 대표는 국회를 구성할 때 인구수를 비례로 하여 국회의원을 뽑아야 한다고 주장을 했고, 이에 많은 주들이 찬성을 하고 그들의 뜻을 관철하려 했다. 그러나 뉴저지의 대표 Patterson은 13개 주가 연합하여 연방정부를 만드는 만큼 각 주에서 대표를 뽑아 국회를 구성해야 한다고 주장했다. 물론 이 의견에는 작은 주들이 열광적인 지지를 보내고 있었다. 그러면 어떻게 할 것인가? 사실 이 두 가지 의견이 다 옳은 것이 틀림없다. 그러나 이들이 끝까지 자기의 의견만 옳다고 고집을 부렸다면, 오늘날의 미국은 없을 것이다. 그러나 그때에 커네티켓 주에서 온 Rosellman이라는 사람이 각 주에서 대표자로 구성된 국회를 상원이라고 하고 인구비례로 뽑은 것을 하원이라고 해서 양원제 국회를 만들자고 제안을 했고, 이것이 받아들여져 오늘날 미국이 탄생할 수 있었다.

옳은 것이 무엇인가? 인간의 역사를 통해서 보면 옳은 것은 지극히 상대적인 것이다. 그래서 옛말에 "안방에서 들으면 시어머니의 말이 옳고, 부엌에서 들으면 며느리의 말이 옳다."고 했다. 그러면 옳은 것을 구별하지 말자는 말인가? 아니다. 옳은 것을 구별하는 지혜를 가져야 한다는 것이다. 분쟁하는 일, 상처 주는 일들은 비록 그것이 사실일지라도 옳은 것이 아니다. 그리고 사실보다도 중요한 일이 옳은 일이다. 즉 '사실'이 다 옳은 것이 아니란 말이다. 황희 정승은 이것을 알고 있었으며, 미국도 이것을 알고 있었기에 큰 나라가 된 것이다.

한국 사람들은 이 지혜를 잘 모르는 것 같다. 근시안적이고 단편적이고 자기의 의가 참으로 강하다. 그래서 우리나라의 역사는 싸우고 나뉘고 상처 난 역사만 가득하다. 심지어는 이민교회 안의 많은 교회들마저도 이와 같은 문제로 심한 갈등을 겪어왔다. 기독교의 십자가는 옳은 것보다도 더 옳은 사랑과 지혜의 결정체다. 이 지혜는 누구에게 이해되고 안 되고 하는 하급지식이 아니다.

이 십자가의 지식은 나누어진 것을 합하고, 싸움하는 곳에 평화를 가져다주고, 병든 것을 치료하는 구원의 지식이다. 가끔씩 누가 나에게 주관이 없느냐고 묻는 때가 있다. 그럴 때 나는 황희 정승 흉내라도 내려고 한다고 변명이라도 해야 할까보다. "자네 말이 옳구만. 그래 듣고 보니 자네 말도 옳구만." 우리는 어차피 다 같은 죄인들이다. 누가 자기의 의를 드러내고 주장 할 수 있겠는가?

"모든 사람이 죄를 범하였으매 하나님의 영광에 이르지 못하더니
그리스도 예수 안에 있는 구속으로 말미암아
하나님의 은혜로 값없이 의롭다 하심을 얻은 자 되었느니라"
(로마서 3:23-24)

# 진짜 예수쟁이들

SEARCH(탐구)란 이름을 가진 미국의 종교연구소가 수많은 목사, 신학자, 그리고 일반 기독교인들을 대상으로 "성숙한 기독교인이라는 것은 무엇을 보고 알 수 있느냐?"라는 설문조사를 하여 다음 10가지를 통계결과로 발표했다.

① 하나님의 구원하시는 은혜를 확실히 믿는 사람

② 안으로는 마음이 평안하고 밖으로는 항상 감사하는 사람

③ 신앙이 가정과 직장에서 실천되는 사람

④ 교회의 일에 헌신적으로 참여하는 사람

⑤ 복음을 전파하며 다른 사람의 영적인 성장을 위해서 노력하는 사람

⑥ 다른 사람을 섬기는 것을 삶의 목적으로 여기는 사람

⑦ 인종, 남녀, 계급을 초월하여 다른 이웃들의 아픔과 고난에 동참하려는 사람

⑧ 사회의 죄악과 불의에 대하여 책임감을 느끼는 사람

⑨ 성경공부와 기도로 자신의 영적인 생활을 위해 노력하는 사람

⑩ 술, 담배, 마약, 부정한 성관계 등 사회의 공적인 해악에 물들지 않

는 사람

위의 열 가지를 보면 다섯 가지는 자신의 안으로의 성숙을 위한 노력이고, 나머지 다섯 가지는 밖으로 사랑을 실천하는 노력이라는 것을 알 수 있다. 윌리엄 바클레이(영국신학자로 세계 최다 저술가이며 존경받는 세계의 석학)는 이런 유명한 말을 했다. "많은 사람들이 교회에 나오게 된 것은 신앙이론에 설득 당해서가 아니라 기독교인들의 사랑을 보았기 때문이며, 많은 사람들이 교회를 비난하는 것은 성경내용을 믿을 수 없기 때문이 아니라 기독교인들의 불친절과 이기심 때문이다."

그런데 요즘 세상에 비친 기독교인의 얼굴이 부끄럽기 짝이 없다. 기독교인들이 많아서도 그렇겠지만 나라의 큰 부정부패에는 언제나 기독교인들이 빠지지 않고 있다. 청문회 때마다 기독교인들의 얼굴이 빠지지를 않는다. 때로는 증인들로 나온 사람들 중에 무엇보다도 성서를 걸고 맹세한다는 말에 대해서는 내 마음이 괴로웠다. 아마 그들이 기독교에 끼친 손해를 돈으로 친다면 수 억 아니 수 조가 될 것이다.

몇 해 전 미국의 기독교계에는 충격적인 뉴스가 있었다. 헨리 뉴엔 박사가 하버드 대학을 사임하고 매사추세츠에 있는 작은 정신박약아 시설에 직원으로 들어갔다는 것이었다. 상식적으로는 전혀 있을 수 없는 일이었다. 세계적으로 가장 인기 있는 신학자가 하버드 대학이라는 명예와 보수를 버리고 정신박약아들의 용변지도와 세수, 옷 입히는 일들을 위해 살겠다는 것이다. 뉴엔 박사는 어려서부터 천재신동이라는 별명을 들었고, 신앙심 또한 유별난 사람이었다. 그가 다닌 학교에서는 모두 수석을 했으며, 그의 저서 20여 권은 베스트셀러가 되었고, 그런 그를 한 번만이라도 만나기를 원하는 사람들이, 나를 포함해서 전세계에 깔려있다. 사람들이 그에게 "왜 그러느냐?"고 묻는다. 이 질문에 뉴엔 박사는 한 권의 책을 써서 대답했다. 『예수의 이름으로(In the name of Jesus)』란 책인데 거기서 그는 이렇게 답했다. "예수는 이론으로가 아니라, 희생으로 증거 되기 때문입니다."

'예수쟁이' 란 기독교인들의 별명이다. 이 별명은 기독교인들을 존경하고 사랑하는 뜻에서 붙여진 이름이 아니다. 100년 전 초대교회 당시에 예수님을 믿고 따르는 사람들을 멸시하는 마음에서, 비웃음과 모욕을 담아 붙여준 별명이다. 예수님을 따르는 자, 예수님께 속한 자, 예수님만 알고 살아가는 자, 예수님에게 미친 자라는 뜻으로 지어준 것이다. 그러나 기독교인들은 이 이름을 기쁘게 받아들였다. 부끄러워하기보다는 오히려 자랑스러워하며 예수쟁이란 이름이 부끄럽지 않도록 헌신된 삶을 살고자 노력했던 것이다.

시드니 땅에서 신앙생활 하는 기독교인들이여! 욕먹지 말자. 너도나도 하나님과 사람들 앞에서 인정받는 진짜 예수쟁이가 되는 영광을 누리자.


"그러므로 너희는 하나님의 택하신 거룩하고 사랑하신 자처럼
긍휼과 자비와 겸손과 온유와 오래 참음을 옷 입고
누가 뉘게 혐의가 있거든 서로 용납하여 피차 용서하되
주께서 너희를 용서하신 것과 같이 너희도 그리하고"
(골로새서 3:12-13)

# 풍토병에 걸린 테러리스트

전세계는 도저히 눈으로 수십 번 보면서도 믿기지 않을 만큼 잔인무도한 사건을 목격하였다. 그리고 우리는 모두 비행기 자살충돌로 붕괴되는 세계무역센터 쌍둥이 빌딩을 보면서 말문이 막히었다. Boston의 한 일간지 서두에 "The nation saw evil(우리는 악마를 보았다)"라고 썼다. 그리고는 수십 억의 인구가 몸서리를 치게 만든 흉측스런 악마의 형상을 보여주었는데, 막상 그의 얼굴을 보면서 나는 꽤 당황스러웠다. 그것은 그의 얼굴이 내가 기대했던 흉악형이 아니었기 때문이기도 하지만, 그의 긴 수염 탓인지 묘하게도 나는 그의 얼굴을 보며, 어릴 적 동화책을 읽으며 상상했던, 마음씨 좋아 보이는 산신령의 얼굴하고 그가 비슷하다는 생각이 들었기 때문이다. 마음이 약한 탓에 닭의 모가지를 비틀지 못해서 닭 하나 잡을 수 없는 위인 같아 보이는 사람이, 사람을 닭보다도 쉽게 비틀고 치고 죽였으니 그 분위기가 이상하게 느껴졌던 것이다. 그를 보면서 나는 그가 불쌍하다는 생각이 들었다. 악한 영에 사로잡히지 않고서야 무엇이 그토록 미워서 잔인하게 수많은 사람을 죽이기까지 했을까?

사람의 생명을 쉽게 유린하는 것은 그 이유나 방법을 따지기 전에 더 깊은 문제가 있다고 본다. 나는 그 이유를 풍토병으로 생각한다. 사건의 정확한 원인은 본인이 주장하는 종교적인 변명 같은 것이 있고, 미국에 대한 생리적 과잉반응일 수도 있고, 정치에 대한 좁은 이념으로 비롯된 소 영웅심일 수도 있다. 또 개인의 난폭한 성격이라고 말할 수도 있겠다. 그러나 어찌하든지 어떤 풍토가 그런 일과 그런 사람을 생산한 것만은 사실이다.

에모리 대학의 정신과 박사 마이클은 살인범 6,000명에 대한 연구를 했는데, 범죄와 풍토 사이에는 밀접한 관련이 있다고 지적했다. 범죄는 온도와 기후에 밀접한 관련이 있으며 사는 지리에도 관련이 있고 특히 가정과 친구 사이에 관련이 아주 크다고 말하고 있다.(풍토가 행동에 미치는 영향 -American Journal of Psychiatry)

결국 인간의 행동은 환경에 지대한 영향을 받는다는 것이다. '정글북' 의 주인공 모글리처럼 늑대와 어울려 살면 늑대처럼 행동한다는 것이다. 오염된 강에서 물고기들이 떼죽음을 당하듯이 오염된 사회에서 개인의 잘못을 규탄해 보아도 사실 문제가 해결되는 것이 아니다. 오히려 카다피나 사담 후세인이나 탈레반이나 오사마 빈 라덴 같은 엉뚱한 범죄 영웅만 만들어낼 수도 있다.

현대 사회의 풍토병은 여러 증세를 나타내고 있다. 다른 사람이야 어찌되든 나만 잘 되면 된다는 이기주의, 내일은 알 수 없으니 오늘 먹고 즐기자는 쾌락주의, 그때그때만 넘기면 된다는 임시변통주의, 돈이든 자식이든 과시하고 싶은 과시주의, 퇴폐풍조 등 모든 것들이 얽혀져서 현대 사회의 풍토를 오염시키고 있다. 이런 풍조들은 세계의 장래와 그 속에서 자라나는 후세들을 생각하면 정말 무섭고 염려스럽지 않을 수 없다.

결국 이러한 증세들의 분모를 이루고 있는 것은 '두려움이나 불안' 이다. 범죄자들의 공통점은 불안이라고 한다. 불안한 사람은 남을 믿지 못한다. 그래서 불안은 불신으로 연결된다. 흔히 말하는 불신풍조의 뿌리도 불안이라는 심리에서 자란 것이다. 생계 걱정을 해야 하는 불안, 배우자가 부정을 하지 않을까 하는 불안, 혼란한 정국에 대한 불안 등, 헤아릴 수 없이 많은 불안이 풍선에 바람이 가득 차서 터질 것 같이 사람의 가슴을 꽉 채우는 것이 오늘 우리가 사는 이 세상의 풍토라고 해도 과언이 아니다. 이런 면에서 빈 라덴은 회교권의 비뚤어진 풍토병에 걸린 환자라고 볼 수 있다.

괜히 신경질적인 사람, 뭔가 중얼중얼 거리는 사람, 지나치게 비판적인 사람 등이 다 심리적인 불안의 기재를 그렇게 표출하고 있다는 것이다. 사실 이런 풍토에서 폭력이나 테러가 일종의 심리적 기재의 표출일 수 있다고 심리학자들은 말하고 있다. 이런 생각을 하면 우리가 사는 세상에 절망감이 들 수도 있다. 그러나 병이란 치료될 수 있는 것이기에 한 가닥 소망이 없는 것은 아니다. 그 한 가닥 소망이 어디 있을까?

이 세상의 소망은 빛 되시는 예수님에게만 있다. 모든 세상의 풍토병 환자를 고치실 수 있는 능력이 그분께 있음을 믿는다. 이번에 당한 참사를 위로하기 위하여 뉴욕의 한 교회에서 드려진 위로예배에서 어떤 목사님의 말씀이 나의 마음에 평안을 주었다. 하나님의 영이 떠난 백성은 어두움 속에 방황할 수밖에 없지만 하나님의 영이 함께 계심을 믿는 자에게는 하나님 안에서 마침내 위로와 평강을 얻을 것이라는 것이다. 미국의 대통령 Bush도 국민 담화문에서 미국은 하나님이 함께 하심으로 사망의 음침한 골짜기를 다닐지라도 해를 두려워하지 않을 것이며 미국에게 주어진 빛의 사명을 감당해 나갈 것이라고 국민들을 위로하였다. 지금은 우리 모두가 어려움 속에 있는 미국의 형제들을 위해 기도할 때이다.

예수님은 말씀하셨다.

"나는 세상의 소망이니

나를 믿는 자는 어둠에 다니지 아니하고
생명의 빛을 얻으리라"
(요한복음 8:12)

# 오직 하나님께 영광을

**바**흐(John Sebastian Bach)는 작곡이 끝나면 언제나 오선지 위에 "SDG(Soli Deo Gloria-오직 하나님께 영광을)"이라고 적어 넣었다. 자기의 일, 자기의 성취, 자기의 기쁨은 오직 하나님께 영광 돌리는 데 있음을 확인하는 의미에서였다. 성경 66권을 한마디로 요약한다면 무슨 내용이 될 것인가? 그것은 마가복음 12장 30절에서 31절의 말씀이다. "네 마음을 다하고 목숨을 다하고 뜻을 다하고 힘을 다하여 너의 하나님을 사랑하라."

이 말씀은 구약에 열 번, 신약에 네 번, 모두 열네 번이나 반복된 말씀이다. 결혼할 때 신랑과 신부가 서약을 하는데, "아플 때나 건강할 때나 가난할 때나 부할 때나, 높을 때나 낮을 모든 때에도 당신만을 사랑할 것을 맹세합니다."라는 서약을 한다. 환경에 영향 받지 아니하고 조건여하를 막론하고 오직 당신만을 생각하고 사랑하겠다는 이 언약만큼 아름답고 행복하게 하고 영광이 되는 말이 어디 있을까. 신앙인들이 믿음 생활을 한다는 것, 크리스천이 된다는 것은 바로 이런 하나님과의 언약관계에 있는 것을 뜻한다. 그리고 그 언약을 지키는 것이 하나님께 영광을 돌리는 것이다.

베르디(Giuseppe Verdi)의 오페라 첫 작품이 플로렌스에서 공연이 될 때, 그는 연주장 한 구석에 앉아 있었다. 그리고 그는 당시 유명한 작곡가인 롯시니(Rossini)만 뚫어지게 바라보고 있었다. 베르디에게 보내는 청중들의 박수나 감탄하는 소리나 표정에는 전혀 관심이 없었다. 오직 저 위대한 작곡가 롯시니의 표정에 어떤 반응이 있는가 만을 볼 뿐이었다. 그의 얼굴에 만족한 미소가 한순간만이라도 스쳐 지나가는가? 실망의 빛이 보이는가? 이것만이 베르디의 유일한 관심이었다. 그래서 그는 구석에 몸을 숨기고 롯시니만을 뚫어지게 바라보았던 것이다.

그렇다. 하나님이 인정하시는 미소, 하나님이 기뻐하시는 미소, 오직 그것만이 문제이다. 하나님만이 기뻐하시면 모든 것이 해결된다. 하나님이 인정해 주시면 모든 문이 열리게 되어 있다. 그래서 청중들의 환호나 박수보다도 하나님만을 바라보는 것, 그것이 크리스천의 삶이고 Soli Deo Gloria다. 이렇게 하나님께 기쁨의 초점을 맞추고 사는 사람에게는 다른 것은 별로 큰 문제가 안 된다.

지난 화요일 우리 대표팀이 이번 월드컵에서는 처음으로 패배를 맛보았다. 그러나 세계 외신들은 26일 한국팀이 4강에 오른 것만으로도 대단한 위업이라고 평가하고, 한국 국민들의 응원 매너에 대해서도 찬사를 쏟아냈다. 영국 일간지 〈Independent〉는 "박수, 눈물 그리고 불꽃놀이: 한국 멋진 패배에 축배를 들다"라는 제목의 기사에서 축구 역사상 월드컵에서 지고도 어젯밤 한국처럼 기뻐한 나라는 없었다면서 16강 진입은 물론, 포르투갈, 이탈리아와 스페인을 물리치고 결승전의 문턱까지 간 것 자체가 너무나 영광스러운 성과였기 때문에 그 후의 패배는 사소한 것이 돼버렸다고 평했다. 캐나다 일간지 〈Toronto Sun〉은 "한국은 최고의 월드컵 개최국"이라는 제목의 서울발 기사에서 "한국인들은 이번 대회를 통해 부드럽고, 친절하고, 정직하고, 평화로운 모습을 보여주고 있다."며 "이는 일부 유럽국가에서 흔히 보이는 극단적인 행동을 낳는 국수주의와는 다른 애국심"이라고 지적했다. 호주 〈Sydney

Morning Herald〉도 "한국은 최근 100년 역사에서 외세 침략과 동족상잔 등의 뼈아픈 사건을 경험했음에도 불구, 지금 르네상스 시대를 맞고 있으며 이는 한국 축구를 통해 확인할 수 있었다."고 전했다. 한반도에 나라가 세워진 이래로 이번처럼 세계로부터 깊은 관심과 극찬을 받아 온 적은 없었다. 언제나 한국 기사에 좋은 기사를 쓰기를 주저하는 일본의 〈아사히(朝日)신문〉 마저도 "일본 몫까지 잘 싸웠다."는 제목으로, "월드컵 개막 전에는 일본만 16강에 올라가면 어떡하느냐고 걱정하는 사람들이 많았다."며 그러나 정작 뚜껑을 열어본 결과, 한국은 16강에 머무른 일본을 훨씬 뛰어넘는 쾌거를 이뤘다고 했다. 그만큼 큰 일을 우리나라가 마침내 이루었다. 하나님의 축복이다. 하나님의 크신 은혜이다. 10명의 태극마크를 달고 신앙으로 무장된 하나님의 전사들이 오직 하나님께 영광을 드리기 위해 최선을 다했던 덕분이다.

크리스천 연예인인 차인표(탤런트)는 기자와의 인터뷰에서 "이건 정신력의 힘이다. 정말 믿을 수가 없다. 하나님이 각본을 쓰고 선수들이 연기자가 된 한 편의 드라마였다. 다시 한번 대한민국 사람이라는 것을 자랑스럽게 여기게 해 준 선수들에게 정말 고맙다는 말밖엔 할 말이 없다."라고 밝혔다.

전 세계에 흩어져서 사는 우리 한국백성은 이번 월드컵의 기쁨과 영광을 하나님께 돌린다. 내가 한국백성이라는 사실이 자랑스럽다.

"주께서 내 원수의 목전에서 내게 상을 베푸시고
기름으로 내 머리에 바르셨으니 내 잔이 넘치나이다
나의 평생에 선하심과 인자하심이 정녕 나를 따르리니
내가 여호와의 집에 영원히 거하리로다"
(시편 23:5-6)

# 사랑, 그 깊음에 대해

# 행복은 마음에 있다

영국의 LSE대학의 로버트 우스퍼 박사가 세계 54개국 국민들이 느끼는 행복도(幸福度)를 조사했는데 놀라운 결과가 나왔다. 우리들의 상식과는 정반대로 결과가 나온 것이다. 세계에서 행복지수가 제일 높은 나라 1위가 방글라데시이며 2위가 아제르바이잔이고 3위가 나이지리아며 4위가 필리핀이었다. 이들 나라는 전부가 경제 원조를 받고 있는 나라들이다. 세계 제일의 강국이라는 미국은 46위, 일본이 44위로 나왔는데, 아무리 행복이란 것이 주관적인 문제라 해도 우리의 상식과는 너무나 엉뚱해서 놀라울 뿐이다.

사실 행복이란 남이 행복하다고 여겨서 행복한 것이 아니다. 본인이 행복을 느끼지 못한다면 천국에서 산다 해도 행복한 것이 아니다. 그렇다면 어떻게 해야 행복을 느끼면서 살 수 있을까?

첫째, 일이 있으면 행복하다고 생각하라. 돈 받는 일이든 봉사하는 일이든 하는 일이 있으면 내가 이 세상에 필요하다는 증거고, 내가 살아 있다는 증거이며, 내가 아직 건강하다는 증거이기 때문이다. 세상에 중요한 것이 많이 있지만 기본적으로 가장 중요한 것은 내가 살아있고, 내가 이 세상에 필요하며, 아직은 건강하다는 것이다. 이 외에 다른 어떤 것도 모두 부록과 같은 것이다. 일이 있으면 행복한 것이다.

둘째로, 사랑할 사람이 있으면 행복하다. 사랑할 사람이 있다는 것은 내 마음이 건강하다는 증거이고 내가 누구에게 필요하거나 누가 나에게 필요하다는, 정(情)과 진실이 있다는 증거다. 인간성이란 정과 진실이지 능력이나 소유가 아니다. 그래서 내가 누구를 사랑하고 있다는 것은 내가 아직 아름다운 사람임을 증명하는 것이다.

셋째, 소망이 있으면 행복한 것이다. 소망이 있다는 것은 더 좋은 내일이 있다는 것이다. 그 소망은 어떤 환경 속에서도 앞으로 나갈 수 있는 에너지가 되며, 소망이 있는 한, 나에게는 아직 많은 가능성이 있다는 것을 뜻한다. 아무 것이 없어도 소망이 있으면 행복할 수 있다. 방글라데시 사람들은 한결같이 내일은 더 좋아질 것이라고 믿는 사람들이었다.

넷째로, 감사하다는 생각이 있으면 행복하다. 하나님께 감사하다는 생각이 있으면 하나님께 연결된 것이요, 사람에게 감사하다는 마음이 있으면 그 사람과 정신적으로 연결된 것이다. 그러면 나는 혼자가 아니고 하나님의 은혜 아래, 이웃의 사랑 아래 살고 있기 때문에 고독하거나 두렵지 않다. 감사는 천국의 집을 짓는 대들보와 같다.

다섯째로, 믿음이 있으면 행복하다. 많은 사람들의 불안이 죄의 문제로 오는 것이다. 내가 깨끗하면 죽음도 두렵지 않다. 깨끗한 사람에게는 죽음이 아쉬운 것은 될지라도 두려운 것은 아니다. 그런데 믿음이 있으면 죄에 대해 용서를 받은 것이기에, 죄의 문제를 해결한 사람은 평안이라는 행복을 누리게 된다. 또한 믿음이 있으면 내 삶에 하나님이 동행하심을 느끼게 되고, 그러므로 믿음이 있는 사람은 염려와 근심에서 해방되는 행복을 느끼게 된다.

마지막으로 나의 마음을 비우면 행복을 맛보게 된다. 마음을 비운다는 것은 욕심을 버린다는 것이다. 욕심은 한이 없어서 행복을 먹어치우는 가장 무서운 적이다. 그래서 욕심을 비우지 못한 사람은 있는 행복도 잃어버린다. 욕심과 불행은 비례한다. 무엇이 없어서 불행한 것이 아니라 욕심이 많은 만큼 불행한 것이다. 또 마음을 비운다는 것은 겸손해지는 것이다. 낮은 마음을 가지고 나보다 남을 낮게 여기고 대접을 받으려거나 칭찬을 들으려거나 인사를 받으려는 데 신경을 쓰지 않으면 저절로 행복이 온다.

하나님은 행복이란 것을 첩첩산중 산꼭대기나 깊은 바다 속에, 혹은 우리의 손길이 닿기 어려운 곳에 두시지 않고 우리의 마음속에 두셨다. 행복을 찾기 위해 무지개를 좇아가듯 헛된 수고를 하지 않아도 된다. 예수님 안에서 행복은 쉽게 발견할 수 있는 것이다.

"심령이 가난한 자는 복이 있나니 천국이 저희 것임이요"
(마태복음 5:3)

# 어머니

**10**년 전에 내가 목사 안수를 받게 되었을 때 여러 사람들이 진심으로 기뻐해 주었다. 그러나 내 어머니만큼 기뻐해 준 사람이 있었을까! 정말 어머니는 나보다도 더, 내가 목사가 된 것을 기뻐해 주셨다. 내 어머니는 평생 동안 나를 위해 기도해 주신 분이다. 특별히 내가 지금도 잊지 못하는 것은 20년 전 내가 신학대학에 다니며 꼭 이 길을 가야 하는가라는 고민을 할 때에 어머니가 나를 위하여 연이은 금식기도를 하셨던 일이다. 일주일 끝나시고 나면 얼마 안 돼서 또 열흘, 그리고 얼마 후 보름 이상을 금식하셨는데 내 기억으로는 1년 사이에 3개월 정도 아무것도 드시지 않고 금식기도를 하셨던 것으로 기억이 난다. 이런 부모님의 사랑을 생각하면 그 거룩한 사랑 앞에 숙연해지고 만다.

어머니의 사랑은 진실하다. 티가 없다. 그 사랑은 너무나 숭고하기 때문에 그 자녀가 철이 들기 전에는 도저히 부모님의 높은 은공을 다 깨닫지 못한다. 그러나 슬픈 것은 우리가 철이 들 때쯤이면 부모님은 이 세상에 계시지 않기 때문에 대부분이 온전한 효도를 다 할 수 없다는 것이다.

한국에 있을 때 교도소에 전도하러 가서 설교를 마치고 찬양팀과 함께 노래를 하는데, 설교를 할 때는 그렇게 떠들고 곁눈질하던 죄수들이

'어머니의 은혜'를 노래할 때는 다들 힘차게 부르다가 주먹으로 눈물을 닦는 죄수들의 모습이 여기저기 보였다. 이처럼 우락부락하고 끔찍한 살인죄를 저지르기까지 했던 이들도 눈물 흘리게 할 만큼 어머니의 사랑이 엄청나구나 하는 숙연한 마음을 느끼게 되었다. 부모님의 사랑은 약과 같이 병을 고치는 힘까지 지녔다. 어떤 강퍅한 마음도 부모님의 사랑 앞에서는 아이같이 녹고 만다.

인간이 세상에 태어나서 최초로 경험하는 사람이 어머니다. 인간이 최초로 배우는 단어가 '엄마'라는 말이다. 최초로 먹는 것이 어머니의 젖이다. 어머니의 무릎은 우리의 교실이었으며, 어머니의 품안은 우리의 고향이었다. 어머니의 손길은 우리의 약이었고, 어머니의 옛날이야기는 우리의 꿈이었다.

이런 어머니를 우리가 잊을 때가 있다. 말도 안 되는 변명이다. 바쁘다고? 시대가 바뀌었다고? 할 일이 많다고? 어머니의 사랑 앞에는 어떠한 변명도 핑계도 성립될 수 없다. 부모님의 행복은 아들딸들이 결정한다. "전 생활비를 꼬박꼬박 보내드립니다."고 자랑스럽게 말하는 사람들도 있다. 잘하는 것이다. 그러나 그것으론 부모님의 은혜를 100분의 1도 갚을 수 없다. 부모님이 주신 사랑을 빼놓고라도 양육비의 이자도 안 된다.

힘들어도 부모님이 아직 살아 계신 사람은 행복한 줄로 생각하자. 자식에게 최고의 점수를 쳐준 사람이 부모님이다. 언제나 그분들은 자식의 편이며, 세상의 모든 사람이 나에게서 돌아설지라도 끝까지 나의 편으로 남아계신 분들이시다. 어버이는 우리의 모든 것을 귀여워했고, 우리의 작은 성공도 큰 자랑으로 여기셨으며, 나의 실패에도 결코 낙망하지 않으시고 또 기대를 거시면서 기다려주시는 분이다. 비록 나쁜 짓을 저질렀을 때에도 그것을 감싸주시려고 모든 도리를 다하셨으며 심지어 대신 고통과 부끄럼을 당하시는 것을 바라신 분이다. 우리의 부모님들은 누구보다도 험한 세상을 사셨다. 그분들의 가슴에는 자식들이 알 수 없는 너무나 많은 상처들이 있다. 그래서 그분들은 오직 자식 하나에 희망을 걸고, 그 험한 인생의 길을 묵묵히 살아오셨다.

오, 자식들이여!

성경은 이렇게 말씀한다.

"자녀들아 네 부모를 공경하라
그리하면 네가 땅에서 복을 받으리라"

# 할머니의 제사

**한**국 원주라는 곳에 사시는 할머니 이발사 전옥순 씨의 이야기를 들었다. 67세지만 지금도 이발관을 경영하며 머리를 깎고 있다. 남편이 이발사였는데, 위 수술을 받다가 잘못되어 전신마비의 불구자가 되어버린 남편을 대신하여, 30년 간 자신이 이발 기술을 배워서 이발관을 운영하며 4남매를 다 키우셨다고 한다.

전옥순 할머니의 일과는 매일 새벽 4시부터 시작된다. 교회에 나가 새벽기도를 하고, 간단한 등산을 한다. 이 두 가지가 평생 보약 한 번 먹지 않았지만 지금까지 건강을 유지해온 비결이다. 할머니는 새벽기도는 마음을, 등산은 몸을 건강하게 한다고 믿고 있다.

할머니의 이발관에는 노인들이 많이 온다. 70리 밖에 사는 사람들도 버스를 타고 이곳으로 이발하러 온다고 한다. 까닭이 있다. 그녀는 돈만 벌기 위해서 이발하는 것이 아니기 때문이다. 할머니의 이발관은 노인들의 친교실이자 안식처이다. 날마다 여러 가지 차를 끓이고 떡을 만들고 밥을 지어 함께 먹으면서 여러 사람들이 북적거리는 곳으로 만들었다. 할머니는 노인들을 대접하고 그들의 말을 들어주는 것을 보람으로 여기고 있다. 그래서 사람들이 꼭 이발을 하려고만 오는 것이 아니라, 이런 분위기를 좋아해서 오는 경우가 더 많다. 토요일에 할머니는 출장 이발을 간다. 이발하러 온 사람들의 부탁을 받아서, 환자나 돈 없는 사람들 그리고 거지들을 찾아가서 무료로 이발을 해준다. 지금의 삶에 할머니는 너무 만족해하고 행복해 한다. 할머니의 고민은 한 가지뿐이다. 그런 무료 이발 대상자들이 너무 많은데 자기의 건강과 시간이 부족하다는 것이다.

전옥순 할머니의 이야기를 읽으면서, 사람의 행복은 마음가짐에 있는 것이지, 환경에 달려있는 것이 아님을 새삼스럽게 느끼게 되었다. 냄새나는 병자들과 거지들의 머리를 깎으면서도 행복해 하는 사람이 있고, 진수성찬을 먹고 빈둥거리며 놀면서도 불행하다고 느끼는 사람이 있다.

사람은 재미만 있어야 행복한 것이 아니라, 보람이 있어야 행복한 것이다. 그리고 그 보람이란 것은 반드시 자기희생이 들어가야만 느낄 수 있는 것이다. 내 삶의 보람이 무엇인지, 이 점을 확실히 하지 못하면, 그리고 구체적으로 그 보람을 위해서 실천하는 생활이 없으면 진정한 행복을 맛보며 살 수 없다. 물론 보람에도 높고 낮은 차원이 있다. 자기를 위한 보람은 가장 낮은 차원이고, 가족을 위한 보람은 중간 차원이며, 높은 보람이란 남을 위한 희생을 했을 때 얻어지는 것이다. 즉 남을 위한 희생이 가장 커다란 보람을 가져다준다. 그리고 그 보람의 차원이 행복의 차원과 정비례하는 것이다.

영국의 속담에 "닳아 없어지는 것이 녹슬어 없어지는 것보다 낫다.(It is better to wear out than to rust out.)"란 말이 있다. 사실 우리의 인생이란 어떻게든 소모되어 끝을 향해 가고 있다. 열심히 일하고 남을 위해 봉사하면서 죽을 수도 있고, 욕심과 쾌락만을 좇다가 죽을 수도 있다. 같은 죽음이지만, 그 과정의 인생에는, 그리고 그 결과에는 엄청난 차이가 있다. 열심히 일하고 봉사하면서 죽어 가는 삶은 무엇인가를 건설하고 누군가를 치료한다. 그러나 욕심과 쾌락만을 좇는 삶은 무언가를 파괴하고 누군가에게 상처를 준다. 그리고 그들의 마음에 남는 것도 다르다. 닳아져서 죽어 가는 사람은 그 마음에 평안과 기쁨이 있지만, 녹슬어서 죽어 가는 사람의 마음은 허무와 두려움으로 가득 찬다.

나는 아름다운 것을 좋아한다. 아파서 눈물을 흘려 본 적은 별로 없지만, 아름다워서 눈물을 흘린 적은 많다. 그런데 그 아름다움이란 것의 의미가 내 인생의 연륜에 따라 바뀌어 왔다. 어려서는 김희선 같은 외모가 예쁘고 아름다워 보였지만, 지금 장년이 되어서는 전옥순 할머니 같은 희생이 아름답게 보인다. 그렇게 아름다울 수가 없다.

"우리가 예수로 말미암아 항상 찬미의 제사를 드리자
이는 그 이름을 증거하는 입술의 열매니라
오직 선을 행함과 서로 나눠주기를 잊지 말라
이 같은 제사는 하나님이 기뻐하시느니라"
(히브리서 13:15-16)

# 정에 웃고 정에 울고 정에 사는 사람

미국에서는 사람의 인권뿐만 아니라 개의 견권(犬權)도 많이 옹호되고 있다. 개 한 마리가 뉴스거리가 된 적이 있다. '타로'라는 개가 동네 아이를 물어서 상처를 낸 적이 있었다. 그것도 한 번이 아니라, 두 번씩이나 그런 일이 생기자 번겐 재판소는 이 개를 죽이도록 명령했는데 주민들이 거센 반발을 했다. 더구나 동물애호가들과 유명한 영화배우 지나 롤로부리지다 등이 피켓을 들고 법원 앞에 나타나서 데모를 하는 통에 전국적으로 이 사실이 전해졌고, 전국 동물애호가들의 항의가 거세게 일어났다. 결국 법원은 주민들의 여론을 받아들여서 동물법이 너그러운 다른 곳으로 보내도록 '추방(?)'을 함으로써 이 사건을 마무리했다. 그런데 개의 주인은 정든 개를 도저히 혼자 보낼 수가 없다며 모든 가족이 개와 함께 이사를 갔다고 한다. 흔히 한국 사람들이 정이 많다고 하는데, 이렇게 동물에게까지 정을 쏟는 미국인들을 우리는 어떻게 보아야 할까?

사실 정(情)이란 참 중요한 것이다. 관계를 굳게 해주는 것이 정이고, 잘못했을 때 이해하고 넘어가 주는 것도 정이며 깨지려는 사이를 붙여주는 것도 정이다. 한국 사람은 정에 웃고 정에 우는 사람들이라고 한다. 이것은 부정적인 측면보다도 긍정적인 측면이 더 많다. 서양 사람들이 규칙을 잘 따지는데 이는 원칙주의 이전에 그 심리적 근저의 '정 없음'이 그런 행동을 불러일으켰다고 할 수 있다.

영국 해군의 신화적 존재인 넬슨 제독은 정이 많은 사람으로 알려져 있다. 전쟁 중인데 한 부하의 어머니가 돌아가셨다. 넬슨은 그 부하에게 휴가를 주어 어머니의 장례식에 다녀오도록 했다. 다른 장교들이 다 반대했지만 넬슨은 그 큰 군함을 돌려 항구에 정박하면서까지 그의 슬픔을 위로해 주었다. 그의 그런 행동은 상부에 알려져서 공과 사를 구별하지 못하는 행동이라는 문책을 듣고 다른 함대로 좌천까지 받았지만 그는 아무런 변명 없이 불이익을 홀로 감수했다고 한다. 그런 넬슨에게 그를 따르는 부하들은 두 가지를 확신했다고 한다. "넬슨은 우리를 이용하려고 하지 않고 우리를 사랑한다."는 것과 "넬슨만 있으면 이긴다."는 것이었다. 넬슨이 이런 신화적인 존경을 받을 수 있었던 것은 그의 계급이나 지식 때문이 아니라 평소에 책임감이 있으면서도 정을 잃지 않았기 때문임을 알 수 있다.

정이란 달콤한 말과 미소로써 나타낼 수 있는 것이 아니다. 호텔의 서비스맨들은 항상 웃고 친절하지만 오히려 계산된 친절이 부담스러울 때가 있다. 넬슨처럼 희생이 동반되어야 참 정이 생기게 되는 것이다. 기다려주고 참아주고 내어주는 것이 정이며 부족할지라도 진실을 보여주어야 정이 생기게 된다. 그리고 그런 정이 들면 자주 만나고 싶은 마음이 들고, 만나면 편하고, 그래서 그런 정든 사람을 곁에 두고 산다는 것은 인생에 큰 행복이기도 하다.

희생이 없이 진실한 정이 전달될 수 없다. 죽어서 생명을 이어가는 것이 모든 나무와 풀들의 대법칙이다. 그와 같이 자기를 희생으로 내어놓는다는 것은, 내가 무엇을 취해서 얻은 것이 아니라 내가 자신을 버려서 얻은 열매인 것이다.

우리가 지식을 원한다면 매일 무엇을 얻어야 한다. 그러나 지혜를 원한다면 매일 무엇을 버려야 한다. 쾌락을 원한다면 매일 무엇을 얻어라. 그러나 행복을 원한다면 매일 무엇을 버려라. 이 삭막한 현대인들 속에서 정이 있는 사람, 부족할지라도 자기의 진실을 내어놓을 수 있는 사람, 개 한 마리를 버리지 못해서 이사라도 함께 가줄 수 있는 사람, 자신의 것을 손해 보면서 사는, 그런 情 있는 사람이 그립다.

> "누구든지 네 오른편 뺨을 치거든 왼편도 돌려 대며
> 또 너를 송사하여 속옷을 가지고자 하는 자에게
> 겉옷까지도 가지게 하며
> 또 누구든지 너로 억지로 오리를 가게 하거든
> 그 사람과 십리를 동행하고
> 네게 구하는 자에게 주며
> 네게 꾸고자 하는 자에게 거절하지 말라"
> (마태복음 5:39-42)

# 정말 돈이 없으면 안 됩니까?

미국의 UP통신에서 어느 결혼식의 이야기를 전한 적이 있다. 신랑은 69세의 노인으로 보행이 불편하여 휠체어를 타고 식장에 들어갔다. 신부 역시 66세의 노인이었다. 그런데 신랑과 신부 모두가 초혼이라는 점이 특이하여 기자들이 물었다.

"어째서 지금까지 결혼을 하지 않고 있었습니까?" 두 노인의 대답이 모두 같았다. "결혼생활에 지장이 없을 만큼 돈을 모은 후에 결혼하기로 결심했었습니다."

경제의 자립 능력은 무시할 수 없는 일이다. 그러나 돈이 넉넉해야 결혼한다는 것은 정말 어리석은 인생관이다. 돈을 핑계대고 하나님의 일을 못하는 사람도 많다. 영국의 의사 커틴 하이드 씨는 어머니의 유언대로 선교사가 되기로 했다. 그래서 선교지에서 1년 나갔다가 내과의사가 필요하다고 느끼고 귀국해서 내과를 5년 동안이나 공부했다. 그런데 환자를 대할수록 몸도 문제지만 정신이 문제라는 것을 깨닫고는 또 다시 정신과를 3년이나 공부했다. 정신과를 하고 났더니 정말 필요한 것은 신학이라는 것을 느끼고는 다시 신학교에 가서 4년을 공부했다. 그러나 그것으로만 아직 준비가 덜 되었다고 생각하고 충분한 재정적 준비를 하고자 개업을 해서 돈을 모으기로 했다. 그러다가 그는 그의 나이 50에 그만 교통사고로 실명(失明)을 하고 말았다. 그는 결국 선교사로 가지 못하고 말았는데, 뒤늦게야 깨닫고 그는 보내는 선교사가 되기를 결심하고 그의 모든 재산을 영국의 유명한 세계적 선교단체인 WEC에 바쳤다. 그리고 그는 만나는 사람들마다에게 "작은 것이 있을 때 드리십시오."라고 호소하고 다닌다고 한다.

어떤 일을 돈이 충분히 있을 때 해야겠다고 생각하면 정말 아무것도 할 수 없게 된다는 것을 알아야 한다. 대부분의 사람들이 돈이 있어야 희망도 생긴다고 생각하는데 그렇지 않다. 좋은 일을 하고 희망을 가지면 돈도 생긴다는 것을 알아야 한다.

돈으로 살 수 없는 것들이 많다. 돈으로 우정도 살 수 없다. 돈이 있으면 사람들이 모여들지만 그들의 마음에서 우러나오는 진짜 마음은 얻을 수 없다. 지위나 돈이 있다고 모여드는 사람들은 그것이 없을 때는 뒤에서 흉을 볼 사람들이다. 돈으로 사랑도 살 수 없다. 많은 부부들이 돈 때문에 싸운다고 하는데 통계적으로 돈이 없어서도 싸우지만 돈이 있어서 싸우는 사람도 이에 못지 않다. 사실 서로 사랑하며 믿고 사는 부부들은 많은 경우, 돈이 많은 사람들보다도 돈이 적은 사람들이다.

시간도 돈으로 살 수 없다. 사치스러웠던 영국의 여왕 엘리자베스 1세는 1만 벌의 옷을 남겨두고 죽었다. 그녀의 통치시절은 영국 최고의 전성기였다. 그러나 그녀는 말년에 10년만 더 살 수 있다면 내 영토의 절반도 주겠노라고 하면서 세월의 흐름을 아쉬워했다. 존경도 돈으로 살 수 없다. 머리 숙인다고 존경하는 것이 아니다. 뭔가 얻을 것이 있어서 머리를 숙이는 것이지 존경해서만 머리를 숙이는 것은 아니다. 앞에서는 머리를 숙이고 뒤에서는 노려보는 사람도 있다. 행복이나 기쁨 같은 것도 돈으로 살 수 없다. 우울증 환자가 가난한 사람에 비해 부유한 사람이나, 많이 배운 사람에게 3배나 많다는 사실은 돈이나 지식이 행복과 비례하지 않다는 증거다.

　　어찌 돈으로 살 수 없는 것들이 우정이나 사랑이나 시간이나 행복뿐
이랴! 생명도, 건강도, 희망도, 평안도, 진실도, 구원도, 믿음도, 돈으로
살 수 없는 것들이 아닌가! 그러므로 돈만 있으면 행복하리라는 착각은
빨리 버릴수록 좋은 것이다.


　　"너희를 위하여 보물을 땅에 쌓아 두지 말라
　　거기는 좀과 동록이 해하며
　　도적이 구멍을 뚫고 도적질하느니라
　　오직 너희를 위하여 보물을 하늘에 쌓아 두라
　　거기는 좀이나 동록이 해하지 못하며
　　도적이 구멍을 뚫지도 못하고 도적질도 못하느니라"
　　(마태복음 6:19-20)

# Doctors without borders

**재**작년 노벨평화상은 '국경 없는 의사들(Doctors without borders)'이란 단체가 받았었다. 이 단체는 1968년에 창립되었는데 재난, 지진, 홍수, 전쟁 등으로 고통 받는 사람들에게 자원봉사 의사들을 파송해서 무료로 치료해주는 단체이다.

이들은 2천명의 의사들을 동원할 수 있으며 최근에도 전쟁에 휩쓸려 사망하고 질병에 허덕이는 동티모르와 코소보 그리고 보스니아에 엄청난 자비를 들여서 의료혜택을 베풀었다. 정말 훌륭한 의사들이다. 전쟁 지구에 들어가면 돈을 못 버는 것은 물론이고 목숨까지 위험한 것인데, 그들은 스스로 돈을 내서 지난 31년 간 80여 개국에서 묵묵히 일해온 것이다. 어느 누구하나 개인의 이름이 드러난 것도 아닌데 오직 봉사만을 모토로 삼고 일해 온 그들의 그 숭고함에 노벨상이 안겨진 것이다.

영국의 왕이었던 조지6세는 "내가 사람을 쓸 때는 그가 언제 어떤 봉사의 이력을 가졌는가를 제일로 눈여겨보았다."고 했다. 봉사한 이력을 가진 사람은 믿을 수 있기 때문이라는 것이다. 미국이나 유럽의 소위 명문대학에서는 학생들을 선발할 때 학과 성적만으로 뽑지 않고 고교시절 얼마만큼 봉사했는가 하는 봉사경력을 알아본다. 그 확인을 위해 그 사람이 봉사했던 단체의 증명서가 첨부되어야 한다. 봉사정신이 없는 젊은

이에게 무엇을 가르쳐보아야 이기적인 인간이 되어 사회에 도움이 되기는커녕 해로움이 된다는 것이 그들의 생각인 것이다.

모든 인간은 무엇인가를 남긴다. 그것을 유산이라는 거창한 말로 표현하지 않아도 좋다. 그러나 추한 냄새든, 향기든, 사랑스러운 기억이든, 불쾌한 기억이든 좌우간 후세에 무엇인가를 남기게 된다. 그런데 우리가 기억할 것은 사람이 자기 자신을 위해서 이룩한 것은 죽을 때에 그와 함께 아무런 가치도 없이 다 사라져버린다는 것이다. 뒤에 남는 것이 있다면, 그건 남을 위해서 애썼던 흔적들뿐이다. 그러므로 사람에게 정말 가치 있는 것은 크고 작은 것에 상관없이, 남을 위한 것이었나, 자기를 위한 것이었나에 달렸고 오직 남을 위한 것만이 가치로 남는다는 것이다. 영국의 격언에 "1파운드의 봉사가 1000파운드의 수입보다 유익하다."는 말이 있다. 그래서 예수님도 네 재물을 땅에 쌓지 말고 하늘에 쌓으라고 하셨는데 이는 돈을 자기만을 위해서 쓰지 말고, 이웃과 하나님을 위해서 사용하라는 뜻의 말씀이셨다.

많은 종교와 학문이 깨달음을 강조한다. 물론 진리나 학문에서 깨달음이 중요하다. 그러나 더 중요하고 위대한 것은 알고 있는 것을 실천하는 것이다. 그 실천을 쉽게 이야기하면 봉사와 섬김이라고 할 수 있다. 봉사하고 섬기는 자가 학위나 자격증이 있는 자보다 나은 사람이다. 예수님께서 말씀하신 선한 사마리아인의 비유는 바로 이것을 말하는 것이다. 서기관과 제사장은 많이 알고 자격증이 있는 자들이었다. 그러나 그들은 손발을 걷어붙이고 봉사한 사마리아인보다 덜 된 사람들이었다.

함마슐트는 역대 유엔 사무총장을 지낸 사람 중에서 가장 뛰어난 사람으로 평가받고 있는데 그는 이런 말을 했다. "거룩이란 신비나 무아지경을 통해 들어가는 것이 아니라, 봉사를 통해서 들어간다."

돕는 손은 빨리 내밀고 생각하는 머리는 천천히 굴려도 좋다. 너무 따지고 생각해보고 도우려고 하면 돕기가 어렵기 때문이다. 남녀의 사랑도 마찬가지다. 생각만으로는 사랑이 아니다. 진실한 사랑은 자기를 내던지는 행위로 입증되는 것이다.

시인 월터 스코튼은 "아침이슬에 젖은 장미가 가장 아름답고 눈물에 젖은 사랑이 가장 고귀하다."라고 읊었다. 고통과 희생이 동반된 사랑만이 이 세상에서 가장 고귀하고 아름답다는 것을 그 시인은 안 것이다. 봉사는 섬김이요, 섬김은 자신의 것을 손해 보는 것이다. 그것이 시간이든지, 물질이든지, 재능이든지, 무엇이든지 주님이 나에게 주신 것을 나누는 것이다.

# The parade passes and dogs bark

**아**담과 하와 이후부터 뱀이 악마의 화신이 되어왔는데, 사실은 뱀 자체가 악마가 아니고 사탄이 뱀에게 들어가서 뱀을 이용하였을 뿐이다. 나의 가장 친한 호주인 친구는 현직 형사이다. 그 친구가 가장 아끼는 애완용 동물은 뱀이다. 그 친구의 말에 의하면 현재 호주에서는 뱀을 애완용으로 키우는 사람들이 급격하게 늘고 있다고 한다. 나는 아직도 정서적으로 수용할 수 없지만 뱀을 키워본 친구의 설명을 들어 보면서 일리가 있다는 생각을 했다. 무엇보다도 뱀은 조용하고 또 깨끗하며 냄새가 안 난다. 개나 고양이를 애완용으로 키우는데 개나 고양이는 뛰고 울기 때문에 아파트에서 키우는 것을 금하는 곳이 많다. 그러나 뱀은 뛰지도 않고 울지도 않고 짖지도 않는다. 언제 왔다가 언제 갔는지 알수가 없을 만큼 정숙하다. 며칠씩 먹이를 안 주고 휴가를 다녀와도 싱싱하게 살아있기 때문에 휴가철이나 주인이 집을 비울 때에도 부담이 전혀 없다. 징그럽다는 생각에서 예쁘다는 생각으로 의식의 전환만 이루어진다면 사실 뱀만큼 이상적인 애완동물은 없다고 한다. 그래도 뱀이 징그럽다는 생각은 생긴 모습에서 오는 것이기에 어쩔 수가 없다. 허나 적어도 뱀에게서조차 배울 것은 있다는 것이다.

특히, 나는 뱀에게서 소리 없이 일하는 것을 배워야 한다고 생각한다. 사람은 광고나 선전을 좋아해서 별 것 아닌 것을 나팔 불고 선전한다. 이런 나팔 시대에 내복 3벌을 15년을 입으면서 2억을 장학사업에 내놓은 김은주 나무 할머니(84세), 40년 된 선풍기를 지금도 사용하면서 버선과 옷을 만들어 팔아 모은 돈 1억을 외국어대에 기증하고 평생 2평짜리 단칸방에 살다가 20년 된 TV 한 대만 남기고 죽은 장경자 폐품 할머니, "나는 나쁜 세상에서 돈을 벌었지만, 이제 이 돈을 좋은 세상으로 물려준다."고 10억 원의 돈을 서울대에 기증한 김선용 할머니 등은 아직도 "이 세상의 아름다운 것 하나가 나쁘고 더러운 것 100가지를 정화한다."는 말에 어울리는 도덕의 정화조 같은 사람들이다.

영어에 "The parade passes and dogs bark.(행렬은 지나가고 개들은 짖는다)"라는 말이 있다. 일하는 사람 따로 있고 비평하는 사람 따로 있다는 뜻과, 몇몇 말꾼이 시끄럽게 해도 역사의 행진은 멈추지 않는다는 두 가지 뜻이 이 속담 속에 들어 있다. 역사를 만드는 사람들은 비평하고 떠드는 사람이 아니라, 묵묵히 자기의 할 일을 희생적으로 하는 사람들인 것이다.

아인슈타인 교수에게 한 학생이 물었다. "교수님 같은 대과학자가 될 수 있는 비결이 무엇입니까?" 교수가 대답했다. "입과 발을 적게 움직이고 머리와 눈을 많이 움직이게." 말을 많이 하고 돌아다니는 사람은 큰 공부를 할 수 없다는 아인슈타인의 코멘트였던 것이다. 행상인이 아닌 다음에야 과학자도 예술가도 그 어떤 직업을 가진 사람도 자기의 일에 성실한 사람은 말을 많이 하지 않는다. 개들은 친구를 잘 사귀는데, 그 이유가 아무 말 없이 꼬리만 흔들기 때문이라고 하는데 새겨들을 만한 농담이라고 생각한다.

사람은 말을 배우는 데 3년 정도 걸린다. 그러나 침묵을 배우는 데는 30년도 더 걸린다. 파스칼은 "현자란 말하기 전에 두 번 생각했다가 그 후에도 결국 입을 다물어 버리는 사람"이라고 했다.

"그러므로 구제할 때에 외식하는 자가
사람에게 영광을 얻으려고 회당과 거리에서 하는 것 같이
너희 앞에 나팔을 불지 말라
진실로 너희에게 이르노니
저희는 자기 상을 이미 받았느니라
너는 구제할 때에 오른손의 하는 것을
왼손이 모르게 하여 네 구제함이 은밀하게 하라
은밀한 중에 보시는 너의 아버지가 갚으시리라"
(마태복음 6:2-4)

# 화가 나십니까?

나는 지금도 젊은 목사라는 이야기를 듣기는 하지만 30대인 10년 전만 해도 혈기왕성해서인지 운전을 하다가 화를 내서 실수를 할 때가 여러 번 있었다. 지금도 생각하면 억울해서 다시 화가 나기도 하지만, 그래도 내 자신이 분명히 인정하는 것은 내 성격이 너무 급하다는 것이다. 스스로 의분이라고 핑계를 대기도 하지만 그 결과로 내게 돌아온 것은 정의나 질서의 실현은커녕 절망감과 부끄러움뿐이었다. 그런 급한 내 성격 때문에 나는 목회의 부적격자임을 뼈저리게 고민하면서 목회를 그만 두려고까지 생각한 적이 있었다. 홧김에 무엇을 한다는 속담도 있지만 홧김에 엎어놓은 실수가 너무나도 많은 것이 인간사의 일인 것 같다. 한 순간의 분출이 오랫동안 심지어는 평생 동안의 상처로 남아 있을 경우가 많다.

아브라함 링컨은 써놓고 발송하지 않은 편지가 무수히 많았다고 한다. 감정적으로 썼던 글, 고집과 성미를 부린 내용들은 다 쓴 후에 다시 한번 새겨서 스스로 억제하여 발송하지 않았던 것이었다. 성미는 누구에게나 있을 것이다. 그런데 그것을 잘 컨트롤할 수 있는 사람이 인격자요, 지도자의 자격을 얻는 것이다. 사실 하루만 참으면, 아니 단 5분만 참으면 큰 실수를 안 할 수 있는 경우를 우리는 수없이 많이 경험한 바다.

「신밧드의 모험」에 나오는 이야기인데, 높은 나무 위에 있는 코코넛을 딸 수 있는 방법은 그 나무 위에 있는 원숭이에게 돌멩이질을 하여 화를 돋우는 것이다. 그러면 화가 난 원숭이들은 코코넛을 따서 내던진다. 그래서 손쉽게 목적을 달성할 수 있게 되는 것이다. 화를 내면 자기에게 유리해지는 것이 한 가지도 없다. 도리어 화를 돋우는 쪽만 좋게 해줄 경우가 많은 것이다.

18세기 전쟁사에 보면, 적진에서 쏜 포탄을 솜벽으로 받아냈다는 기록이 있다. 포탄의 속도가 작기도 했겠지만, 화난 대포알을 부드러운 솜이불로 싸버렸다는 것은 참으로 교훈적이다. 우리나라의 「가위 바위 보」에서 보가 바위를 이기는 것으로 정해 놓은 조상들의 슬기도 여기에 있다고 본다.

사람이면 누구나 화도 나고 미워하기도 하고 싸울 때도 있지만, 그 화가 나와 너와 그리고 주위환경에 파괴적인 결과를 가져오지 않도록 노력하며 살아가는 것이 지혜이기도 하고, 인격자의 자세이기도 하다. 나는 내 못된 성격 때문에 늘 고민하다가 이런 방법을 시도하면서 고쳐가려고 한다.

첫째, 숫자를 세는 방법이 있다. 제퍼슨도 몹시 성미가 급한 사람이었다. 그래서 그는 서재 벽에다가 "화가 나면 열까지만 세어보자. 죽이고 싶으면 백까지만 세고 보자."는 글을 붙여 놓았다. 나도 화가 밀려 올라오려 하면 속으로 생각한다. 내일은 세상없어도 반드시 꼭 연락을 해서 따져 물으리라 생각하며 다짐을 한다. 그런데 정작 시간이 지나 내일이 되고 보면 어제 그처럼 타올랐던 화의 불길이 가라앉아 있는 것을 느낄 수가 있다. 그 덕분에 12년 목회를 해오면서 교회에서 단 한번도 누구하고든지 얼굴을 붉히며 말다툼을 하지 않았다.

두 번째로 이해의 방법이 있다. 상대방의 입장에서 한 번만 생각해 보기로 하는 것이다. 운전할 때를 예로 들면, 누가 새치기로 끼어들거나 부당한 짓을 할 때면 이렇게 생각해 보기로 하는 것이다. "아마 저 운전사는 식구가 위독하기 때문인지도 몰라." "연로하신 우리 어머니도 저렇게 운전을 못해서 많은 사람들이 어렵겠구나." 이렇게 이해하기로 마음을 먹으니 그것도 어느 정도의 효과가 있었다.

셋째는 자신을 돌아보는 방법이다. 교회 안에서 많은 사람들을 만나며 갖게 된 생각이 나도 언젠가는 저런 실수를 할 수도 있고, 했을 수도 있다는 것이다. 예수님은 용서한 자만이 용서받을 수 있다고 하셨다. 내가 저 사람을 한 번 용서하면 예수님은 나의 더 큰 것을 용서하실 것이다.

이렇게 여러 가지 면에서 못된 성격을 누르고 자신을 다듬어 가야 한다. 간디의 무저항주의는 유명한데 간디는 울분이 터질 때마다 늘 "화가 날 때는 옳은 편에 서있지 않다."고 자신을 타일렀다고 한다. 남을 미워하면서 옳은 궤도를 간다는 것은 거짓이기 때문이다. '화' 속에는 이미 미움이 들어있다. 영어의 ANGER(분노, 화)는 DANGER(위험)와 철자 하나 차이뿐이다.

오늘 새벽에도 내가 잊지 않고 했던 기도는 "주여, 나를 죽여주옵소서."였다.

"노하기를 더디 하는 자는 용사보다 낫고
자기의 마음을 다스리는 자는 성을 빼앗는 자보다 나으니라"
(잠언 16:32)

# 충성스러운 사람을 찾습니다

**옛**날에 어느 돈 많은 할아버지가 노비를 많이 거느리고 있었다. 그런데 어느 날 무슨 마음이 들었는지, 그 해 섣달 그믐날 그 노비들을 다 해방시켜주겠다고 노비들 앞에서 공언했다. 노비들은 굉장히 기뻐하며 손꼽아 그 날을 기다렸다. 마침내 노비로서의 마지막 날이 되었다. 내일이면 꿈에 그리던 자유의 몸이 되는 것이다. 그런데 한창 기쁨에 들떠 있는 노비들에게 주인은 짚단 하나씩을 나누어주면서 그것으로 밤새 새끼를 꼬라고 말했다. 게으른 노비들은 생각했다. '이렇게 오랫동안 부려먹고도 이제 고작 하루 남았는데 그게 아까워서 끝까지 부려먹겠다고? 원 세상에, 이리도 고약한 할아버지가 또 있을까?' 그들은 되는 대로 아무렇게나 내던져놓고 잠들어버렸다. 그러나 또 한쪽 사람들은 생각이 달랐다. '이제 하루밖에 안 남았으니 기왕 하는 것 끝까지 잘해주고 나가자.' 그들은 밤새도록 곱고 가늘게 새끼를 꼬았다. 다음날 아침, 주인은 광의 문을 활짝 열었다. 그리고 노비들한테 말했다. "여기에 쌓여 있는 엽전을 어제 각자 꼬아놓은 새끼줄에 끼워라. 끼울 수 있는 만큼 끼워서 가지고 가거라." 자, 노비들 사이에 희비가 엇갈린다. 새끼를 아무렇게나 굵게 꼰 사람들은 거기에 엽전을 몇 개라도 끼려고 땀을 흘리고 있을 때, 어젯밤 가늘게 새끼를 꼬았던 노비들은 그 새끼줄에 엽전을 끼고 또 끼고 해서 무거울 정도로 실어 가지고 나갔다는 이야기이다.

나는 '충성' 이란 단어만 들어도 마음이 든든해진다. 그러면서 내가 어려서 만났던 충성스러운 군인아저씨의 멋진 모습이 떠오른다. 호주 사람들의 가정에 제일 많이 걸린 그림 중의 하나가 노인 부부와 개가 다정하게 앉아 있는 그림이다. 마지막까지의 충성을 의미하는 그림이다. 개는 주인에게 충성하고 아내와 남편이 서로에게 순정을 바치는 충성의 관계를 나타내고 있다. 로마에 가면 베세메세우스 화산 폭발을 소재로 한 그림이 있다. 그런데 그림의 제목이 '충성' 이다. 왜 화산 폭발을 소재로 한 그림이 충성인가 하면, 그 그림을 자세히 보면 모든 사람들이 혼비백산하여 도망을 가는데 그 창문을 지키는 문지기 병사는 창을 들고 그대로 가만히 서있는 것을 볼 수 있다. 작가는 혼비백산한 사람들에게 포커스를 둔 것 같지만, 실은 그 사람들과는 완전히 대조되는 문지기 병사를 강조하고 있는 것이다.

사실 충성이 없이는 국가나 회사나 교회나 어떤 단체도 발전할 수가 없다. 회사나 교회나 혹은 어떤 단체가 발전하고 있다는 것은 누군가의 헌신된 충성이 있다는 것이다. '꿈꾸는 사람' 이 영어사전에서는 두 가지 의미로 소개되어 있다. 하나는 비현실적인 인간이고, 다른 하나는 비전을 가진 사람이다. 실천 없는 꿈은 몽상이다. 투지 없는 꿈은 거품이다. 방향 없는 꿈은 망상이다. 나만 생각하는 꿈은 죄악이다. 그러나 믿음 위에 충성이 바쳐진 꿈은 나의 꿈이지만 한편으로는 하나님의 일이 된다. 하나님은 꿈꾸는 자를 찾으신다. 그 하나님의 눈에 내 꿈이 발견되도록 하는 것이 충성이다. 하나님은 꿈꾸는 자를 찾으시지만 하나님의 눈에는 충성된 자만이 발견된다는 것이다.

나는 재주가 인생을 성공으로 이끄는 조건이 아니라고 생각한다. 재주 있는 사람이 성공하지 못하는 경우가 의외로 많다. 교육도 성공의 비전이 못 된다. 이 세상에는 교육받은 사람으로 넘쳐나지만 그들이 꼭 성공자는 아니다. 심지어 천재도 성공의 조건은 아니다. 영어에 '열매 없는 천재 (Unrewarded Genius)' 란 말이 격언처럼 사용되고 있다. 성공의 결정적인 조건은 충성이다. 세상의 많은 사람들이 재주 있거나, 학식 있거나, 잘난 사람보다도 충성스러운 사람을 찾고 있다. 한 사업가가 사람은 많지만 정말 충성스러워서 중요한 것을 맡길 만한 사람이 없다고 한탄하는 것을 보았는데 수긍이 가는 말이다.

하나님도 충성스러운 사람을 찾고 계시며, 사람들도 충성스러운 사람을 찾고 있다.

"그 주인이 이르되 잘 하였도다 착하고 충성된 종아
네가 작은 일에 충성하였으매 내가 많은 것으로 네게 맡기리니
네 주인의 즐거움에 참예할지어다"
(마태복음 25:21)

# 사랑이란 두 글자는

소련의 소년 합창단의 일원으로 미국에 공연을 왔다가 교통사고를 당한 한 소년이 코마 상태(coma, 의식 없는 식물인간 상태)로 누워 있다가 깨어나는 기적이 일어났다. 소년은 눈도 안 뜨고 말도 못하고 꼬집어도 반응을 보이지 않는 무의식 상태였는데, 소련에서 달려온 그의 어머니가 소년의 손을 붙잡고 "미르히호프! 미르히호프!" 하고 밤이 새도록 불렀는데 이상한 일이 일어나기 시작했다고 한다. 소년의 심장이 빨리 뛰기 시작했으며, 안면 근육이 씰룩거리면서 반응을 보이더니, 이틀 후에 소년이 깨어나게 되었다는 것이다.

이런 일을 과학적으로 어떻게 설명할 수 있는지는 모르겠다. 하지만 분명한 것은 소년의 남은 의식이나 생명이 꺼져 가는 모닥불의 재 속에 묻힌 불씨와 같은 상태에 있었다가, 어머니의 그 사랑을 느끼는 순간, 기름을 부은 것같이 다시 타올랐다는 사실이다.

사랑은 기적을 일으킨다. 멈췄던 심장을 뛰게 하고, 막힌 뇌혈관도 사랑을 느끼는 순간 뚫려버릴 수 있다. 성경은 "사랑하지 않는 사람은 하나님을 알지 못 한다."고 하였다.(요한일서 4:8) 사랑은 본능적인 문제나 도덕적인 문제만이 아니라, 신앙적인 문제라는 말이다.

흉을 보거나 비난하는 얘기에는 귀머거리가 되고, 도와주고 싶고, 감싸주고 싶은 것이 사랑이다.

"내가 사랑 받았으니 나도 사랑한다."는 것은 거래지 사랑이 아니다. "내가 사랑했더니 나도 받게 되었다."는 것이 진실한 사랑이다 "나에게 필요하니 너를 사랑한다."는 것은 때묻은 사랑이다. 아름다운 순정이 없다. "내가 너를 사랑하니까, 네가 필요하다."는 사랑이 맑은 사랑이다. 순정이 있고 감동이 있는 사랑이다.

사랑이 있으면 마음이 밝아진다. 마음에 구름이 낀 것은 사랑이 없기 때문이다. 사랑이 있으면 그 날이 밝아진다. 우울하고 피곤한 하루는 사랑이 없기 때문이다. 여자들이 늙지 않겠다고 보약을 먹고, 미용에 온갖 관심을 갖지만 여자에게 최고의 보약과 미용은 남자의 사랑이란 말이 있다. 백 번 옳은 말이다. 그리고 그것은 여자에게만 해당되는 것이 아니라, 남자에게도 똑같이 해당된다. 여자의 사랑이 남자의 보약이다. 진실로 사랑하는 사람은 늙지 않는다. 물론 사람이 나이가 들면 누구나 죽을 것이지만, 그는 젊은 채로 죽는 것이다.

이 세상에 가장 외로운 장소는 사랑이 없는 마음 구석이다. 사랑이 없으면 아무리 돈이 있고 권세가 있을지라도 외로움을 피할 길이 없다. 아무리 많은 돈이나 권세라도 진실한 사랑과는 결코 바꿀 수 없는 것이다. 사랑은 그 무엇보다도 커다란 기쁨과 보람과 환희를 주기 때문이다.

사랑은 에너지다. 사랑은 능력도 된다. 내가 저 사람을 사랑할 수 있다는 말은 내가 이길 수 있다는 말이다. 그러나 내가 저 사람은 사랑할 수 없다는 말은 내가 저 사람보다 못나거나 자신이 없다는 말이다. 어린 아이가 사춘기의 누나에게 물었다. "누나, 사랑이 뭐야?" 누나가 대답했다. "잠들기 전에 엄마가 책을 읽어주시지? 그것이 사랑이야. 그런데 중간에 빼먹지 않고 다 읽으시면 그것이 진짜 사랑이야."

이 소녀는 엄마가 책을 읽어주실 때 중간에 빼먹고 읽었던 것을 기억하고 있던 것이다. 사랑이란 반쯤 잠든 아이에게도 속임수를 쓰지 않는

진실함이다. 속이지 않는 것, 이용하지 않는 것, 경제를 따지지 않는 것,
지름길을 찾지 않는 것…. 죽음보다 강한 것이 사랑이다.

"사랑하는 자들아 우리가 서로 사랑하자
사랑은 하나님께 속한 것이니
사랑하는 자마다 하나님께로 나서 하나님을 알고
사랑하지 아니하는 자는 하나님을 알지 못하나니
이는 하나님은 사랑이심이라"
(요한일서 4:7-8)

# 별 볼 일 없는 사람들

우화 중에 이런 이야기가 있다. 열한 번이나 구애를 했지만, 거절 당한 비둘기 총각이 낙심에 젖어 앉아 있을 때 참새 친구가 찾아와서 물었다. "너 눈 한 송이 무게가 얼마나 되는지 아니?" 비둘기는 귀찮고 괴롭다는 듯이 대답했다. "그런 것을 알아서 뭐해, 별 거 아니지." 그러자 참새는 자신의 경험 하나를 이야기했다. "너는 눈송이 하나의 무게를 별 거 아니라고 했는데, 내 이야기를 좀 들어봐. 내가 어느 날 커다란 나무 위에 앉아서 노래를 부르고 있는데 눈이 오기 시작했어. 꿈나라에서나 슬로비디오를 보는 듯이 아주 조용히 내려와 사뿐사뿐 쌓이기 시작했지. 그런데 말이야, 정확하게 874만 1952 송이가 내려앉을 때까지는 아무 일이 없었는데, 그 다음 번째 송이가 내려앉자마자 그만 그 커다란 나뭇가지가 우지직하고 부러지고 말았어."

참새의 이야기를 듣고 있던 비둘기는 졸린 듯한 눈을 번쩍 뜨고 말했다. "아니, 그 별 거 아닌 눈 한 송이가 더 얹혀지자 큰 나무 가지가 부러졌다고! 그렇지. 그러면 나도 한 번 더 프로포즈해 봐야지!" 그래서 비둘기는 열두 번째 프로포즈를 하였고, 뜻밖에도 '예스'를 받아낼 수 있었다.

성경이 말하는 주제도 이 우화와 비슷하다. 별 것 아닌 것들의 중요성을 강조하고 있다. 성경에서 하나님을 말할 때, 가장 빈번하게 "아브라함의 하나님, 이삭의 하나님, 야곱의 하나님"이라고 말한다. 그런데 하나님이라는 단어를 수식하고 있는 이 아브라함이나 이삭이나 야곱이 잘나고 훌륭해서 하나님 앞에 늘 붙어 있을 수 있던 건 아니다. 이들은 별 볼일 없는 사람들이었다. 성경에서 보면, 아브라함은 비겁했고, 이삭은 우유부단했으며, 야곱은 간사했다. 예수님의 제자들을 보면 이 '별 볼 일 없음'이 더욱 뚜렷하다. 그들은 대부분 어부나 세리였고, 아니면 요즘 젊은이들 말로 구리구리한 사람들이었다. 그러나 이 별 볼 일 없는 사람들이 기적을 만들어 내고 역사의 물줄기를 바꾸었던 것이다. 예수님은 이런 것들이 '한 알의 밀알' 혹은 '누룩'이라고 하셨다. 밀알이나 누룩은 별 것 아닌 것들이지만 희생의 과정을 거쳤을 때는 놀라운 위력을 갖는다는 것이다.

이런 별 것 아닌 것처럼 보이는 것들이 우리네 일상생활에 있어서도 실은 중요한 것이다. 귀찮고 짜증스러워도, 문제아들에게 한 번 더 건넨 '사랑한다'는 말이 새 사람을 만들고, 파탄 직전의 부부 관계에서 한 번 더 참는 것이 새 가정의 시발점이 되는 등, 한 번 더 던진 미소, 한 번 더 걸어본 전화, 한 번 더 기다려준 시간이 얼마나 많은 중요한 일들을 만들어 내는지 모른다.

때론 사는 것이 별 것 아닌 것처럼 느껴지고, 아이들의 뒤치다꺼리하고, 설거지하는 것이 별 거 아닌 것처럼 생각되기도 하지만 그것들이 꾸준히 계속되어 쌓여갈 때 가정이 튼튼해지고, 자식들이 올바로 성장하며, 결국 나라가 부강해지는 것이다. 테레사 수녀가 늘 잘 쓰는 말이 "나는 아무 것도 아닙니다."라는 말이었는데, 이 말은 그의 겸손에서 나온 것이기도 하지만 사실이 그렇기도 했다. 그는 다른 간호원들과 다름없이 가난한 병자들과 함께 지내는 생활을 오래 꾸준히, 874만 1953송이가 되도록 했다는 것이다. 그러나 이 별 것 아닌 나날들이 쌓이고 쌓여서 그

것이 희생으로 불리었을 때, 그것은 인류의 가슴을 울릴 거룩이 된 것이
었다.

　우리는 어쩌면 이런 별 볼 일 없는 사람들인지 모른다. 그러나 그 별
것 아닌 것들을 우습게 보지 말라. 정말 별 것 아닌 한 송이의 눈이 더 얹
히는 순간, 우람한 나무의 가지가 꺾였듯이 우리의 '별 것 아닌 것'의
'한 번 더'가 우리의 운명을 바꾸고 세상을 바꿀 수 있다. 한 번 더 참고,
한 번 더 기다리고, 한 번 더 찾아가고, 한 번 더 웃고, 한 번 더 시도해
보자.


　"내게 이르시기를 내(하나님의) 은혜가 네게 족하도다
　이는 내(하나님의) 능력이 약한 데서 온전하여짐이라 하신지라
　이러므로 도리어 크게 기뻐함으로
　나의 여러 약한 것들에 대하여 자랑하리니
　이는 그리스도의 능력으로 내게 머물게 하려함이라"
　(고린도후서 12:9)

# 후회 없는 삶을 살라

**성**경말씀 가운데 야고보 사도가 했던 다음과 같은 말이 있다. "내일 일을 너희가 알지 못 하는도다 너희 생명이 무엇이뇨 너희는 잠깐 보이다가 없어지는 안개니라."

인생은 안개와 같이 짧다는 것이다. 일을 미루어 놓고 늑장을 부릴 만큼 주어진 시간이 길지 않다. 뿐만 아니라 사소한 일에 인생을 허비할 시간이 없다. 우리가 사용하고 있는 시간 중에 별로 생각해 보지 못한 것에 상당한 시간이 사용되고 있음을 살펴보자. 가령 70년을 사는 경우, 잠자는 데 20년, 일하는 데 24년, 먹는 데 6년, 놀고 치장하는 데 5년(여자는 좀 더 길 것이다), 다른 사람이나 차를 기다리는 데 3년 반, 신발 끈을 매는 데 반년 등이다.

사람들은 대부분 자기가 쓴 시간, 혹은 지나간 인생에 대해서 후회하는 경우가 많다. 그래서 비록 인생을 논할 만큼 나의 인생경험이 그리 길진 않지만, 후회 없이 시간을 쓰기 위해 꼭 생각해야 할 몇 가지를 제시해 보고자 한다.

첫째, 일하는 기쁨을 음미해야 한다. 일하는 것이 수입이나 손실에 따라 춤을 추어서는 안 된다. 일하는 자체를 즐거워할 수 있어야 한다. 일하는 것이 고통이 되는 사람은 일단 성공하기도 어렵지만, 더 중요한 것은 행복할 수도 없다는 것이다. 내가 좋아하는 일을 한다면 더없이 좋지만 대부분의 사람들은 그렇지 못하다. 그러므로 그 일을 내가 좋아하는 일로 만들어야 한다. 이것은 어려운 것 같지만 노력하여 혹은 가치관의 여하에 따라 달라질 수 있다. 나는 부산 동래시장 앞에서 항상 싱글벙글 웃으며 일하는 구두 수선하는 아저씨를 알고 있다. 교만하면 어떤 일에도 즐거울 수가 없다. 신앙인으로서 교회를 위하여 하는 봉사가 즐거운지 스스로에게 늘 물어 볼 필요가 있다. 하나님은 자원하는 심령을 기뻐하신다.

둘째로 단순함의 가치를 깨닫자는 것이다. 우리는 너무 복잡하게 살아간다. 욕심을 부리지 말고 정치적으로 대화하지 말고, 시기하지 말고, 경쟁하지 말고, 인생의 길을 걸을 때에도 가벼운 여장으로 단순하게 살아야겠다. 우리는 지니고 있는 것이 너무 많다. 가지고 있는 물건이나 사람이 너무 많으면 그 속에서 갈등이 생기고 그 갈등은 나를 복잡하고 추하게 만든다. 사람이 육체적으로 사랑하면 갈등이 생기는데 그래서 어른들이 아이들보다 복잡하고 깨끗하지 못한 것이다. 그리고 무엇보다도 주위에 물건이나 사람이 많으면 내가 그것들을 소유한 것이 아니라, 내가 그것들에게 소유 당하고 조정을 당하게 된다. 너무 복잡한 사람은 상대방을 몹시 피곤하게 만든다. 인생은 그 자체가 복잡한데 우리의 생각마저 복잡하게 하지말고 단순하게 살자. 그런 사람이 그립다. Simple is the Best.

셋째로 깨끗하게 살자는 것이다. 인생을 살면서 나에게는 많은 주제가 있다. 교회, 공부, 조국, 사랑, 돈, 자식 등이었다. 그런데 인생의 반을 조금 넘게 살았음에도 그 모든 주제들이 벌써 사소한 일임을 깨달았다. 그러나 끝까지 남은 가장 중요한 주제는 '깨끗하게 사는 것'이었다. 다른 것이 성공이 아니다. 이 험한 세상에서 굶어죽지 않고 깨끗하게 살기만 했어도 그것이 곧 성공이다. 나는 살아오면서 많은 일을 했는데, 그

중에서 스스로에게 잘했다고 칭찬할 수 있고, 보람으로 기억되는 일은 아무도 모르는 가운데 깨끗해보려고 몸부림 친 일들이다.

넷째는 친절하라는 것이다. 친절은 예절이면서 동시에 능력이다. 친절하고 겸손한 사람이 버림받는 것을 보지 못했다. 친절한 사람이 가난하게 사는 사람도 없다. 뭔가 뒤에 꿍꿍이속을 숨기고 친절한 것은 친절이 아니라 위선이다. 아무런 조건 없이 내 인격의 옷으로 친절이 배어 나와야 한다. 우리는 겉으로만 상냥하고 겉모습만 따스한 위선자가 아니라 마음 깊은 곳으로부터 함께 하는 친절을 베풀도록 하자.

마지막으로 책임 있는 인간이 되자는 것이다. 시간을 잘 지키고 약속을 잘 지키며 누가 알아주건 알아주지 않건, 책임을 반드시 지는 사람은 무게 있는 사람이다. 조금 더 차원을 높여서 하나님에 대한 책임까지 다 할 수 있다면 그 인생은 고귀하게 될 것이며 마음에 진정한 평화를 소유하게 될 것이다.

우리 시드니 교민들이 주님 안에서 일하는 기쁨을 즐기며, 단순함의 가치를 깨닫고, 깨끗하고, 친절하며, 무슨 일에든지 책임을 질 수 있는 사람으로 살아간다면…. 그렇다면 후회 없는 삶을 살게 될 것이라 확신한다. 인생은 안개와 같이 짧다는 것을 기억하라.

"우리의 연수가 칠십이요 강건하면 팔십이라도
그 연수의 자랑은 수고와 슬픔뿐이요
신속히 가니 우리가 날아가나이다
우리에게 우리 날 계수함을 가르치사
지혜의 마음을 얻게 하소서"
(시편 90:10-12)

# 유한양행

**매**스컴의 발달과 함께 현대인들은 많은 통계보고를 접하게 된다. 특히 자본주의 사회에서는 부와 명예를 과시하는 여러 통계결과들을 듣게 된다. 제일 돈 많은 사람의 순위, 세금 많이 내는 사람 순위, 큰 회사 순위, 돈 많이 받는 운동선수 순위, 심지어 어떤 통계에는 세계 부자 5백 명을 정하기도 한다. 호주에서는 요즘 봉급을 많이 받는 사람의 순위를 발표하기까지 했다. 이 모든 순서 정하기 풍조는 경쟁사회의 특징이다. 인생의 가치와 우위가 남과의 경쟁이나 비교에 있는 것처럼 잘못 몰아가는 것이 등수 매기기다.

사랑의 등수 매기기 같은 것이 있다면 얼마나 좋을까? 또 자선 사업에 기부한 서열을 매스컴에 발표한다면 좋은 영향을 끼칠 수도 있을 것이다. 최근 갤럽 조사에 의하면 자선 기관에 돈을 기부하는 사람의 수가 많이 줄었다고 한다. 자신에게 쓰는 돈은 늘어났지만 남을 위해 쓰는 돈은 줄어들었다는 것인데 이것은 생활이 풍요해지면서 나타나는 현상이라고 한다. 그러니까 사람은 많이 가질수록 이기적이 된다는 말이기도 하다.

돈은 열심히 벌어야 한다. 그러나 멋지게 써야 한다. 정말 인생을 성공한 사람이란 많이 번 사람이 아니라 훌륭하게 쓴 사람이고, 재산을 많이 남긴 사람이 아니라 이름을 남긴 사람이다. 내가 어렸을 적에 사람들은 '故 이병철 씨'를 '돈병철 씨'라고 불렀다. 얼마나 많은 돈을 벌었으면 이런 별명이 붙었겠는가? 반면에 '유일한' 같은 훌륭한 사람도 있다. 유일한 씨는 미국에서 사업에 성공하여 번 돈으로 고국에 돌아와, 조국의 제약사업의 발전이 시급하다는 판단 끝에 '유한양행'을 설립하였고, 1969년도에는 기업경영 일선에서 물러날 때, 혈연관계가 전혀 없는 사람에게 경영직을 물려줌으로써 전문경영인에 의한 기업경영의 선구자적 역할을 했다.

유일한 씨의 집안은 일찍 개화한 기독교 가정이었다. 독실한 기독교인 부친의 영향으로 어렸을 때부터 신실한 신앙인의 모습을 지니며 살았다. 그가 1971년 3월 11일 76세로 별세하게 될 때, 그의 유언장이 공개되었고 모든 사람은 놀라지 않을 수 없었다. 수백 억의 재산을 모두 사회사업과 교육사업에 쓰도록 하고 혈육에게는 정신적 유산만을 전해주었던 것이다. 그의 딸 유재라 여사도 얼마 전 별세하면서 자신의 힘으로 모은 전 재산 2백억 원을 사회에 기증해 아버지를 뒤따르는 모습을 보여주었다.

이병철 씨의 재산이 유일한 씨의 것보다 많았다는 것을 누구나 다 알지만 어느 누가 돈만 많았던 이병철 씨를 존귀한 자라 하겠는가? 그러나 반면에 우리는 유일한 씨를 참으로 존경하며 사랑한다. 그는 돈만을 알았던 사람하고는 비교할 수 없는 존귀한 자였다. 역사에 남는 것은 재산이 아니라 헌신이다.

누군가 행복하려면 나의 사랑과 희생이 필요하다. 누군가 희망을 품게 되고 용기를 갖게 되려면 역시 나의 사랑과 희생이 필요하다. 누군가 두려움에서 벗어나고 눈물이 씻어지려면 역시 나의 사랑과 희생이 있어야 한다. 누군가 어두움에서 해방되고 무거운 짐에서 자유를 얻으려면 역시 나의 사랑과 희생이 없이는 안 된다.

그 모든 것에 필요한 사랑이란 무엇인가? 사랑은 주는 것이다. 나의 것을 희생해서 주는 것이 사랑이다. 그 사랑은 씨와 같아서 땅에 묻히면 많은 열매가 맺힌다. 용기라는 열매, 감사라는 열매, 기쁨이라는 열매, 자유라는 열매, 신뢰라는 열매, 그리고 그리움과 존경의 열매도 그 사랑의 씨앗에서 나온다.

돈이란 나에게 종이 되면 최상의 것이지만 나에게 상전이 되면 나를 잡아먹는 것이 된다. 돈을 주머니에 간직하고 있으면 보통 수준, 마음에 간직하고 있으면 낮은 수준, 돈을 머리에 간직하고 있으면 높은 수준이다. 평소에 내가 잘 하는 말이 있다. 돈으로 음식은 살 수 있으나 입맛을 살 수는 없고, 돈으로 약을 살 수는 있으나 평안은 살 수 없다. 돈으로 쾌락을 살 수 있으나 행복을 구입할 수는 없고, 돈으로 일꾼은 살 수 있으나 충성을 살 순 없다. 과연 돈으로 생명을 살 수 있을까? 우리는 이미 답을 알고 있다.

당신의 등수는 당신의 희생의 등수와 똑같다. 다들 받은 만큼 행복한 줄로 알고 있지만 그건 틀린 생각이다. 준 만큼 행복하다는 것이 진리다.

"오직 선을 행함과 서로 나눠주기를 잊지 말라
이 같은 제사는 하나님이 기뻐하시느니라"
(히브리서 13:16)

# 땅뺏기 놀이

늙은 죄수가 있었다. 그는 평생 감옥에서 지내다 늙어버려서 찾아올 가족이나 친척도 없는 외로운 사람이었다. 그러던 어느 날 죄수는 감옥의 들창 밖에서 날아든 한 마리의 새와 사귀게 되었다. 새는 그가 마른 빵 조각을 떼어놓았다가 창문 옆에 놓아두면 와서 그것을 쪼아 먹기 시작하면서 늙은 죄수와 친해지게 되었는데, 나중에는 손에도 와서 앉게 되었다. 그야말로 늙은 죄수에게는 세상에 단 하나뿐인 애정의 대상이었다. 늙은 죄수는 칠십 평생 처음으로 생기 찬 나날을 보내게 되었다.

그러던 어느 날 이 늙은 죄수는 다른 섬으로 이감(감옥을 옮김)을 가게 되었다. 며칠을 두고 생각한 늙은 죄수는 새를 데리고 가기로 결심한다. 그래서 그는 작업을 하면서 밖에서 얻은 나뭇개비와 철사조각으로 조그만 초롱을 만들었다. 새를 넣어가려는 것이었다. 드디어 이감하는 날에 노인은 허술할 수밖에 없는 초롱을 가슴에 조심히 안고 배를 탔다. 그러나 우악스러운 죄수들이 밀고 당기는 혼잡 속에서 늙은 죄수의 가슴에 품은 초롱은 그만 부서지고 말았다. 놀란 새가 푸드덕거리다가 급기야 바다로 떨어져 버리고 말았다. 그것은 새가 달아날까 봐서 늙은 죄수가 참새의 속 날개를 잘라버렸기 때문이었다.

"오오! 저 새를 잡아줘요. 저 새를!"

그러나 우렁찬 뱃고동 소리에 그의 안타까운 울부짖음은 삼켜져버렸고, 동시에 새도 파도의 포말에 휩쓸리어 형체도 볼 수 없게 되었다. 사람의 불행과 세상의 많은 문제들이 소유욕에서 나오고 있다. 무엇이든지 꼭 내 것으로 해야만 행복할 것이라고 생각하는 과도한 소유욕에서 너와 나를 파괴하는 불행이 생긴다.

옛날에 중국에 형나라의 어떤 사람이 활을 잃었다고 한다. 그런데 이 사람은 찾을 생각도 않고 태연하게 말했다. "어떻든 형나라 사람이 찾을 것인데 내가 찾으려고 애쓸 것이 없지." 이 말을 듣고 공자가 말했다. "형나라라는 말도 빼게. 그저 사람이 주울 것이니 굳이 내가 찾아야만 되는 것이 아니라고." 그러자 이 말을 들은 노자가 말했다. "허허, 사람이란 말은 써서 무엇하는고? 잃어버린 활은 어차피 우주간에 있으니 천지의 소유가 아닌가."

이런 형나라의 활 이야기는 현대인들이 이해하기에는 무리인지도 모른다. 모든 관계에 소유를 정하기를 원하는 현대인들, 젖 먹을 때부터 네 것과 내 것의 울타리를 치면서 자란 현대인들에게는 공자나 노자의 사상은 너무나 이상적이고 관념적인 공상처럼 들릴 수도 있을 것이다. 그러나 얼마만큼 멀리 보느냐에 따라서 그 사람의 크기가 정해지기도 한다는 것을 안다면 조금 이상주의적인 발상일지라도 크게 보는 훈련을 할 수 있어야 할 것이다.

흔히 "벼룩이 뛰면 얼마나 뛰겠니?"라는 농담을 하는데, 정말 그렇다. 이 넓은 우주를 생각하면 인간이 쌓은 울타리는 록펠러나 빌게이츠의 울타리라 할지라도 어린아이의 땅뺏기 장난 정도일 뿐이다. 우리가 어렸을 적엔 동네에서 아이들끼리 '땅뺏기'라는 놀이를 했다. 조금 더 땅을 차지하겠다고 서로 싸우고 애를 썼지만 해가 져서 어머니가 밥 먹으라고 부르시면 모든 것을 다 버리고 집으로 돌아가야 했다.

　이민생활을 하다보면 참으로 사람들의 마음이 강퍅해져 가는 것 같다. 어찌 부모 형제도 없이 이국 땅에 와서 공부해 보려고 애쓰는 유학생들의 어려운 사정을 이용하여 돈을 빼앗고 불법체류자로 만들어 강제로 내어 쫓기게 할 수 있단 말인가? 이러한 이야기를 들을 때마다 마음이 무너지는 소리를 듣는다. 이런 일들은 너무나도 야박한 경쟁사회 속에서 생겨난 지나친 소유욕으로 인해 빚어진 것이리라. 살아가면서 때론 소유욕을 멈추고 인생을 생각해 볼 일이다. 소유욕은 하려는 쪽이나 당하는 쪽 모두에게 다 불행의 씨앗이 되기 십상이다.

"우리가 먹을 것과 입을 것이 있은즉 족한 줄로 알 것이니라
부하려 하는 자들은
시험과 올무와 여러 가지 어리석고 해로운 정욕에 떨어지나니
곧 사람으로 침륜과 멸망에 빠지게 하는 것이라
돈을 사랑함이 일만 악의 뿌리가 되나니
이것을 사모하는 자들이 미혹을 받아 믿음에서 떠나
많은 근심으로써 자기를 찔렀도다"
(디모데전서 6:8-10)

# You can not go home again

**얼**마 전 1960년대에 미국으로 이민을 갔던 할머니가 상당한 성공을 했는데, 늘 한국에 돌아가고 싶다고 말하면서도 거기서 터를 잡은 자식들 때문에 돌아가지도 못하고 있다가, 어느 날 공원에 나가서 음독자살을 하고 말았다는 보도가 있었다. 향수병이 목숨을 끊을 만큼 깊기도 했다는 것이다. 나도 늘 마음의 고향에 대한 열망이 가라앉지 않고 있어 고민이다. 여름이면 어두워질 때까지 다방구 놀이 하고, 구슬치기, 딱지치기 등, 집에서 밥 먹으라고 찾을 때까지 뛰어놀던 서울 상도동의 뒷동산들, 사춘기 때 여자아이들만 보면 설레던 그 언덕길, 그 골목길. 가끔씩 그 골목들이 보고 싶은 얼굴들과 겹쳐지면서 지치고 힘들수록 더욱 그리워진다.

그런데 예수님께서 고향에 갔을 때, 고향사람들은 예수님을 환영하기는커녕 예수님을 죽이려고까지 했었다. 이때 예수님께서는 "선지자는 고향에서 환영을 받지 못한다."고 말씀하셨다. 예수님에게 고향 나사렛은 어린 시절을 다 보내고 30세까지 살아온 고향이었다. 곳곳에 추억이 배어있고, 그리운 사람들의 얼굴이 살고 있는 곳이었다. 복음을 전하느라 동분서주하던 예수님께서 고향에 돌아가신 것은 누구나 이해할 수 있는 심정이다. 안식과 향수와 그리움이 고향에 있기 때문이다.

　그런데 예수님께서 선지자는 고향에서 환영을 받을 수 없다고 하신 말씀 속에서 우리는 반드시 선지자만이 아니라, 믿는 자 아니 어떤 의미에서 내일을 향해 사는 자는 고향에 돌아갈 필요가 없다, 혹은 고향에 돌아가서는 안 된다는 뉘앙스를 느끼게 된다.

　미국 문학의 거장 토마스 월프는 『다시는 고향에 돌아갈 수 없다 (You cannot go home again)』란 소설을 썼다. 소설의 주인공은 고향을 떠나서 성공을 했다. 공부도 끝냈고, 아름다운 여자와 결혼도 했고, 돈도 벌었다. 그는 오랫동안 그리던 고향 Asheville로 돌아간다. 아이들에게 고향의 아름다웠던 이야기를 해 준다. 그러나 그는 고향에 돌아간 순간 실망하고 만다. 고향은 너무나 변해 있었다. 마을도 변하고 인심도 변했다. 옛 시절을 보냈던 곳이 다 현대화되어서 추억이 남아있지 않았다. 그곳은 이미 그가 그렇게 오랫동안 그리던 고향이 아니었다. 그는 오히려 그곳에서 이방인이 되어버린다. 주인공은 돌아오는 기차 속에서 슬프게 고백한다. "나는 이제 고향으로 돌아갈 수 없다. 뒤로 돌아가는 것은 잘못이다. 이제는 오직 앞으로 가는 길밖에 없다."

　나를 포함하여 많은 이민자들이 향수 속에 산다. 그런 사람들은 대부분 자기의 과거를 아름다운 동화로 만들어 가지고 있다. 사람들은 대개 40이 넘으면 안정을 구한다고 한다. 변화를 싫어한다는 것이다. 내 아들과 딸이 영원히 일곱 살 정도의 귀염둥이로 머물렀으면 하는 정지의 희망을 심리적으로 갖게 된다는 말이다. 그러나 정지란 없다. 정지란 곧 죽음인 것이다. 길은 오직 앞으로 나아가는 것뿐이다. 새는 다시 알속으로 들어가지 않는다. 나비가 다시 누에꼬치 속으로 들어가지 않는다. 알을 깨고 나온 새는 날이 갈수록 더 높이 난다. 꼬치를 벗어난 나비는 날이 갈수록 더 예뻐져 간다. 기독교 신앙도 한번 깨달아서 끝나는 것이 아니다. 기독교 신앙은 계속해서 은혜 받고, 계속해서 회개하고, 계속해서 결심하는 생활이다. 그래서 참되게 살려는 사람(예언자)은 고향으로 돌아가지 않는다.

고향을 떠나 호주에서 살고 있는 우리 이민자들에게는 고향을 그리워함이 더욱 깊을 수 있다. 때때로 출렁거리는 그리움 속에 잠기기도 한다. 그러나 그리움에 머물기보다는 소망을 향해 달려가야 한다. 소망이 그리움보다 더 큰 사람이 인생을 아는 사람이다.

"저희가 이제는 더 나은 본향을 사모하니 곧 하늘에 있는 것이라
그러므로 하나님이
저희 하나님이라 일컬음을 받으심을 부끄러워 아니하시고
저희를 위하여 한 성을 예비하셨느니라"
(야고보서 11:16)

# 사랑은 보이지 않는 힘이다

**계**모는 악독하다는 고정관념을 가지고 있던 시대의 이야기다. 3살 된 아들을 둔 홀아비가 역시 3살 난 자식이 딸린 여인을 새 부인으로 맞아들였다. 동갑내기 두 아이를 키우게 된 이 여인은 참으로 마음이 착한 아내로서 아이들의 좋은 어머니였고 집안의 전체적인 가사처리가 전혀 나무랄 데 없었다. 특히 아이들의 양육에 있어서 그녀의 행실은 가히 모든 사람들의 본이 될 만하였다. 그녀는 전 부인이 나은 자식이나 자기 아들을 똑같이 취급하였다. 만약 앞뒤를 가려야 할 만한 일이 생겼을 때는 전 부인이 낳은 자식에게 우선권을 주었다.

그런데 이상한 것은 전 부인이 나은 자식은 점점 비쩍 말라가고, 계모의 자식은 탐스러운 함박꽃처럼 피어난다는 것이었다. 이상한 일이었다. 일가친척들은 계모가 원래 영악하여 사람들 앞에서는 전 부인의 자식을 위한 듯 하면서 사람들이 안 보는 곳에서는 그 아이를 학대하는 것이 분명하다고 입방아를 찧는다. 남편은 그럴 수도 있을 것이라고 아내의 행동을 면밀히 살펴보았으나 착한 새 아내의 행동에서는 이상한 점을 전혀 발견할 수가 없었다.

그러던 어느 날이었다. 남편은 우연히 아내가 잠들어 있는 안방의 풍경을 보게 되었다. 아내는 자기 바로 옆에 전 부인의 자식을 누이고 그

건너편에 자기 아들을 누인 채 잠이 들어 있었다. 이것을 본 남편은 잠자는 것까지 이런 형편이라면 아내의 마음이 진실하다는 것을 더 이상 의심할 수가 없었다. 전 부인의 자식과 새 부인이 데리고 들어온 아들과의 발육상태는 순전히 타고난 생리적인 차이 때문이라고 결론을 짓는다.

이렇게 생각을 정리하고 살아가던 중 어느 날 밤에도 늦게까지 친구들과 어울려 놀다가 거의 새벽녘에야 집으로 돌아오게 되었다. 문을 열고 아내의 방으로 들어가던 순간 이상한 현상을 보고 자기의 눈을 의심하게 된다. 아내는 전과 마찬가지로 전 부인의 자식을 자신의 바로 옆에 누이고 본인이 데리고 온 자식을 그 건너편에 재우고 잠들어 있는데, 아내의 몸에서 무슨 안개 같은 것이 나와서 바로 옆에 누워있는 전 부인의 자식을 건너뛰어서는 본인이 나은 친자식의 몸으로 들어가고 있는 것이었다. 이것을 본 사내는 비로소 깨달았다. 사랑에는 보이지 않는 힘이 있다는 것을….

이것은 우리나라 전래의 민담이다. 보이지 않는 정과 사랑의 세계를 그림처럼 지어낸 이야기다. 이와 같은 이야기는 우리들 생활주변에서도 얼마든지 찾아볼 수 있다. 사랑은 가시적으로 나타나 보이기도 하지만 전혀 사람의 눈에 보이지 않을 때도 있다. 그러나 보이거나 보이지 않거나 진실한 사랑이 있는 곳에는 번영과 건강이 있지만 사랑이 메말라버린 곳에는 퇴보가 있고, 모든 것이 시들어 갈 뿐이다.

우리 교인 중에 어떤 분이 사랑에 관하여 실험해 본 적이 있다고 한다. 두 개의 양파를 동일한 조건에 놓아두고 키웠다. 그러면서 하나는 무관심하게 지나치고 하나는 관심과 사랑을 가지고 축복의 말을 했다. 하나는 미운 사람의 이름을 붙여 놓고 하나는 사랑하는 사람의 이름을 붙여놓았다. 그 결과, 분명히 두 양파의 발육상태가 다르게 나타났다는 것이었다.

우스개 소리 같지만 그 이야기를 듣고부터는 나도 모르게 가끔 이런 생각을 하게 되었다. 내가 아프거나 힘든 일이 생길 때는 "누가 나를 미워하는가 보다."고 하고 힘이 나고 기쁨이 생길 때는 "누가 나를 위해 사랑의 마음을 주는가 보다."라고. 물론 잠시 스쳐 지나가는 생각이기는 하지만 이런 생각이 들 때가 있다.

진정한 사랑은 가시적으로 나타나지 않다가도 전달이 된다. 그래서 나는 교우들 중에서 나에게 불평을 하거나 반대하는 사람이 있을 때에도 그에게 탓하려고 하지 않는다. 내 사랑이 그에게 전달될 만큼 깊지 않았기 때문이라 생각되어 반성하며 내 사랑하는 마음이 그에게 언젠가는 전해지게 될 때 나 역시 그의 많은 사랑을 받을 수 있을 것이라 생각하고 기다릴 수 있게 되었다.

보이는 것만이 중요한 것이 아니다. 보이지 않는 것이 더욱 중요하다. 돈만이 영양제가 아니라 사랑하는 마음도 뛰어난 영양소다. 그리고 진짜 중요한 일에서는 보이는 능력보다도 보이지 않는 능력이 사태를 판가름하게 된다. 진실한 사랑이 있는 곳에는 건강이 있다. 웃음이 있다. 능력이 있다. 내 마음에도, 내 가정에도, 내 일터에도. 하나님께서는 우리에게 사랑할 수 있는 능력을 주셨다. 그것은 바로 보이지 않는 힘이다.

"내가 예언하는 능이 있어 모든 비밀과 모든 지식을 알고
또 산을 옮길 만한 모든 믿음이 있을지라도
사랑이 없으면 내가 아무것도 아니요"
(고린도전서 13:2)

# It is not over till it's over

뉴저지의 몽클레어 주립대학은 요기 베라(Yogi Berra)씨에게 명예박사 학위를 수여했다. 요기 씨는 전 세계가 아는 미국 야구계의 전설적인 인물이다. 양키즈 팀의 홈런 타자로 이름을 날렸으며 코치와 감독 등으로도 유명했다. 그런데 몽클레어 대학이 수여한 학위는 체육 부문이 아니라 문학박사였다. 그의 영어 구사력, 문장력 등이 많은 그의 저서를 통하여 인정을 받은 것이다. 『다 끝날 때까지는 아직 안 끝났다.(It is not over till it's over.)』를 위시한 그의 많은 저작들이 한결같이 유머러스한 표현으로 인생을 적극적으로 살아가는 지혜를 잘 표현한 것이었다. 올해 그의 나이가 71세인데, 젊어서부터 그의 신조는 어떤 경우에도 불평을 말고 적극적으로 살자는 것이었다. 이것이 그의 성공과 행복의 비결이었다.

요기 베라의 유명한 일화가 있다. 그가 양키즈 팀의 타자로 있을 때, 양키즈 팀이 위기에 처했다. 요기는 타석에 나와서 자기가 선 땅에 십자가를 그었다. 기도하는 마음으로 시합에 임하고자 했던 것이었다. 그때 투수가 요기에게 농담 반 시비 반으로 말을 걸었다. "나도 카톨릭 신자인데 자네는 안타를 치게 해달라고 기도하고 나는 자네를 아웃 시키게 해달라고 기도하면 하나님께서 누구의 기도를 들으시겠는가. 그러니 이번에는 하나님은 관중석에 앉아서 구경만 하게 하세." 그러자 요기가 말했다. "우리 목사님이 말씀하시길 하나님은 구경만 하시는 것을 가장 싫어하시고 믿는 자들과 함께 일하신다고 하셨네." 이 입씨름에 심판도 웃었고, 포수도 웃었지만 그리고 나서는 정말 요기는 홈런을 날려 버렸다. 요기가 어떤 순간에도 적극적으로 살았다는 것을 나타내주는 일화이다.

당신이 불평을 하고 싶을 때 이 두 가지만 알아두어라. 당신의 불평을 듣는 사람의 절반은 당신의 이야기에 관심이 없다. 그리고 나머지 절반은 당신에게 골치 아픈 일이 생겼다는 사실을 재미있는 얘깃거리 정도로 듣고 즐기고 있다는 것이다. 그러니 불평을 해서 당신은 조금도 도움을 얻을 수 없고 손해만 볼뿐이다. 당신이 가죽장갑이 없음을 불평할 때, 손이 없는 사람을 생각해 보라. 당신이 유명상표의 구두를 못 신을 때 발이 없는 사람을 생각해 보라.

광야에서 이스라엘 백성들은 불평을 많이 했다. 그래서 그들은 3개월에 갈 수 있는 가나안 복지를 40년이나 걸려서 가게 되었다. 불평은 하나님의 축복을 지연시키는 것일 뿐이다. 미국의 운동선수들은 알코올, 여자관계, 마약, 폭행 등으로 팬들을 실망시킨 사람들이 많았다. 그러나 요기 베라는 선수로서 3번이나 MVP(최우수 선수)가 되었고, 홀 오브 패임(Hall of Fame)에 오른 실력자였지만 한번도 나쁜 스캔들이 없었다. 그는 너그럽고 인자하며 늘 절제하면서 산다고 존경을 받아왔다.

성경에 나오는 야곱의 장자 르우벤은 이런 평가를 받았다. "거친 파도와 같다(창49:4)"는 것이다. 그의 인격이 변화무쌍하고 험하다는 뜻이다. 그래서 그는 장자로 태어났지만 장자의 축복을 누리지 못했다.

인격은 그 사람의 운명이 된다. 그리고 그 인격이란 시련과 고통이 왔을 때야 참모습을 알 수가 있다. 오래 전에 전곡에 있을 때 방문했던 집에서 돼지 먹이를 주기 위해서 구정물을 받았는데 구정물이 맑게 보이지만 휘저으면 온갖 더러운 것들이 다 떠올라 왔다. 인격도 건드려 보면 어떤지 알 수 있는 것이다.

'결국의 복'을 받았다는 욥은 그의 인격에 변함이 없었다. 아무리 재난이 오고 그의 아내의 "차라리 하나님을 저주하고 죽어라"는 말에도 욥은 누구를 원망하거나 불평하지 않았다. 이런 인격이 마귀의 시험을 물리치고 하나님의 복을 받게 한 것이다.

더 나은 인격자가 되기 위하여 그대에게 몇 가지를 권고한다. 언쟁을 피하고 친구를 소중히 여겨라. 의심하지 말고 신뢰하라. 약속을 지키고 원수를 용서하라. 남의 말을 경청하고 잘못을 신속히 사과하라. 너무 부러워 말고, 샘내지 말라. 감사의 말을 아끼지 말고 웃는 얼굴을 하라. 받으려고 하지말고 주려고 하라. 적극적으로 살아라. 진실하고 단순하라. 그리고 무엇보다도 자신의 인격을 위해서 기도하라.


"모세가 나를 보내던 날과 같이 오늘날 오히려 강건하니
나의 힘이 그때나 이제나 일반이라
싸움에나 출입에 감당할 수 있사온즉
그 날에 여호와께서 말씀하신 이 산지를 내게 주소서"
(여호수아 14:11-12a)

# 아들의 이야기를 들어 보라

**한**국 사람의 교육비는 세계 최고 수준이다. 그것도 해마다 점점 높아지고 있다. 아이들을 학교나 학원에 맡기면 공부하는 실력은 향상될 것이다. 물론 이것이 나쁠 것은 없지만 그러나 많은 사람들이 중대한 착각을 하고 있다. 교육제도에 맡기면 무엇인가 괜찮은 인간으로 성장해 주리라는 것이다. 그러나 교육학자 테일러 박사는 말한다. 어린이와 청소년에게 미치는 영향의 90%는 부모로부터 오고, 나머지 모든 영향을 합한 것이 10%라고 한다. 자녀들의 장래를 결정하는 것은 학교나 학원이 아니라 부모들이다. 호주와 같이 세계에서 손꼽힐 만큼 좋은 교육제도와 학교가 있는 나라라 해도 내용은 달라지지 않는다.

나는 가출한 여고생의 어머니로부터 전화를 받은 일이 있다. 상담을 하면서 놀란 것은 어머니가 딸에 대해서 너무나 모르고 있다는 것이었다. 딸이 어떤 친구와 사귀고 있는지(엄마는 딸의 친구들 전화번호를 하나도 아는 것이 없었다), 딸이 돈을 어디에다 쓰는지, 심지어는 딸이 어떤 옷을 입고 나갔는지도 모르고 있었다. 그 어머니의 이유인즉 아버지도 어머니도 사업을 하는 데 너무 바빴다는 것이다. 돈을 조금 더 벌기 위해서 부부가 뛰었지만 그에 대한 대가는 너무나 큰 것이었다.

미국에서 "Starting Point(출발점)"란 이름의 아동교육 세미나가 열렸는데, 결론이 "아동교육에 있어서 부모를 대치할 만한 어떤 환경도 없다."라고 한다. 부모가 그 자녀에게 최고의 교육환경이라는 것이다. 아이들에게 돈을 넉넉히 주는 것이 사랑이 아니다. 돈을 들여서 아이들을 좋은 학원에 보내는 것은 교육이 아니다. "사랑은 관심이다."란 말이 있다. 정말 자녀의 장래에 바른 관심을 나타내야 한다. 관심은 구체적으로, 대화로 나타난다. 아이들과 함께 이야기해야 한다. 조사에 의하면 아버지가 자녀와 지내는 시간이 하루 평균 30분, 어머니는 2시간이라고 한다. 자녀가 어릴 때는 조금 더 많은 시간을 함께 하지만, 자라가면서 점점 그 시간이 줄어든다.

제인 아담스(Jane Adams)는 노벨 평화상을 받은 사람인데, 평생을 미국 시카고 빈민굴에서 문제아들과 함께 보낸 사람이다. 그 아담스 여사는 만나는 모든 부모에게 이런 말을 했다. "딸이 엄마와 얘기하고 싶어하거든 지금 오븐에 음식이 타고 있어도 먼저 딸과 이야기하세요. 아들이 아버지와 얘기하고 싶어하거든 가게문을 닫고라도 아들의 말상대가 되어주십시오. 그것이 돈을 버는 것입니다." 이 아담스의 충고는 오늘날 우리 부모들이 명심해야 할 자녀 교육의 제 1조다.

나는 자녀와의 대화 시간을 확보하는 방법으로 부모가 자녀와 함께 저녁 식사를 하기를 권한다. 물론 자녀의 학교 수업이나 아버지의 직장 일이 있지만, 가능한 한 그런 기회를 만들어야 하며 저녁이 아니면 아침이라도 아니면 주일 날 저녁만큼이라도 자녀들과 함께 하면서 대화를 해야 한다. 대화를 하라니까 꼭 어떤 주제를 가지고 이야기하라는 것이 아니라, 그냥 관심을 표명해주고 가정의 이야기를 하고 듣는 정도만 해도 좋은 것이다. 이 '식사 함께 하기'만 실천해도 큰 가정교육이 이루어진다는 것을 알아야 한다.

인간은 어려서부터 청년기에 이르기까지 어머니의 입술, 손, 뺨, 숨결, 가슴, 음성 등을 통해 성장해간다. 동시에 인간은 아버지의 교훈과 모습을 보면서 자신을 키워간다. 그래서 자녀는 부모의 등을 보면서 자라난다는 말이 있다. 탈무드에 "하나님은 직접 모든 아이들에게 갈 수 없기 때문에 어머니와 아버지를 보낸다."고 했다. 그만큼 부모의 위치가 중요하다는 것이다. 링컨 대통령은 "내가 받은 최대의 영향은 어머니로부터 왔고, 내가 고통 속에서도 절망하지 않은 힘은 어머니의 기도에서 왔다."고 했다. 그러므로 부모들은 명심해야 한다. 부모는 자녀들에게 결정적 교육자라는 사실을 말이다.

> "또 아비들아 너희 자녀를 노엽게 하지말고
> 오직 주의 교양과 훈계로 양육하라"
> (에베소서 6:4)


> "마땅히 행할 길을 아이에게 가르치라
> 그리하면 늙어도 그것을 떠나지 아니하리라"
> (잠언 22:6)

# 어머니와 아버지가 그리운 계절

**어**머니는 누구인가? 남편이 직장에서 돌아온다. 거실에는 아이들의 옷과 장난감이 지저분하게 널려있다. 부엌에는 아직도 씻지 않은 그릇과 컵들이 쌓여 있다. 피로한 남편은 불쾌한 낯으로 소파에 몸을 던진다. 남편은 직장에 가 있는 동안에 아내인 아이들 엄마가 하루 종일 뭘 했을까 생각할지 모른다. 그러나 남편이 보지 못하는 사이에 아이들의 엄마는 무척 바빴다. 한 살, 세 살, 다섯 살 난 아이들을 돌보며 32회의 기저귀를 갈았고 71회 숟가락을 아이의 입으로 날랐으며, 화장실 변기에서 노는 아이들을 13회 밖으로 끌어냈고 옷에 음식물을 흘리거나 똥을 싸서 18회 옷을 갈아 입혔으며 그네를 밀어 준 것만도 623회였으며 집안을 걸레질 한 것만도 6회나 되었다. 그 외에 물을 끓이고 남편의 옷을 빨고 전화를 받고 시장을 갔다 오는 등 남편이 돌아올 무렵 아내는 무척 지쳐 있었다. 식구들의 건강과 웃음만이 유일한 보상인 이 젊은 아내에게 남편이 찌푸린 얼굴로 돌아앉아 있는 것은 너무나 잔인한 이야기다.

아기 엄마와 주부의 역할을 감당하는 한 여성의 작업량에 대한 위의 숫자는 교육학자인 쿠즈마 박사가 젊은 엄마로서 직접 세 아이를 키우며 통계를 내본 자신의 경험이었다. 세 아기를 18세까지 키울 경우, 엄마가

이 아이들에게 바치는 시간은 1만 8천 시간이다. 그러므로 모든 엄마들은 엄마 그 자체의 일만으로도 풀타임 워커들(full-time workers)이다.

이 세상에 어머니라는 이름만큼 고생스러운 이름은 없다. 그 이름 속에는 희생이 들어있다. 그 이름 속에는 고향이 들어있다. 그 이름 속에는 안식이 들어있다. 그래서 그 이름은 거룩한 이름이다. 어느 어머니가 이런 고백을 했다.

"내가 너를 사랑했기에 용돈을 아끼라고 했고, 내가 너를 사랑했기에 네가 훔친 껌 한 개를 손에 들려 가게집 아저씨에게 가서 '내가 이걸 훔쳤습니다. 용서해 주십시오.' 하고 고백하게 하였단다. 내가 너를 사랑하였기에 내가 하면 15분이면 충분한 방 청소를 1시간 동안이나 꾸물거리며 하는 너를 지켜보고 있었단다. 내가 너를 사랑했기에 종아리를 매로 때렸고, 내가 너를 사랑했기에 아픈 너를 억지로 학교에 보냈단다. 그때 엄마는 발걸음을 동동거리며 기다리다가 네가 무사히 돌아오는 것을 보고 뛰어 나가 너를 안고 눈물을 흘리고 말았었지. 너를 사랑했기에 하루에도 수십 번씩 '안 돼!' 하고 소리쳤다. 너는 알 거다. 세월이 흐른 후에 이 엄마의 마음과 소망과 눈물을"

정말 어머니의 사랑은 아무 것과도 비교가 안될 만큼 넓고 깊고 높다. 동물들도 새끼를 끔찍이 사랑한다. 그러나 새들은 불구가 된 새끼는 둥지에서 떨어뜨려 버린다. 그런데 어머니는 못나고 못된 아이일수록 더 사랑한다. 어미 새가 하는 일은 두 가지다. 먹이고 지키는 것이다. 그런데 어머니는 먹이고 지키는 것은 물론 때로는 간호원이 되고, 선생이 되고, 요리사가 되고, 재봉사가 되고, 상담자가 되고, 청소부가 되고, 동무가 되고, 비서가 된다. 이밖에도 엄마의 역할은 수없이 많다. 새 어미의 사랑은 기한부이고 어머니의 사랑은 영원하다. 너는 아는가. 네가 기뻐할 때 엄마가 기쁘고, 네가 슬퍼할 때 엄마도 슬프고, 너의 성공이 엄마의 성공이며, 너의 부끄러움이 엄마의 부끄러움이라는 것을! 내 아들아,

내 딸아 기억하라. 너의 젊음도 언젠가는 시들고, 네가 겪는 사랑도 자주 배반을 당하며, 너의 친구들도 너를 떠날 것이지만 이 어머니의 사랑만은 항상 영원히 네 곁에 있음을.

아버지는 누구인가?

아버지란 기분이 좋을 때 헛기침을 하고 겁이 날 때 너털웃음을 웃는 사람이다.

아버지란 자기가 기대한 만큼 아들과 딸의 학교 성적이 좋지 않을 때, "괜찮아" 하면서도 속으로는 몹시 화가 나는 사람이다. 아버지의 마음은 먹칠을 한 유리로 되어있다. 그래서 잘 깨지기도 하지만 속이 잘 보이지 않는다.

아버지란 울 장소가 없기에 두 배로 슬픈 사람이다. 아버지가 아침 식탁에서 성급하게 일어나서 나가는 장소(그 곳을 직장이라고 한다)에는 즐거운 일이 기다리고 있는 것이 아니다. 아버지는 머리가 세 개 달린 용과 싸우러 나간다. 그것은 피로와 끝없는 일과 직장 상사에게 받는 스트레스다.

아버지란 "내가 아버지 노릇을 하고 있나? 내가 정말 아버지다운가?" 하는 자책을 날마다 하는 사람이다. 아버지란 자식을 결혼시킬 때 한없이 울면서도 얼굴에는 웃음을 나타내는 사람이다. 아들과 딸이 밤늦게 돌아올 때에 어머니는 열 번 걱정하는 말을 하지만 아버지는 열 번 현관을 쳐다본다.

아버지의 최고의 자랑은 자식들이 남의 칭찬을 받을 때이다.

아버지가 가장 꺼림직 하게 생각하는 호주속담이 있다. 그것은 "가장 좋은 교훈은 손수 모범을 보이는 것이다.(There is no greater sermon than a sermon in shoes.)"라는 속담이다. 아버지는 늘 자식에게 모범을 보이지 못하기 때문에 이 점에 있어서 늘 미안하게 생각하고 남 모르는 콤플렉스도 가지고 있다. 아버지는 이중적인 태도를 곧잘 취한다. 그 이유는 "아들과 딸들이 나를 닮아주었으면." 하는 생각을 동시에 하기 때문이다.

아버지에 대한 인상은 나이에 따라 달라진다. 그러니 그대가 지금 몇 살이든지 아버지에 대한 현재의 생각이 최종적이라고 생각하지 말라. 일반적으로 나이에 따라 변하는 아버지의 인상을 소개해 본다. 4세 때 - 아빠는 무엇이나 할 수 있다. 7세 때 - 아빠는 아는 것이 정말 많다. 12세 때 - 아빠는 모르는 것이 많아. 14세 때 - 우리 아버지요, 세대 차이가 나요. 25세 때 - 아버지를 이해하지만 기성세대는 갔습니다. 30세 때 - 아버지의 의견도 일리가 있지요. 40세 때 - 여보, 우리가 이 일을 결정하기 전에 아버지의 의견을 들어봅시다. 50세 때 - 아버지는 훌륭한 분이었어. 60세 때 - 아버님께서 살아 계셨다면 꼭 조언을 들었을 텐데….

아버지란 돌아가신 뒤에도 두고두고 그 말씀이 생각나는 사람이다. 아버지란 돌아가신 후에야 보고 싶은 사람이다. 아버지는 결코 무관심한 사람이 아니다. 아버지가 무관심한 것처럼 보이는 것은 체면과 자존심과 미안함 같은 것이 어우러져서 그 마음을 쉽게 나타내지 못하기 때문이다. 아버지의 웃음은 어머니의 웃음의 2배쯤 농도가 진하다. 울음은 열 배쯤 될 것이다. 아들딸들은 아버지의 수입이 적은 것이나, 아버지의 직위가 높지 못한 것에 대해서 불만이 있지만 아버지는 그런 마음에 속으로만 운다.

아버지는 가정에서는 어른인 체 하지만, 친한 친구나 맘이 통하는 사람을 만나면 소년이 되고 만다. 아버지는 어머니 옆에서도 기도를 안 하지만, 혼자 차를 운전하면서 큰 소리로 기도도 하고, 찬송도 하는 사람이다.

어머니의 가슴은 봄과 여름을 왔다 갔다 하지만 아버지의 가슴은 가을과 겨울을 오고 간다. 아버지, 뒷동산의 바위 같은 이름이다. 마을의 정자나무 같은 이름이다.

어머니, 아버지가 그리운 계절이다.

# Grace in Love

하나님이 가장 듣기 거북한 기도가 아내와 남편의 기도라고 한다. 서로가 "저 사람을 회개시켜 주십시오." 하고 기도하니 하나님께서 어느 쪽의 기도를 들어주어야 할지 난감하시다는 것이다. 상대방이 고쳐지기를 기대하는 부부의 갈등은 해결되기가 어렵다. "내가 변해야지. 내가 고쳐져야겠다."라고 생각할 때 나도 상대방도 고쳐지는 축복이 일어난다.

바울은 사랑을 정의할 때, "자기의 유익을 구치 아니한다."고 했다.(고린도전서 13:5) 그런 의미에서 사랑은 자기를 포기하는 것이다. 자기의 성질, 자기의 습관, 자기의 취미 등을 상대를 위해서 포기하거나 맞추어나가는 것이 성경이 말하는 사랑이다.

결혼 상담가인 세실 오즈번 박사는 "이 세상에 완벽한 아내나 남편은 존재하지 않는다. 완제품은 없다. 불완전한 것을 도와서 완제품으로 만들어 가는 것이 결혼이다."고 말했다. 많은 부부들이 생각하기를, 내 경우는 특별하고, 다르다고 생각하는데 그렇지 않다. 이번에 쿠바의 카스트로 대통령을 만나 그 동안의 적대국의 긴장을 푸는 데 큰 역할을 했던 미국의 전 대통령 카터 부부는 금실이 좋기로 소문이 나있다. 이들이 하버드 랜드크리프 대학에서 강연을 끝내고 질문을 받을 때, 한 학생이 "당신들은 어떻게 그렇게 잉꼬부부가 되었느냐?"고 묻자 카터가 대답했다. "우리의 결혼에서는 3할이 사랑이었고, 7할은 용서였습니다." 그러자 아내 로잘린이 일어나서 카터의 대답을 이렇게 수정했다고 한다. "아닙니다. 우리의 결혼에서 1할이 사랑이었고, 9할이 용서였습니다." 장내는 웃음과 박수가 쏟아졌다. 그런 것이다. 그 9할의 용서가 사실은 진정한 사랑이었고, 그들을 잉꼬로 만든 것이다.

그런 점에서 용서하는 아내가 좋은 남편을 만들고, 용서하는 남편이 좋은 아내를 만드는 것이다. 잘못이 없고 실수가 없는 부부가 이 세상에 얼마나 있을까? 결혼 상담가인 캐더린 존슨 박사는 그의 베스트셀러인 『사랑이 낳은 행운(Luck in Love)』에서 행복한 부부의 비결 몇 가지를 제시하고 있다.

첫째, 서로에게 편안한 느낌을 주도록 하라. 부부는 경쟁하는 상대가 아니다. 우월감을 가지지 말고, 눈높이로 상대해 주어라. 함께 성장하도록 노력하라.

둘째, '다름'을 인정하라. 기계나 하등한 생명체에는 차이가 없지만, 인격들은 차이가 있다. 인격이 클수록 그 차이가 크다. 그 차이를 괴로워하지 말고 인정하라. 그러면 내 인격이 높아지고 그 차이가 매력이 된다.

셋째, 대화하라. 싸우더라도 대화를 하는 것이, 싸우지도 않지만 대화가 없는 것보다 낫다고 한다. 대화를 하되 돈이나 아이 성적에 관한 문제뿐 아니라, 마음의 감정과 사상을 함께 나눈다면 그 대화가 다른 많은 갈등, 즉 돈이나 부부문제나 성(性)적인 것들의 갈등을 해소시킨다고 한다.

넷째, 부부의 문제는 지는 것이 이기는 것임을 알라고 한다. 부부싸움에서 어느 한쪽이 이기는 것은 실제적으로 부부 공동의 이익에는 해가 된다고 한다. 어느 한쪽이 크게 이길수록 다른 한쪽의 상처는 커지게 마련이다. 그리고 그 상처는 결국 같이 받아야 할 아픔이 되고 만다는 것이다. 부부는 싸우되 이기고 지는 싸움은 하지 않아야 한다.

다섯째, 비밀이 없어야 한다. 숨겨진 마음, 숨겨진 돈, 숨겨진 편지, 숨겨진 일들이 없어야 한다. 비밀이 생기면 의심이 생기고, 그 의심은 결혼 생활에 금이 가게 한다.

여섯째, 성을 무시하지 말라. 요구나 거절에 상대의 뜻을 배려해주어야 한다는 것이다.

일곱째, 비교하지 말라. 남과 비교하는 것은 사랑의 불씨에 물을 붓는 것이다.

"아내들이여 자기 남편에게 복종하기를 주께 하듯 하라."
"남편들아 아내 사랑하기를
그리스도께서 교회를 사랑하시고
위하여 자신을 주심 같이 하라"
(에베소서 5:22, 25)

# 나의 내일은 어떻게 될까?

윈스턴 처칠이 어렸을 때 수영을 하다가 깊은 물에 빠져 거의 죽게 된 적이 있었는데, 용감하게 물 속으로 뛰어들어 그를 살려낸 사람이 있었다. 다름 아닌 처칠의 집에서 집사로 일하는 플레밍이라는 소년이었다. 처칠의 아버지는 이 생명의 은인에게 은혜를 갚기 위해서 물었다. "너의 소원이 무엇이냐?" 소년은 대답했다. "제 소원은 의사가 되는 것입니다." 그리하여 처칠의 아버지는 플레밍이라는 이 소년이 의사가 되기까지의 모든 학비를 부담했다. 톡톡히 은혜를 갚은 셈이다.

세월이 흘러 세계 제2차대전이 일어났을 때 처칠은 영국 수상이 되어 고군분투하다가 무리하는 바람에 급성 폐렴에 걸리고 말았다. 그때만 해도 폐렴을 치료할 아무런 약이 없었다. 만약 처칠이 죽거나 정계에서 은퇴만 해도 영국은 물론 자유세계의 역사가 달라질 수 있는 긴박한 상황이었다.

이 소식이 전해지자 처칠에게 달려온 무명의 의사가 있었다. 이 의사는 그때까지 한 번도 사용해보지 않은 푸른곰팡이에서 채취한 의약품을 처칠에게 주사했는데 기적과 같은 일이 일어났다. 처칠의 병세가 급격히 회복을 한 것이다. 그는 결국 완전히 나아서 자유세계가 승리하는 데 결정적인 역할을 했다.

　그런데 이 처칠의 위기 때에 달려온 의사가 다름 아닌 페니실린을 발명한 플레밍이었으며, 그가 바로 처칠의 아버지로부터 학비를 받아 공부한 소년 집사였던 것이다. 처칠의 아버지가 이 소년 집사의 소원을 들어주어서 의학공부를 시켰는데 그것이 또 한번 자기의 아들을 살리는 일의 씨앗이 되었던 것이다.

　사람은 씨를 뿌리면서 산다. 농사에만 씨를 뿌리는 것이 아니라, 내 인생에서도 씨를 뿌리면서 살아간다. 그리고 그 뿌린 씨앗은 언젠가는 거두게 되어있다. 뿌린 대로, 종류대로 거두는 것이 하나님의 지으신 우주의 법칙이다. 콩을 심으면 콩을 거두고, 적게 심으면 적게 거두는 법이다. 이 법칙은 너무나 자명한데도, 우리 인간들은 이 진리대로 살지 못한다. 그 이유는 시간의 문제 때문이다. 심어서 바로 거두는 것이 있고 심은 후 1년이 되어야 거두는 것도 있고, 어떤 것은 2년, 어떤 것은 10년 등, 거두는 기간까지의 오랜 기다림 때문이다. 플레밍은 심은 것을 즉시 거두었지만, 처칠의 아버지의 입장에서는 자신이 뿌린 씨앗의 열매를 자신이 죽은 후에 그의 아들을 통해 거둔 셈이다. 이 시간 차이 때문에 심은 대로 거둔다는 이 진리를 거스르고 살다가 인생을 망치는 사람들이 많은 것이다.

　토저(A. W. Tozer)라는 심리학자는 다음과 같은 설문으로 우리의 내일이 어떻게 될까를 추상적으로나마 추론할 수 있다고 했다.

　첫째, 내가 지금 가장 원하는 소원이 무엇이냐?

　둘째, 내가 지금 가장 많이 생각하고 있는 것이 무엇이냐?

　셋째, 나는 지금 어디에 돈을 가장 많이 쓰고 있느냐?

　넷째, 직장 외에 남은 시간을 어디에다 쓰고 있느냐?

　다섯째, 내가 지금 사귀고 있는 친구는 어떤 사람들인가?

　여섯째, 내가 지금 가장 되고 싶은 모델은 어떤 사람인가?

　일곱째, 나는 무엇 때문에 좋아하고 무엇 때문에 괴로워하는가?

여기에 대한 답이 이 시간 내가 뿌리고 있는 씨앗이 될 수 있다고 토저는 말한 것이다. 그리고 그것이 내가 미래에 거두어야 할 열매들이라는 것이다.

그런데 또 하나 우리가 잊지 말고 기억해야 할 것은 지금 뿌리고 있는 씨앗들의 차이는 작아 보이지만, 거둘 때에는 엄청난 차이의 열매를 거둔다는 점이다. 성경은 그것을 30배, 60배, 100배라고 했는데 실은 그보다도 훨씬 더 큰 차이로 나타날 수 있다. 결국 그 차이는 죽음과 생명으로 나타난다.

먼 거리의 개념을 우리는 지구와 태양과의 거리라고 할 수 있다. 그러나 그보다 더 큰 거리가 얼마든지 있다. 우주에는 빛의 광년의 거리도 있다. 빛의 속도로 몇 백 년이 아니라, 몇 억 년, 아니 몇 몇 백억 년이 걸리는 거리라니, 우리 인간으로서 도저히 상상할 수 없는 거리다.

그런데 그보다도 더 먼 거리가 있다. 역사이래 이 거리를 건넌 일이 없다. 곧 삶과 죽음의 거리이다. 이 거리가 다름 아닌 오늘 내가 무엇을 뿌리느냐에 따라서 나누어진다는 것을 잊지 말아야 한다.

"눈물을 흘리며 씨를 뿌리는 자는 기쁨으로 거두리로다
울며 씨를 뿌리러 나가는 자는
정녕 기쁨으로 그 단을 가지고 돌아오리로다"
(시편 125:5-6)

# 엉덩이에 종기가 난 사람

**훈**장 받은 개가 있다. 뉴욕공항에서 총기나 폭발물을 냄새로 알아내는 직무를 8년 간 수행하다가 늙어 은퇴하는 Bruno라는 개에게 뉴욕 시에서 그 공로를 치하하여 감사패와 훈장을 수여했다고 한다. Bruno는 8년 간 하루도 빠짐없이 공항을 지켰고, 24명의 외국 대통령, 18명의 수상들, 4명의 왕과 23명의 여왕 등 국내외 귀빈들을 지켰으며 그러는 동안 여러 번 지하나 벽 속에 숨겨진 폭발물을 사전에 발견했다고 한다. 이 Bruno는 양같이 순하여 어떤 사람과도 잘 어울리는데, 만약 폭발물 냄새만 나면 정신 없이 달려들어 땅을 파고 벽을 긁고, 사람에게서 폭약냄새가 나면 그 사람에게 달려들어 사납게 으르렁거린다고 한다. 물론 이런 것들이 훈련의 결과라고 하지만 8년 동안 변함 없이 이렇게 충직하게 봉사를 해온 개는 없었다는 것이다. Bruno를 데리고 출동을 가장 많이 했던 Collins씨는 깨달았다고 한다. 그것은 한 마디로 "말없이, 값없이, 변함 없이"라고 한다.

어떤 단체든지 소위 Trouble Maker(문제를 일으키는 자)의 공통점이 있는데 그것은 자기가 맡은 일에는 충성하지 않고 남의 흠이나 실수만 찾는다는 점이다. 결혼상담 전문가인 Catherine Johnson씨는 결혼상담 파탄의 시작이 "상대방 흠 들추기"에 있다고 지적한다. 남편이든지 아내든지 상대방 흠을 들추기 시작하면 그 부부는 오래가지 못한다고 한다. Johnson씨는 행복한 부부가 되기 위해서는 선생이나 코치가 아니라, 친구나 응원자가 되어야 한다고 지적한다.

사실 보면, 정작 자기 자신에게 충실하지 못한 자가 남을 비난하거나 불만을 토로하는 불평자인 경우가 많다. 그 결과 그 사람이 속한 가정이나 단체가 피곤해지고 시끄러워진다. 또 그런 사람에게는 부정적인 사람이 함께 동조하기 마련이다.

심리학에서도 자기 안에 적이 있는 사람이 남을 적으로 만들고, 자기 속에 상처가 있는 사람이 남에게 상처를 낸다고 한다. 남을 깎아 내리고 비판을 잘하는 습관은 우리 한국인이 세계화되기 위해 바꿔야할 의식개혁의 제1조이다. 한국에 오래 산 한 외국사람이 말하기를 "한국 사람은 배고픈 것은 잘 참는데 배 아픈 것은 참지 못 한다"고 꼬집었다. 정말 자신과 그 자신이 속한 공동체가 행복하려면 사돈이 땅을 사면 배가 아프다는 말이 사라져야 한다.

홀로 자신을 한번씩 비판해보는 일이 있어야 한다. 나의 마음을 윤택하게 하는 일이 여러 가지가 있지만, 한번 자신을 냉정하게 비판해 보는 시간을 갖는 것은 내 영혼을 기름지게 하는 아주 좋은 방법이다. 남을 비판하는 10분의 1만 자신을 비판 할 수 있다면 훌륭한 인격자가 될 것이다. 자기가 자신을 비판하면 회개가 되고 개선이 되어, 내가 발전하고 남에게 호감을 주는 사람이 된다. 그러나 남을 비판하면 세 사람이나 상처를 당한다. 비판당하는 자와 남을 헐뜯는 소리를 듣는 자와 비난하는 그 자신까지도 상처를 받게 된다.

영어 속담에 "엉덩이에 종기가 난 사람은 어떤 의자에 앉아도 편하지 못하다."라는 말이 있다 편함의 조건이 의자에 달려있는 것이 아니라, 내 자신에게 달려있다는 말이다. 내 자신에게 문제가 있는 사람은 어떤 환경과 사람을 만나도 불평을 하게 마련이다. 외부의 평화를 기도하는 사

271

람은 평화를 얻을 수 없다. 나에게 불만이 사라지고 만족과 감사를 깨닫
도록 기도하는 사람에게만 평안이 주어지는 것이다.

　덕이란 내 자신에게는 송곳 끝같이 날카로운 것을 말한다. 나의 부족
함과 잘못에 대해서는 철저히 살피면서도, 상대방에게는 한없이 넓은 바
다와 같은 마음을 가지는 것이다. 그러다 보면 상대를 이해할 수 있게 되
며 긍정적인 모습까지 발견할 수 있게 된다.

　이렇게 글을 쓰는 내 자신부터 엉덩이에 난 종기를 짜 버리고 편안하
게 의자에 앉을 수 있는 덕 있는 사람이 될 수는 없을까?


"비판을 받지 아니하려거든 비판하지 말라
너희의 비판하는 그 비판으로 너희가 비판을 받을 것이요
너희의 헤아리는 그 헤아림으로 너희가 헤아림을 받을 것이니라
어찌하여 형제의 눈 속에 있는 티는 보고
네 눈 속에 있는 들보는 깨닫지 못하느냐"
(마태복음 7:1-3)

# 사람이 그리운 추운 계절

**흔**히 사람들이 하는 말에 "준 것 없이 미운 사람이 있고, 받은 것 없이 예쁜 사람이 있다."는 말이 있다. 남에게 준 것 없이 밉게 보인 사람이 있다면, 그는 분명 인간관계에서 실패한 사람이요, 받은 것 없이 좋게 보이는 사람이 있다면, 그는 많은 재물을 가졌거나 높은 지위를 가진 사람보다도 훨씬 귀중한 무형의 재산을 지니고 있는 사람이다.

어떻게 하면 이 무형의 자산을 지닌 사람이 될 수 있을까?

첫째, 남의 이름을 잘 기억하도록 하라. 카네기도 성공의 첫째 비결을 말할 때, 남의 이름을 잘 기억해주는 것이라고 했다. 사회가 점점 전문화, 집단화되어 가는 세상에 자기의 이름이 기억되는 일은 아주 기분이 좋은 일이다. 이름이란 고유명사다. 보통명사는 늘 도매금이다. 사람은 도매금으로 넘어가길 싫어한다. 그래서 자기의 이름이 기억되면 특별한 대우를 받는 것처럼 으쓱해진다. 나도 누가 내 이름을 기억하고 불러주면 기분이 좋아진다.

둘째, 무뚝뚝한 태도를 갖지 말라. 다정함보다 나은 사교술은 없다. 찌푸리고 있는 표정은 옆에 가기도 부담이 되어 사람을 쫓는다. 똑똑하고 야문 체하여 사람에게 거부감을 주는 것보다 다소 허술한 면이 보여도 웃는 얼굴과 가까워지고 싶은 것이 사람의 마음이다.

셋째, 칭찬을 아끼지 말라. 남을 칭찬해 줄 조건을 찾아라. 이 세상에 단 한 가지의 장점도 갖지 않은 사람은 없다. 얄팍한 아부나 아첨이 아니라, 그 사람만의 좋은 점을 찾아서 적당히 칭찬해 주면 그것처럼 인간관계에 보약이 되는 것은 없다. 반대로 사람마다 단점이 없는 사람은 없다. 그런데 그 단점만을 찾아서 말하는 것처럼 인간관계의 독약 또한 없다. 단점을 말하는 것은 비평이 아니라 비난이다. 남의 갑옷에서 구멍을 찾을 때, 어느새 상대의 화살은 내 뚫어진 갑옷에 꽂혀 있게 된다.

넷째, 남의 기분을 무시하지 말라. 누군가가 좀 들떠있거나 내 기분과 같지 않은 상태에 빠져 있을지라도 그 기분에 찬물을 끼얹지 말라. 인간은 감정의 동물이라는 말이 있다. 감정을 무시당한 것은 오래오래 쓴 기억으로 남는다. 김재규가 차지철을 쏜 것은 어떤 뚜렷한 계획이나 원한 때문이 아니라 전에 무시당한 앙금이 폭발한 것이었다. 남의 감정을 받아주면서도 객관성을 유지할 수 있는 사람이 지도자의 첫째 자격이다.

다섯째, 섬기는 정신을 잃지 말라. 하급 인생은 받기만 하는 사람, 중급 인생은 주고받는 사람, 상급 인생은 주고도, 받을 생각을 안 하는 사람이다. 섬기는 마음을 가진 사람은 많은 사람들이 그를 따르고 존경하고 아끼게 된다. 고독한 사람은 섬기지 않는 사람이다. 그래서 이기적인 사람은 고독하다.

여섯째, 믿어주는 마음이 성공적인 인간관계의 필수요건이다. 의심하는 것은 불쾌함을 넘어서 배신감까지 갖게 한다. 가장 든든한 끈은 "나는 너를 믿는다."라는 한 마디 말이다. 심지어는 다 불신해도 "나만은 너를 믿는다."고 할 때, 그 사람이 내 사람이 되는 것이다. 의심, 질투, 불신, 넘겨짚음 등은 인간의 정을 찢어버리는 면도날이다. 신뢰 하나만 빠지면 더 이상 부부도 아니고, 친구도 아니고, 가족도 아니다.

일곱째, 진실하라. 진실은 아름답다. 진실은 힘이 있다. 진실은 따뜻하다. 진실하면 실수마저도 좋아진다. 진실이라는 말보다 조금 구체적인 말이 있다. '솔직' 이라는 말이다. 포장하지 않은 내 모습 그대로가 친근함을 준다. 누구나 그런 사람을 만나고 싶어한다. 항상 미소지으며 남의 허물도 따뜻이 감싸주고 내 기분을 이해해주며 나를 믿어주는 그런 사람을 만나고 싶어한다.

　행복은 다른 것이 아니라 그런 사람과 차 한 잔을 나누는 순간에 있는 것이다. 이 겨울, 차가운 바람이 뼈 속까지 파고드는 이 추운 겨울, 사람이 그리운 계절이다.


"너희가 너희를 사랑하는 자를 사랑하면 무슨 상이 있으리요
세리도 이같이 아니하느냐
또 너희가 너희 형제에게만 문안하면
남보다 더 하는 것이 무엇이냐
이방인들도 이같이 아니하느냐
그러므로 하늘에 계신 너희 아버지의 온전하심과 같이
너희도 온전하라"
(마태복음 5:46-48)

# 인간의 마음은 변한다

**황**량한 사막에 공동묘지가 있고 거기에 막 처형당한 중대한 국사범의 시체를 지키는 한 병사가 있다. 같은 공동묘지 저편에 남편을 막 묻어놓고 차마 발길을 돌릴 수 없어서 애달프게 울부짖는 미망인이 있다.

황량한 사막, 그리고 음산한 묘지, 거기에 땅거미가 내리고 어느덧 어둠이 왔다. 병사는 슬픔을 가누지 못하고 흐느끼는 여인이 가엾게 생각되었다. 병사는 다가가 여인을 위로해준다. 울음 반 하소연 반으로 흐느끼던 여인이 병사를 의식하고는 이제 병사에게 자기의 슬픈 사연을 쏟아놓았다. 사연을 들은 병사는 여인이 더욱 가엾게 여겨진다.

사막과 어둠과 추위는 따뜻한 마음과 체온이 그리운 상황을 만든다. 위로하고 위로 받자던 젊은 남녀는 밤이 깊어가면서 묘한 감정이 흐르기 시작한다. 결국 두 남녀는 여름날에 천둥치는 운명처럼 그 밤에 사랑을 나누게 되었고 어느덧 동이 트자 병사는 시체가 있는 자기 근무 위치로 돌아온다. 그런데 어쩐 일인가. 자기가 지켜야 할 시체가 밤새 사랑을 나누던 사이에 사라져버린 것이 아닌가. 군법에 의하면 필시 병사는 목숨을 보존키 어렵게 된 것이다. 망연자실하고 있는 병사를 바라보던 저쪽편의 여인이 웬일인가 하고 물어본다. 병사는 사색이 되어 시체가 없어진 것과 자기가 받아야 할 형벌을 이야기한다. 그러자 여인은 조금도 놀란 빛이 없이 이렇게 말한다. "남자가 그까짓 것을 가지고 뭘 그리 걱정하세요. 없어진 시체 대신에 내 남편 것으로 바꾸어 놓으면 되잖아요. 이 사막에서는 하루 이틀이면 형체를 몰라보게 썩어버리니까요." 그러면서 여인은 다시 병사의 품으로 파고든다.

　『에피사스의 여인』이라는 콩트의 줄거리이다. 조석변개(朝夕變改)하는 인간의 마음, 아침저녁으로 변하는 인간의 마음을 풍자한 이야기다.

　구태여 위에서 말한 콩트의 내용을 빌릴 필요도 없이, 사람의 마음이 잘 변한다는 것은 우리의 삶의 현장에서 체험으로 경험하고 있는 바이다. 나는 초등학교 때 고민 중의 하나가 장래 희망이라는 것이었다. 레슬링 선수 김일의 멋진 시합을 보고는 김일 선수 같은 레슬링선수가 되고 싶었고, 링컨 전기를 읽고는 정치가가 되고 싶었으며, 선생님으로부터 노벨상 이야기를 듣고는 노벨 문학상을 타보겠다고 생각했다. 심지어 비행기를 보고는 비행기조종사가 되겠다는 결심을 하기도 했다. 그 뒤로도 내 희망은 수없이 변해서 결국 목사가 되었다. 목사가 된 후 나는 인생은 흐르는 물과 같음을 느낀다. 물은 그릇에 따라 모양이 달라진다. 또 온도에 따라 수증기가 되기도 하고 얼음이 되기도 한다. 내가 목사가 된 것이 아니라 환경이 나를 목사 되게 했다. 물론 신앙적으로 보면 그 환경은 하나님의 섭리인 것이다.

　어쨌든 인간의 마음은 변한다. 그런데 그 변하는 인간의 마음을 꼭 부정적으로만 볼 것이 아니다. 때로 나를 괴롭히는 사람을 만날 때가 있었다. 그러나 그것을 크게 걱정할 필요가 없다. 그런 사람의 마음도 변하기 때문이다.

　변하는 인간의 마음, 여기에 대해서 우리는 좋고 나쁘고를 따질 필요가 없다. 그 대신 그 변하는 마음에서 우리는 귀중한 교훈을 얻어야 한다. 그것은 인간이란 믿고 의지할 존재가 아니라 용서해 주고 사랑해 주어야 할 존재라는 것이다. 이것을 얼마나 뼈아프게 깨닫는가에 따라 인생의 철이 든 여부가 비례한다면 너무 지나친 표현일까.

어쨌든 인간을 의지하지 말라. 서로 불쌍히 여기고 사랑해야 할 것이 인간이다.

"진리가 예수 안에 있는 것 같이
너희가 과연 그에게서 듣고 또한 그 안에서 가르침을 받았을 찐대
너희는 유혹의 욕심을 따라
썩어져 가는 구습을 좇는 옛 사람을 벗어버리고
오직 심령으로 새롭게 되어 하나님을 따라
의와 진리의 거룩함으로 지으심을 받은 새 사람을 입으라"

# 아직도 늦지 않았다

**작**년에 우리나라에서도 70세의 노인이 대입검정고시에 합격을 해서 감동을 주었는데, 미국 아텔파이 대학에서도 어머니가 막내 딸과 나란히 졸업장을 받아 화제 거리가 되었다. 뉴욕의 퀸즈 재판소 도나휴 판사의 부인이 딸과 함께 대학에 입학하여 함께 졸업을 하고 학위를 받은 것이다. 졸업한 딸의 나이는 21세인데 엄마의 나이는 53세였다. 부인은 졸업소감을 이렇게 말했다.

"공부를 한다는 것은 힘들지만 쾌감도 줍니다. 공부를 하는 동안에는 젊어지는 것 같았습니다. 그리고 가장 중요한 것은 늙은 것이 쓸모 없는 것이 아니라 그 나름대로의 역할이 있다는 자각입니다."

도나휴 부인의 소감은 배움이 주는 중요한 세 가지 유익을 잘 말해주고 있다. 배움은 배움 그 자체에 기쁨이 있다. 새로운 것을 안다는 것이나 자신의 역량을 실험해보는 것 등은 배우는 자만이 알 수 있는 기쁨이다. 또한 무엇을 배우는 동안 새로운 지식, 새로운 삶에 대한 이해는 그 사람의 정신을 넓고 젊게 한다는 것이다. 그리고 그녀가 중요하다고 말한, 늙음이 쓸모 없는 것이 아니라는 자각이야말로 정말 중요한 발견이 아닐 수 없다.

심리학자 레이먼의 연구에 의하면 사람은 연령에 따라 그때그때 발휘되는 능력이 다르다고 한다. 가령 20대는 수학적인 능력이, 30대는 철학적인 사고력이, 40대는 건축학적인 구상력이, 그리고 50대에는 종합적인 판단력이 강해진다는 것이다. 그러므로 인간은 빨리 출발하지 않았다고 비관할 것도 없고 기억력이 떨어진다고 슬퍼할 것도 없다. 오히려 연륜에 따른 자기의 능력을 극대화하도록 계발해나가는 것이 필요한 것이다.

내가 많은 사람들을 보면서 아쉬워하는 것은 새파랗게 젊은 사람들이 사업이니 취직이니 하면서 공부를 소홀히 한다는 것이다. 더구나 많은 젊은 사람들이 일과후의 시간을 친구들과 어영부영 어울리면서 소비해버린다는 것이다. 젊은 시절, 경제적인 안정도 중요하고 인간관계도 중요하며 인생을 즐기는 것도 필요하겠지만 이렇게 배움이 활짝 열려있는 세상에 뭔가 자기만의 독특한 전문분야를 개척하지 않는다는 것은 머지않아 낙오자가 될 소지를 다분히 안고 있는 것이다.

나는 컴퓨터 영어자판을 치는 데는 익숙해 있었지만 한글자판을 치는 데는 어려움이 많았다. 40세가 되어서야 컴퓨터 한글자판을 두 손으로 치는 것을 배웠는데 배우기 전에 많은 갈등을 했다. 늙어서(?) 손이 굳었는데 어떻게 자판을 하나씩 배우나 하는 갈등을 했는데 지금은 얼마나 다행인지 모른다. 어렵게 독학을 해서 배웠지만 지금은 이 칼럼도 컴퓨터로 쳐서 컴퓨터로 출판사로 직접 보낼 수 있으니 참으로 잘 했다는 생각뿐이다.

그래서 지금도 나는 다른 사람들에게, 특히 나이가 든 사람일수록 운전면허를 따고, 또한 컴퓨터를 배우라고 권한다. 아마 10년 후에는 운전을 하지 못하는 사람들은 자식들이 태워 주지 않으면 안방마님이 되어 있을 것이고, 컴퓨터를 하지 못하는 사람은 참으로 불편함을 느끼며 반쪽 세상밖에는 살지 못한다고 해도 과언이 아니다. 운전과 컴퓨터에 기피증이 있는 사람에게 이런 말을 해 주고 싶다. 운전이 위험해서라면, 남의 차를 타다가 죽은 사람이 직접 운전을 하다가 죽은 사람보다 많다는 것과, 늙어서 컴퓨터에 맞지 않다는 사람에게는 컴퓨터야말로 젊은 사람에게보다 나이 든 사람에게 적절한 것이라고.

　우리교회는 나이 많이 든 분들에게도 교회 내에서 실시하고 있는 많은 신앙훈련에 참여할 것을 강조한다. 사람은 계속해서 배워나가야 한다. 사랑에 국경이 없다면 배움에는 경계선조차도 없다. 나는 현재 40대 정도의 사람이라면 절대 배움을 멈춰서는 안 된다고 말하고 싶다. 10년 후까지 일하고자 한다면 지금 배우지 않으면 안 된다는 것을 명심해야 한다. 그리고 30대 정도의 사람이라면 많은 유혹을 극복하고 공부에 인생의 우선권을 두라고 말하고 싶다. 아직 늦지 않았다.


"하나님의 지으신 모든 것이 선하매
감사함으로 받으면 버릴 것이 없나니
하나님의 말씀과 기도로 거룩하여 짐이니라
네가 이것으로 형제를 깨우치면
그리스도 예수의 선한 일꾼이 되어
믿음의 말씀과 네가 좇는 선한 교훈으로 양육을 받으리라
망령되고 허탄한 신화를 버리고
오직 경건에 이르기를 연습하라"
(디모데전서 4:5-7)

# 당신은 믿을 만한 사람인가?

**2**천년을 두고 비난의 대상이 된 사람이 예수님의 제자 가룟 유다이다. 그런데 성경에서 보면 가룟 유다에게는 장점이 많았다. 경리에 밝아 회계를 맡았고, 질문이 많았던 것으로 보아 사리가 분명했던 성격이었으며, 예수를 정치적 지도자로 옹립하려는 열망을 가졌으니, 로마 군정 밑에서 용기 있는 사람이었던 것이다.

이런 유다가 어찌하여 못된 인간의 표본이 되었을까? 그 유일한 이유는 배신이었다. 신용 혹은 신뢰는 인간관계의 가장 귀중한 조건이다. 만약 신용이나 신뢰가 없으면, 모든 인간관계는 깨어질 수밖에 없다. 믿지 못하면 진실한 말을 할 수 없는 것이며, 믿지 못하면 무엇 하나 맡길 수 없는 것이다. 그렇기 때문에 그 신임이 배반을 당했을 때는 원망과 증오도 큰 법이다. 기대와 신임을 배반하면, 백 가지 장점을 가졌어도 가룟 유다처럼 오랜 비난을 면할 수 없다.

옛날이야기지만 미국의 로젠버그 사건은 유명하다. 로젠버그라는 부부가 핵 연구의 기밀을 소련에 팔아 넘겨서, 법원은 그 부부를 사형에 처했다. 그때 미국 인권단체의 대대적인 데모가 있었다. 사형이 너무 심하다는 것과 더구나 부부를 함께 사형에 처한다는 것은 반인륜적이라는 것이었다. 그때 판사는 이런 판결문을 담담하게 읽어 나갔다. "배신은 살인보다 백 배는 더 나쁜 죄악입니다. 그것은 영혼을 죽이고, 사회라는 거울을 깨버리는 것입니다." 그래서 결국 로젠버그 부부는 사형장의 이슬로 사라지고 말았다.

　신용이 있기로는 스위스 은행을 꼽는다. 전 세계의 돈이 스위스로 모여든다. 스위스 은행 하면 스위스에 있는 어느 한 은행을 말하는 것이 아니라, 스위스에 있는 크고 작은 563개의 금융기관을 총칭하는 말이다.

　1933년 히틀러가 정권을 잡자 곧 유태인 박해 정책이 시작되었다. 이때 유태인 자본가들과 반 나치 독일인들은 비밀리에 재산을 스위스 은행에 적립했다. 이때 나치 정부는 스위스에 압력을 행사했다. 그들의 예금 계좌를 공개하고, 예금을 받지 말라는 것이었다. 이러한 나치의 요구를 거절했다가는 그것을 전쟁의 빌미로 삼을지도 모를 일이었다. 난처해진 스위스 은행은 고민 끝에 다음과 같은 결의를 했다. "우리는 은행의 생명이 신뢰에 있음을 알고 목숨을 걸고 신뢰를 지키겠습니다." 나치가 회유 정책을 썼지만, 스위스 은행은 법을 어기고 기밀을 누설하는 행원은 징역을 보내기로 했다. 스위스 은행은 이러한 전통을 확립해서 전 세계에 신용의 대명사로 이름을 떨치고 있으며, 스위스는 이 신용으로 인하여 나라 수입의 24%를 획득하고 있다.

　신용이란 잃었을 때는 깨진 거울 같은 것이지만 얻었을 때는 그것만으로도 돈이 되고 자산이 된다. 요즘 신용사회라는 말이 경제적으로만 쓰이는 것이 아쉽지만, 세상이 모든 면에서 신용사회가 되어야 할 것이다. 부모와 자녀 사이에서도, 부부간에도, 기업과 고객 사이에도, 국가와 국민 사이에도, 특별히 교회 안에서도 신용은 존경과 증오, 그리고 거절의 시금석이 된다. 나는 얼마나 믿을 수 있는 사람으로 사람들에게 평가될까? 지나온 시간 속에서 나는 사람들에게 신뢰를 주며 살아왔는가? 과연 당신은 믿을 만한 사람인가?

"종들로는 자기 상전들에게 범사에 순종하여 기쁘게 하고
거스려 말하지 말며 떼어먹지 말고
오직 선한 충성을 다하게 하라
이는 범사에 우리 구주 하나님의 교훈을 빛나게 하려 함이라"
(디도서 3:9-10)

# 평범한 것을 감사하라

**성**형외과가 문전성시를 이루고 짭짤한 재미를 보고 있다고 한다. 사람들이 먹고사는 일차적인 욕구가 해결되고 나니 이제 아름다워지고 싶다는 2차적인 욕망에 사로잡혀 너도나도 성형외과를 찾아가서 몸의 여러 곳들을 이렇게 저렇게 뜯어고치고 있다는 것이다. 심지어 상당수의 여자들은 날씬한 몸매를 갖고 싶어서 결식을 강행하다가 영양실조와 거식증이라는 병에 걸려 죽는 사람까지 있다고 한다. 예뻐지고 싶다는 욕구가 얼마나 무서운 것인가를 증명해주는 사례다.

동서고금을 통해서 가장 날씬한 여인이 있다. '나는 제비' 라는 뜻으로 원래 이름인 조의주를 대신하여 '조비연' 이라는 이름으로 불리었다. 뛰어난 몸매에 춤 솜씨가 또한 다른 사람과 비교할 수 없을 만큼 뛰어난 그녀는 한나라의 성황제의 총애를 받아 황후의 지위까지 오르게 되었다. 한번은 황제가 호수에 배를 띄우고 파티를 하는데 갑자기 강풍이 불자 춤을 추던 비연이 휘청 물로 떨어지려 했다. 황제가 급히 그녀의 한쪽 발목을 붙잡았는데 춤추는 데 정신이 빠진 비연은 그 상태에서도 춤추기를 그치지 않아서 비연은 임금의 손바닥 위에서도 춤을 추었다는 것이다. 이렇게 임금의 사랑을 받은 비연은 세상에 못하는 것이 없었다고 한다. 그러나 그 세월은 겨우 10년, 황제가 죽자 비연은 탄핵의 대상이 되었고 거지로 걸식을 하다가 자살로 그 생을 끝맺고 말았다.

이슬람의 왕족 중에 피부는 하얗고 태어날 때부터 몸에서 그윽한 향기가 풍기는 여인이 있었다. 거기다가 용모까지 뛰어난 미인이었으니 선녀라는 말을 듣기까지 했다. 그녀는 위구르(Uighru) 나라의 왕비가 되었고 사람들은 그녀를 '향비'라 불렀다. 향기를 발하는 왕비라는 뜻이다. 이 소문이 청나라의 황제 건륭의 귀에까지 들어갔다. 자신을 천하의 주인이라고 자처하던 황제는 위구르를 침략하여 향비를 사로잡아왔다. 그러나 청나라에 온 그녀는 절개를 지키다가 견딜 수가 없어 혀를 깨물어 자살하고 말았다.

서양에서 최고의 미인을 꼽으라면 누구나 '클레오파트라'를 꼽는다. 그러나 이 여인은 장래가 구만 리 같았던 로마의 지도자 안토니우스를 패가망신케 했고 여러 사내의 품을 전전하면서 많은 사내들을 파멸시켰는가 하면 그녀 역시 프톨레마이오스 왕조를 망하게 하고는 자신은 독사에 물려 자살해 버리지 않았던가.

또 사람마다 머리 좋은 자녀를 갖고 싶어한다. 두뇌가 명석한 사람으로 삼국지에 등장하는 '장송'만한 사람이 없다. 그는 조조가 지은 '맹덕신서'라는 책을 한번 훑어본 다음, 글자 한 자 틀림없이 완벽하게 외웠다고 전해진다. 그러나 장송은 자기의 친형 장숙의 고발로 가족과 함께 처절한 죽음을 당하고 말았다. 70년대 초에 세상을 떠들썩하게 했던 천재 소년으로 '김웅용'이라는 이름을 가진 사람이 있었다. 그런데 30년이 지난 지금 그 천재 소년은 이상한 병을 앓고 나서 겨우 지방대학을 졸업하고 조그만 회사에서 회사원을 하다가 그나마 실직 당했다는 기사를 읽었다. 그야말로 미인박명이 틀림없다.

그런데도 불구하고 사람들은 저마다 자기가 특별해지기를 소원하고 있다. 예수님께서 잡히시던 날 밤, 제자들에게 "너희는 오늘 밤 모두 나를 버릴 것이다."라고 말씀하셨다. 그때 베드로는 "다른 사람은 다 버릴

지라도 저만은 절대로 예수님을 버리지 않겠다."고 장담을 했었다. 이는 자기는 다른 제자들보다 특별하다는 선언이기도 했다. 그러나 잘 알려졌 다시피 베드로는 그 날밤 공포에 질려 예수님을 세 번이나 부인하고 말 았다. 그도 역시 똑같은 보통 인간이었던 것이다.

큰소리치는 사람이 많다. 남보다 조금 나은 것을 가지고 감사하기는 커녕 폼 잡고 교만을 떠는 사람도 있다. 그런데 하나님은 특별난 사람, 대단한 사람을 별로 좋아하시지 않으신다. 하나님은 자기 아내를 누이라 고 거짓말할 수밖에 없었던 겁 많은 아브라함을 믿음의 조상으로 세우셨 고, 지렁이라고 별명이 붙은 야곱을 통해 이스라엘이라는 나라를 세우셨 다. 나는 그렇게 생각한다. 하나님께서 평범한 사람을 많이 만드신 것은 분명 하나님이 평범한 사람을 좋아하시기 때문이라고. 평범한 것을 감사 할 줄 알아야겠다.


"하나님께서 세상의 미련한 것들을 택하사
지혜 있는 자들을 부끄럽게 하려하시고
세상의 약한 것들을 택하사 강한 것들을 부끄럽게 하려 하시며
하나님께서 세상의 천한 것들과 멸시받는 것들과 없는 것들을 택하사
있는 것들을 폐하려 하시나니
이는 아무 육체라도 하나님 앞에서 자랑하지 못하게 하려 하심이라"
(고린도전서 1:27-29)

# 창문을 열어라

미국 시카고의 한 교도소는 창립 30주년을 맞아 기념행사를 준비하면서, 죄수들에게 창립행사를 위하여 좋은 아이디어가 없는지를 물었다. 200명의 죄수들은 무엇인가 귓속말로 서로 연락을 주고받다가 한 사람이 "이 교도소 30년 역사에 최고로 멋진 일은!" 하고 소리치자 모든 죄수들이 강당이 떠나갈 듯이 일제히 외쳤다. "대문을 열어라!"

감옥에 갇힌 사람에게 최대의 멋진 일이 있다면 옥문이 열리고 자유의 몸이 되는 것일 것이다. 봄이 되었다. 우리들도 "대문을 열라."고 외칠 때이다. 겨울동안 움츠려 들었던 만물이 문을 여는 이 때, 새로운 삶을 위해서 인생의 일곱 개 창문을 열 것을 제안한다.

첫째 창문은 고상한 목표를 세우는 일이다. 사람은 여러 종류의 먹을 것만을 넣고 다니는 밥통이 아니다. 사람은 여러 종류의 옷을 걸어놓는 옷걸이도 아니다. 무엇인가 조그마한 것이라도 내가 꼭 해야만 하는 보람 있는 목표를 세우고 달려가야 한다.

둘째로 열어야 할 창문은 한없는 욕심을 버리는 것이다. 사람에게는 두 개의 손이 필요하다. 하나는 움켜쥐는 손이고, 하나는 펴서 내어주는 손이다. 이 두 가지의 손이 있을 때 행복이 온다.

셋째로 열어야 할 창문은 멀리 보는 것이다. 나만 보이거나 내 가족만 보이는 것은 이기적이고 협소한 인격이다. 사회문제가 보이고 인류의 문제가 보이고, 시간적으로도 내일과 영원이 보이는 사람이 큰 사람이며, 그런 사람이 큰 일도 하고 가치 있는 삶을 사는 것이다.

넷째 창문은 박수를 치는 마음을 여는 것이다. 다른 사람들의 칭찬 받을 만한 일을 하나씩 찾아보고 격려하면서 살자는 것이다. 사람들의 좋은 점은 안 찾아보고 나쁜 점만 잘도 찾아내는 사람이 있는데 불행한 사람이다. 자기도 불행하지만 남까지 불행하게 만들 위험한 사람이다. 한마디로 피곤한 스타일이다.

다섯째 창문은 비교의 악순환에서 벗어나자는 것이다. 비교를 좋아 하는 사람은 사대주의자적인 근성이 있는 사람이며, 열등감이 많은 사람이다. 나는 나고 너는 너다. 이 50억의 인구 중에 지문이 같은 사람은 하나도 없다고 한다. 하나님은 사람마다 독창적으로 지으셨다. 잘나도 못나도 나의 길을 갈 수 있는 사람이 행복하고 멋도 있다.

여섯째 창문은 항상 개척자의 마음으로 살자는 것이다. 오늘은 새날이다. 이 일은 새 일이다. 늘 처음처럼, 마지막처럼 살 것이다. 눈이 쌓인 길을 누가 먼저 밟고 가서 길을 내주기를 기다리지 말고, 내가 먼저 걸어가서 길을 내자. 어려운 일을 회피하지 말고 도전하는 마음으로 뛰어들어 보자. 눈치보고 일하지 말고 온몸으로 전심을 다해 일을 하자.

일곱째 창문은 사랑하면서 살자는 것이다. 스탕달이 그런 말을 했다. 다 살고 남은 것을 생각해보니 사랑했던 것뿐이라고. 주변에 사랑해 주고 싶은 사람이 너무나도 많이 있다.

오늘은 바람이 몹시 부는 봄 날씨다. 나무들이 아플 만큼 흔들린다. 그러나 저런 아픔도 필요하다. 그래야 묵은 잎이 떨어지고 새 잎이 돋아날 수 있기 때문이다. 그래서 아마도 하나님께서는 봄에 바람을 주시는 가보다. 겨울동안 닫아두었던 창문을 열고 아름답고 신선한 공기를 받아들이자. 인생의 일곱 개의 창문을 모두 열어라!

"보라 너희 하나님이 오사 보수하시며 보복하여 주실 것이라
그가 오사 너희를 구하시리라 하라 …
그 때에 저는 자는 사슴같이 뛸 것이며 벙어리의 혀는 노래하리니
이는 광야에서 물이 솟겠고 사막에서 시내가 흐를 것임이라
뜨거운 사막이 변하여 못이 될 것이며
메마른 땅이 변하여 원천이 될 것이며…
거기 대로가 있어 그 길을 거룩한 길이라 일컫는바 되리니
깨끗지 못한 자는 지나지 못하겠고
오직 구속함을 입은 자들을 위하여 있게 될 것이라"
(이사야 35:4-8)

# 아름다운 여인이여!

나는 많은 상담전화를 받는다. 얼굴도 이름도 모르는 이들과 상담을 한다. "저는 무슨 팔자인지 사귀는 남자마다 단물만 빨아먹고 사라져버립니다. 그 까닭이 무엇일까요. 정말 그런 운명이 있을까요? 나에게 문제점이 있습니까? 이대로 살아야 하나요? 아니면 이혼해야 될까요?" 하고 하소연하는 여인들이 있다. 본래 남녀의 일이란 당사자가 아니면 알 수 없는 미묘함이 있기 때문에 정답을 정확히 집어낼 수는 없는 법이다. 그러나 그런 일이 한두 번이 아니고 번번이 계속된다면 나름대로 그 까닭이 없지도 않다.

심리학자들은 이런 실험을 한다. 태어나자마자 어미에게서 격리시켜 키우는 원숭이가 있다. 이 원숭이에게 한편에는 철사로 만든 엄마 모형의 원숭이를 만들어놓고 우윳병을 가슴에 달아놓았고, 다른 한편에는 우유 가슴은 없지만 부드러운 천으로 엄마 원숭이 모형을 만들어 놓았다. 그러자 원숭이는 철사 모형에 가서 우유를 빨아먹고 배만 부르면 즉시 헝겊 모형으로 달려가서 놀더라는 것이다. 이런 결과는 수많은 원숭이에게 다 공통되었다고 한다.

이런 실험을 여인의 경우에 대입해 볼 수 있다. 사내들에게 필요한 단물만 소유한 여인, 그것이 사내들이 탐하는 돈이든 육체이든, 일시적인 사내의 욕망은 채워주지만 사내들의 마음은 편히 쉴 수 없는, 그 어떤 부족함을 지닌 여인이라면 젖병을 달고 있는 철사 모형의 원숭이라고 해야 할 것이다. 그것이 운명이니 팔자니 하는 문제가 결코 아닌 것이다. 운명은 얼마든지 극복할 수 있기 마련이다.

이 같은 비극이 계속되는 것이 싫다면, 여인은 당연히 자신을 헝겊 모형 같은 부드러움을 지닌 존재로 변화시켜야 한다. 말할 것도 없이 우유도 지니고, 헝겊 같은 부드러움도 지녔다면 더 더욱 좋을 것이다. 그렇게 되면 자기에게 다가온 사내들이 계속 그의 품에서 놀게 될 것이고 오히려 여인의 비위를 맞추려고 할 것이며, 밀어내도 떨어지지 않으려고 달려들 것이다. 얼마나 신나는 행복인가!

흔히들 여인들은 애정 하나만 있으면 만족하는 반면, 사내들은 더 많은 것을 원한다고 한다. 즉 사내들은 여인에게 단물만 원하는 것이 아니라, 부드러움도 원하고 시녀와 같은 복종도 원한다는 것이다. 남편의 배신에 이를 갈고, 사내의 비정에 눈물을 쏟는 여인들이 있다. 대개가 십중팔구는 사내들의 못된 행위들이다. 그러나 이런 일이 반복된다면 상대만 아니라, 자신에게 한 번 눈을 돌려볼 필요도 있다. 여인 자신이 철사 인형과 같이 안식이 없는 성품이나 인격을 지니지 않았는지 말이다. 남자란 지극히 동물적이고 또한 피곤한 존재여서, 큰 인격이나 신앙이 없이는 철사 모형을 견디지 못하고 헝겊 인형을 찾아가기 십상이다. 그래서 여인들이 자신을 헝겊 모형으로 바꾸지 않는 한 배신의 아픔을 면하기 어렵다.

구약 아가서에 하나님은 솔로몬의 입을 통하여 하나님이 사랑하는 사람, 곧 술람미 여인으로 상징되는 성도들을 향하여, "여자들 중에 내 사랑은 가시나무 가운데 백합화 같구나(아가 2:2)"라고 한다. 가시밭에 백합화가 피었다. 바람이 불 때마다 가시가 백합화를 찔러서 백합화는 상처를 입는다. 그러나 그 상처는 향기가 되어 나비를 부른다. 그러므로 가시밭에 백합화는 상처가 불행이 아니라, 아름다운 인격이요, 행복이다.

　아름다운 사람들이여! 인생 살다가 찌르는 가시와 같은 사람을 만나거나 가시같이 찌르는 일을 당할지라도 원망하거나 한탄하지 말고 향기를 발하자. 그러면 그 향기에 솔로몬과 같은 멋진 사내가 그대들을 찾아올 것이다.


"여자 중 극히 어여쁜 자야 너의 사랑하는 자가 어디로 갔는가
너의 사랑하는 자가 어디로 돌이켰는가
우리가 너와 함께 찾으리라"
(아가서 6:1)


"예루살렘 여자들아 내가 너희에게 부탁한다
나의 사랑하는 자가 원하기 전에는 흔들지 말며 깨우지 말지니라"
(아가서 8:4)

# ADDICTION

**학**교에서 호주 문화사를 배울 때 도박은 호주인의 삶 가운데 자연스럽게 자리 잡은 문화의 한 단면이라고 배웠다. 참으로 가는 곳마다 도박기계들이 넘쳐난다. 안타까운 것은 우리 교포들 중에 적지 않은 사람들이 도박에 손을 대었다가 어려움을 당하고 있다는 것이다. 도박 중독에 걸린 이들을 위하여 교회를 비롯한 사회단체들이 상담 등의 방법을 동원해 그들의 아픔을 함께 나누어야 할 것이다.

최근 사회학에서 자주 사용되는 단어가 'addiction'이라는 말이다. 영한사전에는 '탐닉'이라고 풀이했지만, 이 말이 사회학적으로 쓰이는 뜻은 너무 빠지거나 자기에 의지해서 습관화되거나 나아가서는 중독이 된 상태를 이르는 말이며 위험을 예고하는 말이다. 위에 말한 도박기계도 '도박벽'이라는 말이 있듯이 애딕트가 된다. 이런 위험한 애딕트가 되는 것은 우리 주위에 무수히 많다고 사회학자들은 지적하고 있다. 술이나 담배 그리고 마약 등은 말할 것도 없이 애딕트 1호다. 이것들은 지금 현대사회의 가장 큰 적이 되어 있다. 담배와 술과 마약이 수많은 사람의 건강과 정신과 인격과 가정을 파괴하고 짓밟아왔다. 호주에서는 마약이 사회에 미치는 영향이 참으로 심각한 지경에 이르고 있다. 미국이라는 나라는 마약과의 전쟁을 선포해 놓고 있는 상황이다. 난폭한 행동(아내나 자녀를 때리는 행위)도 애딕트가 된다고 한다. 인터넷 음란사이트, 음식 먹기, 화투놀이, 춤 등도 애딕트가 된다.

중독의 과정은 거의 모든 종류가 똑같은 길을 밟는다. 처음을 흔히 '밀월시기'라고 부르는데, 이때는 즐거움을 갖는다. 사실 무엇이든지 즐겁지 않고서는 시작하는 사람도 없을 것이다. 재미라는 것도 결국 즐거움이지만, 술, 약물, 도박, 음식 등의 출발은 즐거움을 갖자는 데 있다. 간혹 똑똑한 사람은 즐거움이라는 것은 순수한 즐거움만 주고, 끝나지 않을 것이라는 것을 예상하기도 한다. 그러나 대부분은 즐거움이 이성을 압도해 버리고 말기 때문에 점점 더 깊이 빠져들어 가게 된다.

중독과정의 특색은 서서히 진행되어 간다는 점이다. 처음에는 자기가 그것을 컨트롤하고 있는 것 같지만 시간이 흘러 가면서는 조금씩 조금씩 그것을 의지하는 쪽으로 기울어진다. 그러다가 문득 그것이 자기를 컨트롤하고 있다는 것을 발견하게 되는데, 그때는 이미 늦은 것이다.

중세기 유럽의 만담에 이런 이야기가 있다. 귀신의 두목이 졸병들에게 '인간을 파괴하는 무기'에 대한 현상모집을 했다. 1등에 당선된 묘안은 '이번 한번만'이라는 유혹이었다. "이번 한 번만 하고 안 한다."고 유혹하면 정말 한 번만 하고 안 하는 사람이 한 명도 없기 때문에, 그 한 번의 선만 무너뜨리면 조만간 다 자멸의 길을 걷고 만다는 것이다.

중독의 결과는 너무나 무섭다. 어떤 것은 육체를 병들게도 하고, 어떤 것은 이상성격을 만들기도 하며, 어떤 것은 정신을 파괴하기도 하고 심지어는 가정, 직업, 사회적 지위, 재산까지도 몽땅 파괴하고 만다. 사실, 이 세상의 모든 즐거움은 다 대가가 있는 법이다. 그러기에 일단 중독되면 그 대가는 가혹하다. 또한 그러기에 즐거움에 탐닉하는 것은 어리석은 것이라고 옛 지혜자들이 누누이 가르쳐왔다. 그래서 지혜로운 사람들은 인생을 '재미있게' 살기보다는 '값있게' 살기를 결심하는 것이다. 이것은 내가 조금씩 느껴 가는 것인데, 실은 값있게 사는 것처럼 남

모르는 재미가 많은 것도 없다. 그리고 값있게 사는 일에는 빠지면 빠질수록 좋다. 이 세상에 위대한 사람들은 다 재미에 빠지는 것이 아니라 값어치에 빠진 사람들이었다.

재미있는 일이냐, 보람 있는 일이냐, 무엇에 빠지느냐가 문제다. 믿는 사람들이 술이나 담배나 도박이나 춤 등을 멀리하는 것은 금욕주의자가 되자는 것이 아니다. 헛된 것에 빠지지 말자는 것이고, 헛된 대가를 지불하지 말자는 것이며, 재미보다는 가치를 위해서 살자는 뜻이다.

우리의 남은 생애가 얼마나 될지 모르겠다. 세월은 광음과 같다. 거룩한 욕망과 부패한 욕망과의 싸움에서 거룩한 욕망이 이기면 승리한 것이고 부패한 욕망이 거룩한 욕망을 눌러버리면 결국 실패로 돌아가는 것이다. 우리의 대적은 사실 우리 안에 있다. 나의 가장 큰 골칫거리는 바로 내 자신이다.

"사랑하는 자들아 나그네와 행인 같은 너희를 권하노니
영혼을 거스려 싸우는 육체의 정욕을 제어하라
너희가 이방인 중에서 행실을 선하게 가져 너희 선한 일을 보고
권고하시는 날에 하나님께 영광을 돌리게 하려 함이라"
(베드로전서 2:11-12)

# 오해하지 마세요

**초**등학교 1학년 아이가 학교에서 시험을 치르는 중이다. 시험 문제 중 하나가 책을 읽고 있는 사람과 장작을 패고 있는 사람을 그려놓고 일하고 있는 사람에게 ○표를 하라는 것이었다. 이 어린이는 자신 있게 책을 읽고 있는 사람에게 ○표를 했는데, 선생님은 틀렸다고 점수를 매겼다. 이 어린이는 왜 자기가 틀렸는지 이해를 못했다. 그 아이의 아빠는 늘 밤새도록 책상에 앉아서 땀을 뻘뻘 흘리는 교회 목사였기 때문이다.

개를 키우는 집사님이 "개를 보고 웃지 말라"고 경고를 하였다. 사람의 경우에는 웃는 얼굴을 보고 호감을 갖지만, 개는 웃을 때 보이는 하얀 이를 보면 기분이 상하기 때문이다. 이빨을 내미는 것은 공격의 징조라는 개의 습성을 계산에 넣지 않고 내 본위로만 판단하는 것은 오해이다.

사람은 모두 각자가 성격이 다르고, 자라온 환경이 다르고, 지식의 정도가 다르고, 관심이 다르다. 그러기에 어떤 하나의 정보를 해석하는 것도 각기 사람에 따라 다 다르게 나타난다. 과학자들의 보고에 의하면 한 사람이 하루에 접수하는 메시지가 1천 7백에서 2천 5백 개 사이라고 한다. 이런 엄청난 메시지에서 기억에 보존되는 것은 겨우 65개 정도라고 한다. 메시지와 이해 사이를 차단하는 것을 전문용어로 잡음(Noise)

이라고 하는데, 이 잡음의 종류는 거의 무진장이다. 이 잡음 때문에 인간은 읽는 것의 10%, 기억하며 듣는 것의 20%, 보는 것의 30%만을 겨우 보존한다. 그런데 이 10%, 20%, 30%를 가지고 인간은 이해했다거나, 안다고 착각을 하고 살아가게 되는 것이다. 그러니까 나머지 70% 이상은 우리는 모르는 셈이다. 이것은 인간은 이 오해를 이해로 착각하고 있다는 것이다.

이렇게 보면, 사람이 살면서 상대를 오해하는 것이 정상이다. 그러니 오해받은 것을 그다지 화낼 것도 없고, 악의만 없었다면 오해한 자신을 너무 자책하지도 말아야 할 것이다. 오해 자체보다도 오해를 극복하는 아량을 갖는 것이 바른 태도이다.

내가 3.8선 부근에 있는 전곡에서 전도사를 하던 시절, 내가 맡은 학생회에는 정도가 심한 문제 학생이 있었다. 교회뒷담에서 담배를 피우고, 예배시간에는 킥킥거리면서 예배를 방해하는가 하면, 착한 학생들을 때리고 꼬셔내고 해서, 어른들이 "저 아이를 교회에 못 나오게 해야 한다."고 할 정도였다. 여름방학 때 학생 수련회 때문에 학생들 가정을 한 차례 심방하게 되었는데, 마음은 안 내켰지만 의무상 그 애의 집을 방문하게 되었다. 그 때의 심방이 그 아이에 대한 나의 생각과 태도를 바꾸게 하였다.

전곡이라는 동네가 전체적으로 어렵게 사는 지역이었는데 그 중에서도 그 학생은 참으로 어렵게 살고 있었다. 솔직히 말해서 어떻게 사람이 이런 곳에서 살 수 있을까 할 만큼 충격적이었다. 가마니와 판자로 다닥다닥 붙은 빈민굴 집이었다. 아버지는 다리를 저는 불구자이면서 알코올 중독자였고, 어머니는 어디 돈 벌러 나가시는데, 집에 안 들어오기가 일쑤였다. 아버지는 그런 어머니를 때리고 또 만나기만 하면 싸웠다. 나는 그때야 그 아이를 사랑하게 되었다.

알면 이해하게 되고, 이해하면 사랑하게 된다. 그래서 사랑하게 되면 이제 더욱 더 그를 많이 이해하게 된다. 앎 - 이해 - 사랑 - 앎 - 이해 - 사랑. 이렇게 아는 것과 이해하는 것과 사랑하는 것은 순환을 가져와서 후에는 웬만한 오해도 극복하게 되는 것이다. 그런데 이러한 순환은 거꾸로 돌아갈 수도 있다. 알지 못하면, 오해하게 된다. 그 오해는 오해 자체로 끝나버리지 않고 이제 미움으로 연결된다. 이 미움은 거리감을 불러 눈과 귀를 가리게 되면서 점점 더 모르게 되고, 비밀이 축적되면 더 사나운 오해로 확대되어 이제는 모든 것이 왜곡되기 시작하고, 급기야는 이것이 싸움으로 번지고 만다. 이것이 나라와 나라 사이라면 전쟁이 되고, 친구 사이라면 배신을 하게 되고, 부부 사이가 되면 이혼까지도 몰고 가는 것이다. 이것은 증오의 순환이다. 부부 사이든, 친구 사이든, 나라 사이든, 문제는 똑같은 공식을 밟아서 발전한다.

오해라는 벌레를 핀셋으로 딱 집어내서 수수께끼를 풀듯이 해결할 수는 없다. 오해는 그에 대한 무지, 또 그 뒤에는 질투, 경쟁, 미움, 원망 그리고 자신에 대한 콤플렉스까지 겹쳐서 나타난 결과이기 때문이다. 성경에 "사랑하라" 했으니 사랑하겠다는 간단한 결심 정도로 쉽게 사랑이 이루어지기는 어렵다. 정말 사랑이 마음속에서 우러나오기 위해서는 거쳐야 할 순서가 있는데, 우선 그 사람을 아는 노력이 있어야 한다. 그런데 남을 알기 위해서는 나를 또한 알려야 한다. 나를 공개하지 않고, 상대방만을 알려고 하는 것은 수사관의 입장이지, 우정이나 애정은 아니다. 또한 나를 알리는 데에서 과장해서 내 장점만을 과시하듯이 해서는 안 된다. 내 아픔, 내 고민도 함께 알릴 때, 상대방은 슬그머니 마음의 문을 열고 자기를 알려 준다. 그 때부터 아는 것과 이해하는 것, 그리고 사랑하는 순환이 이루어지게 되는 법이다.

세상에 이해하려고만 하면 이해 못할 사람은 없다. 동시에 오해하려고 들면 오해의 꼬리를 잡지 못할만한 완전한 인간도 없다. 성자와 죄인은 종이 한 장 차이이다. 판단하는 판사나 고개 숙인 죄수나 피차 밑바닥의

모든 비밀까지를 다 공개한다면 무슨 차이가 있겠는가? 그러니 주장하
고 내세우는 것보다도 겸손한 것이 인생을 아는 성숙함이다. 이런 글을
쓰는 최 목사도 별 것 아니니 '오해하지 마시라'.


"제자 중에서 누가 크냐 하는 변론이 일어나니 저희에게 이르시되
누구든지 내 이름으로 이 어린 아이를 영접하면
곧 나를 영접함이요
또 누구든지 나를 영접하면
곧 나 보내신 이를 영접함이라
너희 모든 사람 중에 가장 작은 그이가 큰 자니라"

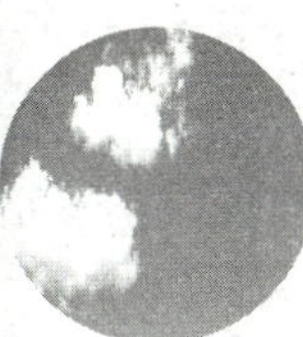



# 세월과 나와 소망


얼마나 울고 또 울었던가
매서운 눈보라가 날리는 한국을 헤매며
서글픈 비 뿌리는 호주를 가로질러
지나온 43년.

그러나 꿈이 있어,
언 손가락으로
매면 또 풀어지고
매면 또 풀어지고
그래도 한 가닥 실오라기를 붙잡고서
아주 주저앉아버리지 않고
아주 타락해버리지 않고

꿈이 있어 참고
꿈이 있어 용서하고
꿈이 있어 고개를 들었던

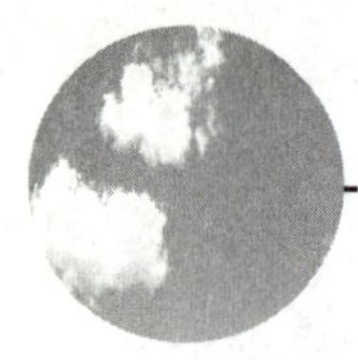

그 일, 그 사람, 그 세월
먼저 만들어본 꿈을 비전이라 했는가
미리 잡아본 꿈을 믿음이라고 했는가
꿈을 그리는 물감을 정열이라고 했는가

주머니에는 항상 그런 것들만 넣고서
얼마나 많은 사람을 만났는가
얼마나 많은 일들을 했는가

그래서 또 얼마나 많은 상처를 받았는가
얼마나 많은 상처를 주었는가

그러다 어느 날 나보다 훌쩍 커버린
내 자식 둘을 바라보다가
문득 돌아본 길
왔던 길보다 남은 길이 더 짧아
허둥대며 당황하는 내 모습

이젠 맑은 생각을 주소서
진실한 눈빛을 주소서
단정한 행실을 주소서

꿈이 이루어지지 않아도
상처받지 않게 하소서
상처주지 않게 하소서
우연히 내 곁을 지나가는 사람에게도
간절히 행복을 비는 그런 넉넉함을 주소서
끝까지 고독할 수 있는 능력을 주소서

내 남은 세월
또 다시 울게 하소서
진실로 말미암아
사랑으로 말미암아
저 영혼들로 말미암아 울게 하소서.